Natan Sznaider

FLUCHTPUNKTE DER ERINNERUNG

Über die Gegenwart
von Holocaust
und Kolonialismus

Hanser

1. Auflage 2022

ISBN 978-3-446-27296-5
© 2022 Carl Hanser Verlag GmbH & Co. KG, München
Umschlag: Anzinger & Rasp, München
Satz: Eberl & Koesel Studio, Altusried-Krugzell
Druck und Bindung: CPI books GmbH, Leck
Printed in Germany

MIX
Papier aus verantwortungs-
vollen Quellen
FSC® C083411

INHALT

Einleitung
Die Folgen einer Preisverleihung: Achille Mbembe in
Deutschland 9

LEBEN IN UND MIT DER UNMÖGLICHKEIT

Karl Mannheim: Ungar, Jude, Deutscher 27
Alfred Dreyfus und Hannah Arendts Kafka-Lektüre:
Jüdisches Leben in der Unmöglichkeit 45
Hannah Arendt: Jüdin, Deutsche, Amerikanerin 69
Claude Lanzmann und Frantz Fanon:
Zwei Franzosen, ein Jude, ein Schwarzer 88
Albert Memmi: Jude, Tunesier, Franzose 119
Edward Said: Christ, Araber, Amerikaner 140

FLUCHTPUNKTE DER ERINNERUNG

Fluchtpunkt Israel kolonialistisch, antikolonialistisch
und postkolonialistisch 161
Holocaust und Völkermord: Ein unmöglicher Platz an
der Sonne – Deutschlands (post)koloniales Erbe 179
Das doppelte Bewusstsein: Rassismus und
Antisemitismus 196

ANHANG

Bibliografie 219
Anmerkungen 234
Personenregister 255

»Was willst du denn jetzt noch wissen?«, fragt der Türhüter, »du bist unersättlich.« »Alle streben doch nach dem Gesetz«, sagt der Mann, »wieso kommt es, dass in den vielen Jahren niemand außer mir Einlass verlangt hat?« Der Türhüter erkennt, dass der Mann schon an seinem Ende ist, und, um sein vergehendes Gehör noch zu erreichen, brüllt er ihn an: »Hier konnte niemand sonst Einlass erhalten, denn dieser Eingang war nur für dich bestimmt. Ich gehe jetzt und schließe ihn.«

FRANZ KAFKA, 1915, »VOR DEM GESETZ«

EINLEITUNG
DIE FOLGEN EINER PREISVERLEIHUNG:
ACHILLE MBEMBE IN DEUTSCHLAND

Bis Mitte März 2020 war in Deutschland die Welt der Kultur noch in Ordnung – so hatte es wenigstens den Anschein. Das Virus machte die Runde, aber das war ein Problem für die Virologen und Mediziner, die es bald unter Kontrolle bringen sollten. Und es gab den Fall eines berühmten afrikanischen postkolonialistischen Theoretikers mit dem für deutsche Ohren exotischen Namen Achille Mbembe. Der war ein gern gesehener Gast auf Kulturfestivals, er hatte schon 2015, also fünf Jahre bevor nun dieses Schauspiel einsetzt, den Münchener Geschwister-Scholl-Preis erhalten. Dieser Preis zeichnet ein Buch aus, »das von geistiger Unabhängigkeit zeugt, das geeignet ist, bürgerliche Freiheit, moralischen und ästhetischen Mut zu fördern und auch unserem gegenwärtigen Verantwortungsbewusstsein wichtige Impulse zu geben«, wie es auf der Website der Stadt München heißt.[1] Der Preis wurde Achille Mbembe am 30. November 2015 für die ein Jahr zuvor erschienene deutsche Übersetzung seiner *Critique de la raison nègre* aus dem Jahre 2013 verliehen. *Kritik der schwarzen Vernunft* sollte ein grundlegender Text für die in Deutschland noch zu institutionalisierenden »Black Studies« in transatlantischer Tradition werden. Da war es auch keine Überraschung, dass einer der führenden britischen Vertreter dieser Forschungsrichtung, Paul Gilroy, die Laudatio auf Achille Mbembe hielt. Die Preisrede vom 30. November 2015 und die Laudatio folgten einer in Deutschland lange gepflegten intellektuellen Tradition, aber etwas war neu an diesem Abend. Denn der Preis, der an den Widerstand gegen den Nationalsozialismus erinnern soll, würdigte jetzt also die »Black Studies« und das postkolonialistische Denken. Und Achille Mbembe ging in seiner Preisrede noch weiter. Er sprach von der »Universalisierung der Conditio Nigra«, von einem strukturellen Rassismus, der vor Jahrhunderten mit der Globalisierung des Kapitalismus begann. Der »Neger«, eine rassistische Zuschreibung, die in der Alltagssprache nicht mehr benutzt werden sollte, wird damit zu einer universalen Kategorie jenseits von Schwarz und Weiß, er wird zu einer Kategorie des überflüssigen Menschen an sich. Damit öffnete Mbembe die Tür, die ihm einige Jahre später zugeschlagen werden sollte. Denn er hatte mit seiner Rede eine Gegenfigur zur Kategorie des universalisierten Juden geschaffen, wie wir sie im Denken von zum Beispiel Hannah Arendt finden können. Arendt beschrieb 1943 die Situation der jüdischen Flüchtlinge so:

> »Die von einem Land ins andere vertriebenen Flüchtlinge repräsentieren heute die Avantgarde ihrer Völker. [...]
> Zum ersten Mal gibt es keine separate jüdische Geschichte mehr, sondern die jüdische Geschichte ist verknüpft mit der Geschichte aller anderen Nationen.«[2]

Welche Minderheiten nun zur universalen Kategorie werden, das ist wohl eine der großen Fragen des 21. Jahrhunderts. Sind es die Juden und damit der Versuch ihrer Vernichtung, oder sind es die »Neger«, die Schwarzen, die Kolonisierten, die Nichtweißen, die, wenn man Mbembe folgt, im Mittelpunkt der Weltgeschichte stehen?

Einige Monate vor Mbembes Preisrede, am 31. August 2015, wollte Bundeskanzlerin Angela Merkel mit ihrer Regierungserklärung zur Flüchtlingskrise eine neue Willkommenskultur ausrufen und Deutschland als ein weltoffenes Land positionieren. Ihr Leitspruch »Wir schaffen das« wurde zum Inbegriff dieser Kultur. Merkel erinnerte immer wieder an die Verpflichtung aus der deutschen Vergangenheit[3] – und meinte damit auch jene jüdischen Flüchtlinge, von denen Hannah Arendt schrieb. Die deutsche Gegenwart aber sah vor allem die syrischen und muslimischen Flüchtlinge. Just als Achille Mbembe den Geschwister-Scholl-Preis erhielt, verband sich der Diskurs des Antisemitismus mit dem neuen Diskurs des Rassismus.

Denn auch als Einwanderungsland konnte sich Deutschland dem postkolonialen Diskurs nicht mehr verschließen. Es begann ein Prozess der Aufarbeitung der eigenen kolonialistischen Vergangenheit in den ehemaligen Gebieten von »Deutsch-Südwestafrika«. Eine konkrete Aktualität erhielt diese Problematik dann in den Diskussionen über das Humboldt Forum im rekonstruierten Berliner Stadtschloss. Kritiker verknüpften den Streit über die Provenienzen der dort gezeigten Sammlungen mit dem postkolonialen Diskurs – was wiederum im Kontext der generellen Infragestellung der Legitimität der Institution »Ethnologisches Museum« in Europa stand. Für Deutschland stellte sich mit diesen Debatten auch die Frage, ob sich die Erinnerungskultur langsam von der Erinnerung an den Holocaust lösen beziehungsweise sie in einen neuen, weiteren Diskurszusammenhang stellen könnte, der ebenso den Kolonialismus im Allgemeinen und in seiner deutschen Variante umfasst. Dazu würden jetzt nicht mehr nur nationale Erinnerungen gehören, sondern auch ethnische, religiöse, transnationale und genderorientierte. Aber gerade in Deutschland konnte und kann ein solches Ansinnen nicht unwidersprochen bleiben.

Geht es also in dieser Geschichte um Rassismus oder Antisemitismus? Das sind nun wirklich keine Spitzfindigkeiten, denn hier geht es um Schlüsselfragen, die mitten ins Herz moderner Gesellschaften treffen. Deutschland ist da keine Ausnahme. Und das sind nicht nur wissenschaftliche Fragen, die von historischen Vergleichen und politischen Analysen bestimmt werden. Es sind auch Glaubensfragen, die mit Leidenschaft und religiösem Temperament diskutiert werden. Geht es um die Bindungsgeschichte Isaaks oder um die Kreuzigung Jesu? In jedem Fall geht es um Bilder und wie sie gelesen werden. Die Bilder von unschuldigen Juden, die als Vieh in Zügen durch Europa transportiert werden, um vernichtet zu werden, und die Bilder von unschuldigen Sklaven, die auf Schiffen über den Atlantik transportiert werden, um auf der anderen Seite wie Vieh verkauft zu werden.

Dass es 2020 zum Skandal kam, war also vorhersehbar. Wissenschaftliche und religiöse Fragen wurden nun zum Gegenstand einer spannenden öffentlichen Inszenierung. Die Bühne war bereit, und die Schauspieler und Schauspielerinnen spielten ihre vorgeschriebenen Rollen. Es begann eigentlich recht harmlos. Das Kulturfestival Ruhrtriennale lud zum Eröffnungsvortrag im August 2020 Achille Mbembe ein. Einen Geschwister-Scholl-Preisträger, einen Redner, der einen interessanten Vortrag für ein politisch aufgeschlossenes Festival halten würde – könnte man meinen. Damit war aber noch kein Skandal vorauszusehen. Aber es kam anders. Ende März 2020 sprachen sich der seit 2018 amtierende *Beauftragte der Bundesregierung für jüdisches Leben in Deutschland und den Kampf gegen Antisemitismus* Felix Klein und der FDP-Landespolitiker Lorenz Deutsch entschieden gegen den Festredner aus und baten die Intendantin des Festivals, Stefanie Carp, die Einladung abzusagen. Das war in der Tat mehr als ungewöhnlich. Warum sollten sich ein offizieller Amtsträger und ein Politiker in ein

Kulturevent einmischen? Die Liste der Vorwürfe war lang: Achille Mbembe sei durch die Relativierung des Holocaust aufgefallen, setze den Staat Israel mit dem Apartheidsystem Südafrikas gleich, stelle das Existenzrecht Israels in Frage. Andere behaupteten sogar, er sei Antisemit. Mbembe war über diese Vorwürfe empört und wies sie zurück. Mehr als das, im Gegenzug solidarisierte sich eine Gruppe jüdischer Wissenschaftler und Künstler mit ihm.[4] Sie verteidigten sein Recht auf freie Meinungsäußerung und pochten auf den Unterschied zwischen Israelkritik und Antisemitismus, der ihnen auch für ihr eigenes politisches Selbstverständnis wichtig war. Für dieses politische und kulturelle Milieu war Achille Mbembe ein schwarzer und kritischer Intellektueller, die Solidarität zu ihm mehr als selbstverständlich. Sie forderten in einem offenen Brief die Abberufung Kleins. Der Streit war also entfacht. War er auch provoziert und inszeniert? Denn kurz danach bewegte man sich in Deutschland auf vertrautem epistemologischen Terrain, auch »Feuilletonkrieg« genannt, in dem Dutzende Experten sich entweder »dafür« oder »dagegen« positionierten. Und da es um Antisemitismus und Israelkritik ging, eskalierte die Debatte sehr schnell. Es ging nicht mehr nur um die Frage, ob Achille Mbembe ein Antisemit sei, was schon besorgniserregend genug wäre, sondern ob er im Rahmen einer groß angelegten linken Kampagne gegen Israel agiere und ob der Postkolonialismus überhaupt ein seriöses akademisches Studienfeld oder nur ein rhetorischer Mantel für die Verbreitung antijüdischer und antiisraelischer Gefühle sei.[5] Mbembe war entrüstet über diese Anschuldigungen und warf wiederum Felix Klein Rassismus vor. Sind Rassismus und Antisemitismus in der Tat antagonistische Pole, die sich nicht nur gegenseitig ausschließen, sondern auch gegenseitig bestimmen, oder können sie gemeinsam verstanden und beschrieben werden?

Die Debatten spitzen sich schon deshalb zu, weil beide Seiten für sich in Anspruch nehmen, mit ihrer Haltung die Lehren aus einer grausamen Geschichte zu ziehen und also auf der richtigen Seite zu wandeln. Allerdings führen verschiedene Wege zur richtigen Seite der Geschichte. Für den westlichen Teil der Welt ist der Bezugspunkt eines neuen moralischen Absolutismus nach 1945 der Holocaust. Diejenigen, für die der Weg zur richtigen Seite der Geschichte anders verlief, sehen den Holocaust als historische Folie und Hintergrund, vor der nahe und ferne Grausamkeiten und Gräueltaten gelesen werden müssen, auch wenn sie woanders stattgefunden haben und stattfinden. Unterschiedliche Weltanschauungen beruhen darauf, die dann auch zu unterschiedlichen, manchmal konträren Schlussfolgerungen führen. In jedem Fall geht es um das *Nie wieder*. Viele Deklarationen nach 1945 gehen von diesem *Nie wieder*, der Nichtwiederholung der Katastrophe, aus:

»da die Nichtanerkennung und Verachtung der Menschenrechte zu Akten der Barbarei geführt haben, die das Gewissen der Menschheit mit Empörung erfüllen, und da verkündet worden ist, dass einer Welt, in der die Menschen Rede- und Glaubensfreiheit und Freiheit von Furcht und Not genießen, das höchste Streben des Menschen gilt«.[6]

Nie wieder sagt hier die Präambel der Allgemeinen Erklärung der Menschenrechte. Hier wird das *Nie wieder* unter dem Dach der Menschenrechte zur politischen Anklage gegen jeglichen Völkermord, Kolonialismus, Apartheid und Diktatur. Nie wieder Gewaltherrschaft von Menschen über Menschen ist wohl bis heute eine der bekanntesten Beschwörungsformeln.

Aber es gibt auch ein alternatives *Nie wieder*:

»Die Katastrophe, die in unserer Zeit über das jüdische Volk hereinbrach und in Europa Millionen von Juden vernichtete, bewies unwiderleglich aufs Neue, dass das Problem der jüdischen Heimatlosigkeit durch die Wiederherstellung des jüdischen Staates im Lande Israel gelöst werden muss, in einem Staat, dessen Pforten jedem Juden offenstehen, und der dem jüdischen Volk den Rang einer gleichberechtigten Nation in der Völkerfamilie sichert.«[7] *Nie wieder* sagt dort die israelische Unabhängigkeitserklärung, und vor allem sagt sie auch *Nie wieder wir*. Der Holocaust ist ein historisches Verbrechen gegen die Juden. In diesem *Nie wieder* geht es um ein Gruppenschicksal, ein Menschenschicksal, aber auch um Einzelschicksale *(Nie wieder Opfer)*. Der Kern hat sich verschoben von dem generellen *Nie wieder* zu: *Nie wieder Opfer sein*. Der israelische Staat deklariert sich mit dieser Erklärung als sicherer Hafen für die Juden, denen nie wieder das Opferschicksal widerfahren soll. Das ist ein weltanschaulich sehr anderes *Nie wieder*. Der Staat Israel wird dadurch zu einer partikularen Lösung eines partikularen Problems. Dieses *Nie wieder* schließt daher jede Universalisierung aus. Denn nach dieser Weltanschauung machte gerade die partikulare jüdische Erfahrung, nirgends auf der Welt willkommen zu sein, den Holocaust erst möglich. Und das *Nie wieder* wird realisiert in einer konkreten Handlung: der Schaffung eines sicheren Orts, der auch dann vor der Opferrolle schützt, wenn alle anderen Orte unerreichbar werden. Dieser Ort wird nun von den Juden selbst kontrolliert. Doch das Prinzip der Menschenrechte steht dem Partikularismus entgegen. Wenn Menschenrechte nicht für alle Menschen gültig sind, dann sind es eben keine Menschenrechte. Wir stehen also konkurrierenden Formen des *Nie wieder* gegenüber. *Nie wieder* mobilisiert, *Nie wieder* moralisiert, *Nie wieder* hat immer recht, denn wer will *wieder* Tyrannei, Völkermord, Kolonialismus, Faschismus und Holocaust? Darum also ging es im Sommer 2020.

In diesem Essay möchte ich diese Debatte in einem größeren historischen und soziologischen Rahmen verankern. Ihre Argumente fielen nicht vom Himmel und waren schon lange intellektuell vorbereitet. 2020 ging es um mehr als die Bestimmung von wissenschaftlichem Wissen. Es ging um Politik und auch um Moral, um Verantwortungs- und auch um Gesinnungsethik, oft nicht voneinander zu unterscheiden. Die Fragen waren elementar: Wie soll die Vergangenheit verstanden werden, wie eine Zukunft, die ihre Lehren aus der Vergangenheit zieht? Und weil es auch um die besondere deutsche Schuld geht und die darauf beruhende kollektive Verantwortung, sind natürlich auch die scheinbaren universalen Maximen sehr schnell partikular zu verstehen. Wie kann es also universale Antworten auf deutsche Fragen geben? Gerade hier rückt der Staat Israel wieder in den Fokus. Achille Mbembe diente hier als Deckerinnerung, und schnell drehte sich die Debatte um Kolonialismus, Zionismus und Antisemitismus. Und damit wurden auch Töne freigesetzt, die in Deutschland – aus guten Gründen – strengen Tabus unterliegen. Wie sieht es aus mit Diskussionsfreiheiten und Tabus in Deutschland und in anderen europäischen Ländern? Die kolonialistische Vergangenheit machte es noch schwieriger, über Tabus zu sprechen. Es gibt außer den allgemeinen Menschenrechten und dem partikularen Staat Israel ein verwandtes Paar von Gegensätzen, die ins Herz dieser Debatte treffen. Ist es der Holocaust, oder sind es die kolonialistischen Verbrechen, die den Archetypus für die größten Verbrechen der Menschheitsgeschichte darstellen? Und welche Konsequenzen hat die Antwort auf diese Frage für die Einstellung zum Staat Israel?

Für viele europäische und westliche Denker ist der Holocaust das größte Verbrechen in der europäischen Erinnerung. Außerhalb Europas jedoch und gerade dort (wie zum Beispiel in der arabischen Welt und Afrika), wo die Folgen des Kolonialismus wirtschaftlich und politisch am heftigsten zu spüren sind, stehen die Erinnerungen an kolonialistische Verbrechen im Zentrum. Kann es sein, dass das »eigene« Leid nicht verallgemeinert werden kann? Und wenn diese beiden so genannten »Narrative« aufeinandertreffen, dann konkurrieren sie nicht nur miteinander, sondern sind oft auch in einer Weise konnotiert, dass jegliche Form des Vergleichs die eigene Erfahrung herunterspielt. Sicher hat man versucht und versucht man auch weiterhin, eine Synthese dieser Erfahrungen zu denken, aber diese Versuche – wie von Hannah Arendt zum Beispiel – werden oft als zu kontrovers und zu ideologisch abgewertet. Es gibt in der Forschung durchaus Ansätze, die Holocaust und Kolonialismus gleichzeitig bedenken und aufarbeiten. Ihnen gemeinsam ist die Suche nach einem tieferen Verständnis von verflochtener Geschichte. So gibt es postkolonialistische Ansätze, in denen zentrale Fragen der jüdischen Geschichte wie Assimilation, Exil, Minderheitenrechte, Heimatlosigkeit und Emanzipation grenzüberschreitend gelesen werden können. Diese Herangehensweise steckt auch wegen ihrer Tabuisierung in Deutschland noch in ihren Anfängen.

So kann man sich auch guten Willens den Arbeiten von Achille Mbembe annähern. Er stellt diese Fragen aus seiner eigenen Perspektive, die er selbst als *raison nègre* (und also nicht *raison noire*) bezeichnet, was wörtlich übersetzt *Negervernunft* (und nicht nur »Schwarze Vernunft«) heißt. Bewusst nimmt er schon mit diesem Begriff die kolonialistische Denkstruktur auf, die rassistisch gründend annimmt, dass Nichtweiße zur Vernunft nicht fähig seien. Aber das nicht allein. Eine der Konsequenzen, die sich aus dieser Perspektive und vor dem Hintergrund der jahrhundertealten Erfahrung der Unterdrückung durch Europa und Europäer ergibt, ist die Leichtigkeit, Israel als weiße, europäische Kolonialmacht zu begreifen. Antisemitismus und Holocaust stehen da eher im Hintergrund. Zweifellos wurde dem nicht nur in Deutschland heftigst widersprochen, weil viele Juden innerhalb und außerhalb Israels diesen Staat als Befreiung, ja als den Garanten ihres Lebens verstehen.

Die Debatte des Sommers 2020 hat nur die Konkurrenz dieser Narrative betont, und es ist offensichtlich, dass der Staat Israel von jeder Seite anders betrachtet und beschrieben wird. Für die eine Seite der Debatte war Achille Mbembe ein afrikanischer Intellektueller, der gegenüber dem Staat Israel nicht nur sehr kritisch eingestellt ist, sondern diesen Staat und seine Besatzungspolitik als kolonialistisch einschätzt, während die andere Seite der Debatte darauf pocht, dass es eine Grenzlinie gibt zwischen legitimer Kritik an Israel und nichtlegitimer Verneinung des Existenzrechts Israels. Für seine Kritiker hat Mbembe diese Linie überschritten. Wo sie denn genau verläuft, war schon immer ein Problem in dieser Debatte, denn es gibt keinen fixen Punkt der Grenzlinie der Kritik. Mbembe selbst macht kein Hehl daraus, Israel als eine kolonialistische Siedlergesellschaft zu beschreiben, was natürlich für jene unerträglich ist, die Israel als sicheren Fluchtpunkt für die Juden verstehen. Hier kommt es darauf an, woher und wohin der Blick gerichtet ist und welche historische Perspektive eingeschlagen wird. Diejenigen, die den Staat Israel als eine brutale und gewalttätige politische Formation verstehen, eine unterdrückende Siedlergesellschaft, fokussieren ihren geografischen Blick auf den Nahen Osten, sehen Macht und keine Machtlosigkeit, Souveränität und keine Heimatlosigkeit. Es ist ein räumlicher Blick auf den Nahen Osten. Wenn aber der Blick sich auf die jüdische Geschichte ausweitet, wenn aus dem Raum nun Zeit wird, dann stehen Verfolgung und Machtlosigkeit, ja sogar Vernichtung im Vordergrund. In der einen Perspektive sind Juden weiß und gehören zur westlichen Geschichte der Kolonisierung nichtweißer Menschen. In der anderen Perspektive gehören Juden nicht zu der weißen Hegemonie, sondern wurden selbst als kolonisierte Minderheit in Europa verfolgt. Und daher kann der Zionismus, jene Bewegung also, die auf die Ausübung jüdischer politischer Souveränität pochte, selbst als eine antikolonialistische Befreiungsbewegung beschrieben werden.

Wie können diese beiden Perspektiven – wenn überhaupt – miteinander verbunden werden? Hier geht es sowohl um Politik als auch um die wissenschaftliche Beschreibung dieser Politik. Und in dieser wissenschaftlichen Beschreibung sind Postkolonialismus und Holocaust-Studien sehr umstrittene akademische Felder. Beide Disziplinen versuchen zugleich wissenschaftlich und politisch zu agieren. Die deutsche Mbembe-Debatte brachte diese Felder, die gerade in Deutschland wenige Bezugspunkte haben, in direkten Kontakt zueinander, und das führte zum Frontalzusammenstoß. Deutschland ist, trotz massiver Einwanderung, noch immer eine ethnische Gemeinschaft mit einer sehr geschlossenen Erinnerung an vergangene Verbrechen, die wiederum von einem Ring von Tabus umschlossen ist. Felix Klein und Achille Mbembe sind eigentlich keine Zeitgenossen, sondern argumentieren aus verschiedenen generationellen Weltanschauungen heraus.

Gerade postkolonialistische und jüdische Stimmen pochen auf ihren Partikularismus. Mbembe ist ein Intellektueller aus dem Kamerun, der in Südafrika lebt. Seine Bezugsrahmen in seinem Forschungsfeld der »Postcolonial Studies« sind Südafrika und Apartheid, also institutionalisierte Rassentrennung, ein Begriff, der den Raum Südafrika verlassen hat und nun institutionalisierten Rassismus universalisiert. Auf der anderen Seite ist Felix Klein ein offizieller Repräsentant des deutschen Staates, und in dieser Funktion sieht er es als seine Pflicht, Israel vor Angriffen von außen zu beschützen. Gerade der Vergleich mit Südafrika steht in dieser Debatte im Fokus. Das Apartheidregime Südafrikas, das erst 1994 endete, galt als rassistisches und daher nichtlegitimes Regime. Der Vergleich mit Israel sieht Israel dann konsequenterweise auch als rassistisch und nichtlegitim. Ein Beispiel dafür ist die Ende 1975 verabschiedete UNO-Resolution 3379, die Israel als einen rassistischen Staat verurteilte. Die Resolution wurde zwar Ende 1991 wieder zurückgenommen, aber die Gleichsetzung Israels mit Südafrika war damit nicht aus der Welt und damit auch nicht die Verbindungen zwischen den Boykottbewegungen gegen Südafrika und gegen Israel.

Für eine andere Generation in Deutschland freilich erinnert »Boykott« noch immer an die Judenverfolgung im nationalsozialistischen Deutschland, was der am 17. Mai 2019 vom Deutschen Bundestag angenommene Antrag mit dem Titel »BDS-Bewegung entschlossen entgegentreten – Antisemitismus bekämpfen« klarstellt[8]:

»Die Argumentationsmuster und Methoden der BDS-Bewegung sind antisemitisch. Die Aufrufe der Kampagne zum Boykott israelischer Künstlerinnen und Künstler sowie Aufkleber auf israelischen Handelsgütern, die vom Kauf abhalten sollen, erinnern zudem an die schrecklichste Phase der deutschen Geschichte. ›Don't Buy‹-Aufkleber der BDS-Bewegung auf israelischen Produkten wecken unweigerlich Assoziationen zu der NS-Parole ›Kauft nicht bei Juden!‹ und entsprechenden Schmierereien an Fassaden und Schaufenstern.«[9]

Damit wurde auch der unmittelbare Zusammenhang zwischen Boykott gegen Israel und Boykott gegen Juden in der NS-Zeit hergestellt. Das konnte natürlich nicht unbeantwortet bleiben.

Eine Initiative öffentlicher Kultur- und Wissenschaftsinstitutionen reagierte auf diesen Beschluss mit ihrer eigenen Beschreibung der Wirklichkeit, die sie dann im Dezember 2020 »Initiative GG 5.3 Weltoffenheit« nannte.[10] Es war eine Antwort der Kulturelite an die politische Elite, verbunden mit der Machtfrage, wer in diesem Streit die Deutungshoheit innehabe, indem auch die Fronten zwischen Politik auf der einen Seite und Wissenschaft und Kultur auf der anderen Seite abgesteckt wurden.

Sicher mussten die zentralen Akteure in der Debatte universell argumentieren, um ihr Publikum zu überzeugen. Aber wenn man die Argumentation der beiden Standpunkte genauer beleuchtet, dann versuchen beide Seiten, Partikulares universell zu erklären. Auf der einen Seite glauben die aufgeklärten Eliten an einen globalen menschenrechtlichen Diskurs, entstanden aus dem Schock des Holocaust. Aus dem Holocaust heraus werden dann Verbrechen gegen die Menschheit verstanden und auch mitgefühlt, die das partikulare Verbrechen universalisieren. Der Begriff des Völkermords ist hier entscheidend. Allerdings entsteht so auch die Problematik, dass die begrifflichen Trennschärfen von Auschwitz als dem singulären Verbrechen verloren gehen. Damit werden für selbstverständlich gehaltene Wahrheiten in Frage gestellt und gerade spezifisch deutsche Tabus gebrochen. Ist es entsprechend der Einmaligkeit von Auschwitz und der deutschen Staatsraison konstruktiv für die Debatte, wenn Felix Klein im Auftrag der Bundesregierung diese Selbstverständlichkeiten in Deutschland verteidigen will? Und ist es nicht vielmehr Teil eines demokratischen Prozesses, dies wiederum in Frage zu stellen? Könnten beide Seiten von ihrem jeweiligen Standpunkt aus recht haben? Ist das in einer solchen Debatte überhaupt möglich, oder ist es möglich, jenseits der politischen Einstellung hier die Wahrheit zu finden?

Darum wird es in diesem Essay gehen. Wie eine Art Drehtür wird sich die Geschichte um diese Geschichten drehen, wenn es darum geht zu zeigen, dass theoretische Überlegungen nicht ohne die Erfahrung dieser Menschen erzählt werden können. Wir werden dabei auf europäische und nichteuropäische Denkweisen stoßen, die sich mitunter gegenseitig ausschließen, manchmal ergänzen, oft widersprechen. Sie alle versuchen, die gleiche Realität in ihrer spezifischen Weise zu beschreiben. Es ist wie bei Bildern einer Ausstellung, die Besucher betrachten, um sich im wahrsten Sinne des Wortes ein Bild zu machen. Jedes Kapitel wird von Denkern und Denkerinnen begleitet, die so auch am Inhalt der Kapitel mitwirken. Aber nicht nur um Denker und Denkerinnen wird es gehen, sondern auch um geografische und politische Räume, wie Deutschland, Frankreich, Afrika, die USA und den Nahen Osten. Ich werde mit der in Deutschland während der Weimarer Zeit entstandenen Wissenssoziologie beginnen. In meiner Beschreibung ist diese Denkart spezifisch für ein jüdisches Milieu gewesen, das diese wissenssoziologischen Beschreibungen für sich entdeckte, um Denken im Fluss zu beschreiben. Dieses Kapitel wird von Karl Mannheim begleitet. Mannheim ist gleichzeitig auch der theoretische Wegbegleiter, der mit seiner Wissenssoziologie den theoretischen Rahmen dieses Essays mitformte. Es geht mir darum zu zeigen, dass der soziologische Ansatz der Wissenssoziologie aus der Dialektik zwischen Assimilation und Emanzipation der Juden entstanden ist. Der Schlüsselbegriff für Mannheim ist die Perspektive. Und die Perspektive, also die Sicht auf die Welt und die Art, sie zu interpretieren, ergibt sich aus den Erfahrungen, die ein Mensch gemacht hat. Dies implizierte zugleich eine Kritik an einer grundlegenden Vorstellung von Wissenschaftlichkeit, nach der diese eine privilegierte Position außerhalb des von ihr Beobachteten habe, so dass man mit dem richtigen wissenschaftlichen Apparat von außen nach innen schauen kann – dass es also einen Ort gibt, von dem aus man die Wahrheit erfahren kann. Es sind genau diese Debatten, die unter jüdischen Intellektuellen und zwischen jüdischen Intellektuellen und ihrer Umwelt geführt wurden, die diese Themen als existenzielle Fragen ständig aufgriffen und so auch das Fenster zu Fragen des Kolonialismus öffnen können. Das Kapitel 2 wird von Alfred Dreyfus, Franz Kafka und Hannah Arendt begleitet. Hier werde ich die Krise der jüdischen Emanzipation in Europa skizzieren und versuchen zu ergründen, wie diese Krise mit dem Postkolonialismus zusammenhängt. Daran anschließend widmet sich Kapitel 3 dem Spannungsverhältnis zwischen Universalismus und Partikularismus im Denken von Hannah Arendt, die wir in diesem Kapitel auch als Aktivistin und nicht nur als Denkerin treffen. Diese Spannung zwischen Denken und Aktivismus umschreibt auch die heutige Debatte um Holocaust und Kolonialismus. Das Kapitel setzt sich mit diesem Begriffspaar auseinander und versucht zu zeigen, dass Arendt in der Tat beide Übel dieser Welt sowohl zusammen als auch getrennt beschrieben hat. Mit Hannah Arendt wird dann wieder die Brücke zu außereuropäischen Minderheiten geschlagen und folglich auch Arendts intellektuelles Verhältnis zum Kolonialismus in Afrika und zu Afroamerikanern in den USA beleuchtet. Und wie so oft bei Arendt ist dieses Verhältnis ambivalent und offen für viele Missverständnisse. Das vierte Kapitel wird von den frankophonen Denkern des antikolonialistischen Befreiungskampfes begleitet. Aber sie sind nicht die einzigen Begleiter. Wir verfolgen die Interaktionen im Denken von Juden und Schwarzen. Frantz Fanon, Claude Lanzmann, Jean-Paul Sartre und Jean Améry begleiten dieses Kapitel. Die nächsten drei Kapitel widmen sich der Möglichkeit und den Unmöglichkeiten hybrider

Identitäten im Zusammenhang von Kolonialismus, Postkolonialismus, Antisemitismus und Zionismus. Diese Kapitel werden von Albert Memmi, Aimé Césaire und Edward Said begleitet. Die Konsequenzen dieser Denkstrukturen werden über die verschiedenen Beschreibungen des Staates Israel und seiner Gründung vorgestellt. Ist Israel ein Projekt der Emanzipation oder ein kolonialistisches Projekt? Kann es beides gleichzeitig sein? Im achten Kapitel blicken wir wieder auf Deutschland und versuchen das globale Deutschland unter dem Blickwinkel des Kolonialismus zu verstehen. Und im abschließenden Kapitel werden die Fragen der Einleitung nochmals neu gestellt. Wie kann und soll man aktuelle Debatten historisch und soziologisch begreifen?

LEBEN IN UND MIT
DER UNMÖGLICHKEIT

KARL MANNHEIM:
UNGAR, JUDE, DEUTSCHER

Man würde es sich zu einfach machen, beiden Seiten recht zu geben. Ich möchte in diesem Essay zeigen, wie es historisch und soziologisch zu dieser intellektuellen Starre zwischen den Diskussionen um Holocaust und Postkolonialismus gekommen ist. Ich will versuchen, die Formen des Wissens über Holocaust, Völkermord und Kolonialismus, wie es die Jüdischen Studien und die Postcolonial Studies hervorbringen, begreiflich zu machen und zu zeigen, wie unterschiedlich diese Realitäten beschrieben werden. Dass ich mich hier auf einen wissenssoziologischen Ansatz beziehe, ist kein Zufall, denn dabei handelt es sich nicht um eine beliebige soziologische Tradition, sondern um einen Blick auf die Welt, wie er sich in den jüdischen Lebenswelten der Weimarer Republik vor der Katastrophe des europäischen Judentums ausgebildet hat.[1] Aus dieser Perspektive sollen die Auseinandersetzungen zwischen Partikularismus und Universalismus beobachtet werden.

Beginnen wir mit Karl (Károly) Mannheim. Dessen Blick war nicht nur ein soziologischer, es war ein jüdischer Blick, der Blick des Fremden, des gleichzeitig dazu- und nicht dazugehörenden Menschen. Gegen Ende des 19. Jahrhunderts in Budapest geboren, war er Sohn eines von dort stammenden jüdischen Textilhändlers und einer in Ungarn lebenden Jüdin aus Deutschland. Mannheim studierte zwischen 1911 und 1916 deutsche und französische Literaturgeschichte. In den Jahren

1916 und 1917 stand er in enger Verbindung mit Georg Lukács, war Teil des so genannten »Sonntagskreises«, zu dem sich vor allem jüdische Intellektuelle wöchentlich trafen, um Themen der Philosophie und Kunst zu diskutieren. 1918 promovierte er über ein Thema der Erkenntnistheorie, danach arbeitete er kurz während der Ungarischen Räterepublik als Lehrbeauftragter an der Universität Budapest. Nach der Niederschlagung der Räterepublik emigrierte Mannheim über Wien nach Deutschland. Die Räterepublik dauerte 133 Tage. Viele Juden waren bei dieser revolutionären Bewegung dabei, was dann die konterrevolutionäre Bewegung unter Miklós Horthy zum Anlass für antisemitische Hetze nahm. Das betraf auch Mannheim.[2] Seine freundschaftliche Beziehung zu Georg Lukács, die sich daraus ergebende Verbindung zur kurzlebigen Revolutionsregierung von Béla Kun, all das machte aus Károly nun Karl Mannheim, der als Kollaborateur mit der Revolution 1919 das Land verlassen musste, obwohl er nie Revolutionär war. Und seine Sprache wurde Deutsch. Er war als Ungar, als Jude, als Exilant, als Flüchtling, als Intellektueller ein so genannter freischwebender Intellektueller, der politisch unabhängig war. Mannheim interessierte sich für die Strukturen des Denkens, für dessen Hintergründe, Kontexte, Sinnzusammenhänge. In seiner Habilitationsschrift aus dem Jahre 1925 über den Konservatismus als politische Ideologie unterscheidet er zwischen dem, was er »Traditionalismus« nennt – einer unreflektierten psychologischen Grundhaltung, die auf die Bewahrung des Bestehenden pocht –, und dem »Konservatismus« als einer reflektierten Reaktion auf die Moderne, die sich im ständigen Dialog mit dem Liberalismus der Aufklärung befindet.[3] Der Grundgedanke, dass politische Denkstrukturen einander in Wechselwirkung definieren, geht dann auch in seine 1929 erschienene Essaysammlung *Ideologie und Utopie* ein, die seinen Ruf als neuer Star der Soziologie in Deutschland festigte. Die Soziologie sollte die Philosophie als Erkenntniswissenschaft ablösen, denn Mannheim glaubte nicht, dass man noch nach einer fundamentalen Wahrheit suchen könne.

Möglicherweise hat schon dieses Denken mit einer mehr oder weniger bewussten Auseinandersetzung mit seiner jüdischen Herkunft zu tun: Karl Mannheim war Jude, aber kein gläubiger Jude. Er ging nicht in die Synagoge, glaubte eher nicht an Gott. Er sah die Soziologie als eine Übung, ohne einen festen Ausgangspunkt der Erkenntnis in Bewegung zu denken. Mannheims Judentum freilich wurde nur selten als zentrale Voraussetzung seiner Wissenssoziologie verstanden. Sie galt eher als eines jener für das Klima der Weimarer Republik so typischen kulturellen Experimente. Aber wenn wir die Wissenssoziologie als Zugang zum Streit der Weltanschauungen auch als einen jüdischen Ansatz verstehen, können wir gesellschaftliche Debatten, die uns sonst eher als beliebig erscheinen, besser verstehen und damit auch einen Schlüssel zu den aktuellen Debatten finden. Einige seiner Kollegen wollten Mannheims Soziologie als jüdisch begreifen und verstehen.

»Er hatte manche Eigenschaften eines alttestamentlichen Propheten. [...] Ich hatte mit ihm über das Wesen der Freiheit gestritten; ich glaube, dass ich nicht fehl gehe, dass seine Freiheitsidee etwas anderes war als das, was denjenigen, deren Vorfahren nicht aus dem Ghetto stammten, vorschwebt.«[4]

Dies schreibt Leopold von Wiese in einem Nachruf auf Karl Mannheim, veröffentlicht im ersten Jahrgang der neuen *Kölner Zeitschrift für Soziologie* 1948. Der deutsche Soziologe Leopold von Wiese war Vorsitzender der 1946 wiedergegründeten Deutschen Gesellschaft für Soziologie, der jüdische Soziologe Karl Mannheim floh 1933 aus Deutschland und verstarb 1947

in London. Anlässlich der Wiedergründung der Gesellschaft konstatierte von Wiese über die Jahre davor in Deutschland: »Und doch kam die Pest über die Menschen von außen, unvorbereitet, als heimtückischer Überfall. Das ist ein metaphysisches Geheimnis, an das der Soziologe nicht zu rühren vermag.«[5]
Von Wiese, so heißt es, war mit Anstand durch die NS-Zeit gegangen. Er und Mannheim kannten sich, und in der Tat stritten sie schon während der Weimarer Zeit über das Wesen der Freiheit und andere soziologische Fragen. Was trennte diese beiden Soziologen, der eine 1876 im niederschlesischen, damals deutschen Glatz, der andere 1893 in Budapest geboren? Was meinte von Wiese mit den »Eigenschaften eines alttestamentlichen Propheten«, und was hatte er wohl im Sinn, als er über die verschiedenen Freiheitsideen sprach? Welche Freiheitsidee passt besser zu denjenigen, deren Vorfahren aus dem Ghetto stammen? Bedient diese Aussage von Wieses schlicht ein antisemitisches Klischee, oder steckt dahinter vielleicht doch eine soziologische Beobachtung über die Denkweise der Juden?

Mannheims Karriere ist durchaus nicht typisch für die akademischen Karrieren von Juden in dieser Zeit. Er habilitierte sich bei Alfred Weber, dem Bruder von Max Weber, in Heidelberg in den Jahren 1922 bis 1925 und unterrichtete dort als Privatdozent, bis er 1930 den Ruf als Professor für Soziologie an die Universität Frankfurt erhielt, was für einen Juden in dieser Zeit nicht selbstverständlich war. Vielleicht kann man trotzdem vorsichtig behaupten, die Weimarer Soziologie sei eine »jüdische Wissenschaft« gewesen, wie sie nicht nur von rechten Kreisen während der Zeit der Weimarer Republik be- und verurteilt wurde. Dieses Attribut war bereits lange vor dem nationalsozialistischen Regime geläufig. Ob es sich bei dieser Soziologie um eine jüdische handelte, das ist eine Frage, die nicht nur die Soziologie Mannheims betrifft, sondern zugleich das Tor zu den Rätseln und Unbegreifbarkeiten des Verhältnisses der jüdischen Kultur zum deutschen und europäischen Raum aufschließt. Und es geht natürlich um die Frage des Partikularismus, der Einzigartigkeit jüdischer Geschichte und Erfahrung. Diese Fragen werden bis heute gestellt, und sie stehen auch im Hintergrund für die Fragen zur jüdischen Emanzipation und des Zionismus als nationale Befreiungsbewegung. Daran knüpft sich die Frage nach dem modernen Begriff der Nation und wie innerhalb der Nation individuelle Freiheit garantiert werden kann. Kann daher eine bestimmte Form der Soziologie als ein Ausdruck moderner, säkularer jüdischer Kultur verstanden werden? Gab und gibt es eine jüdische Nation ohne Territorium, die verstreut und über Grenzen hinweg in und außerhalb Europas lebte und lebt? Wenn man es mit eher aktuellen diskursiven Begriffen beschreiben wollte, waren Juden eine intern kolonisierte Minderheit. Mannheim war ein assimilierter Jude, also ein Jude, der nach außen hin nicht als Jude zu erkennen war. Ein Jude – in den Worten von Wieses –, dessen Vorfahren wohl aus dem Ghetto stammten, der aber selbst Teil einer bürgerlichen Welt war. Mannheim gehörte zu diesem europäischen, deutschen Bürgertum, und er gehörte auch nicht dazu. Es ist natürlich kein Zufall, dass es der jüdische Soziologe Georg Simmel war, der den »Fremden« zu einem soziologischen Typus erklärte, der gleichzeitig dazugehört und auch nicht, »der heute kommt und morgen bleibt, [… der] die Gelöstheit des Kommens und Gehens nicht ganz überwunden hat«.[6] Deshalb waren die Juden für Simmel das klassische Beispiel für dieses Dilemma des Dazugehörens. Man sieht so aus wie die Mitglieder der Mehrheitsgesellschaft, aber man gehört nicht wirklich dazu. Simmel geht es hier um die unsichtbare Differenz.

Gerade dieses Nichtdazugehören bildet die Basis für Mannheims Wissenssoziologie, die auf die ontologische Bosheit des antisemitischen Bewusstseins und die Entschiedenheit des antisemitischen Staates traf, diese jüdischen Kulturen im Herzen Europas auszumerzen. Diese Konturen des Nichtdazugehörens sind auch beim Streit um Mbembe wieder sichtbar geworden. Sichtbar wird dann die Sichtbarkeit der Differenz in der Unterscheidung zwischen Antisemitismus und Rassismus.[7] Es ist wohl diese Unterscheidung zwischen Sicht- und Unsichtbarkeit, die heute das Wissen um die Affinität zwischen Soziologie und jüdischer Erfahrung in den Hintergrund schiebt. Mannheim glaubte, dazuzugehören.

Daher suchte er nach einer Möglichkeit, das Denken unter der Bedingung der ständigen Veränderung zu denken. Alles konnte passieren. Gewissheiten lösten sich auf, Bekanntes wurde zu Unbekanntem und das Unbekannte Teil des alltäglichen Lebens. Diesen Wirrwarr der Zeiten wollte Mannheim mit seiner Soziologie durchdringen: Wie lebt man in einer komplexen Gesellschaft, und wie geht man um mit der (Über-)Fülle an Eindrücken, in der kein Zusammenhang zu erkennen ist? Entscheidend war für ihn, wie sich das Leben mit und in der Pluralität gestalten sollte. Seinen Gegnern musste dies als klare Provokation erscheinen.[8] Sie propagierten, das Leben müsse einfach und erkennbar bleiben. Demaskierung und Enthüllung sind Schlüsselbegriffe für Mannheim – wie auch für seine Kritiker. Doch während diese den Gestus der Demaskierung nutzten, um auf das hinzuweisen, was aus ihrer Sicht hinter dem schillernden Auftreten dieses neuen Theoretikers lag – hier nutzten sie das ganze Repertoire zugleich romantischer wie antisemitischer Rhetorik –, ging es dem Sozialanalytiker Mannheim darum, die gesellschaftliche Funktion von Theorien zu verstehen und damit auch die Kritik an seinen Theorien selbst soziologisch und reflexiv verstehen zu können.

Wie manche seiner Kollegen versuchte auch Mannheim den Liberalismus der Weimarer Zeit durch pluralistisches Denken zu retten. Aber das forderte natürlich Widerspruch heraus. Viele Gegner der Soziologie waren gleichzeitig auch Gegner des jüdischen Einflusses auf den deutschen Geist. In einer Zeit, in der Modernität auch den Übergang von »Gemeinschaft« zu »Gesellschaft« bedeutete, wurde daraus ein Vorwurf gegen die Juden. Sie bildeten noch immer eine enge Gemeinschaft und unterminierten damit die allgemeinen Ansprüche der Staatsbürgerschaft, nutzten jedoch gleichzeitig die zunehmende Privatisierung und Kommerzialisierung der Gesellschaft – so jedenfalls nach Ansicht jener, die in den Juden Feinde der Nation sahen. Juden waren in einem Doublebind gefangen. Sie wurden als zu partikular angesehen, um universelle Bürger zu sein, und als zu universell, die Grenzen der Staatsbürgerschaft überschreitend, eigentlich zu kosmopolitisch, um partikulare Bürger zu sein. Mannheim glaubte, dass sowohl in der neuen Wissenssoziologie als auch in der Politik Distanzierung vom eigenen Standpunkt notwendig sei, um Kompromisse bei der Lösung von Konflikten zu finden. Distanz ist daher für Mannheim kein Zustand, sondern eine Haltung und Handlung. In *Ideologie und Utopie* handelt ein Kapitel bezeichnenderweise von der Frage »Ist Politik als Wissenschaft möglich?«. Es ging ihm nicht um eine statische, sondern um eine dynamische Synthese, da für ihn nicht nur in der Politik alles im Werden war. Und es ist die freischwebende Intelligenz, die diese Synthese denken muss. Nur so kann Politik funktionieren. Nicht um Wahrheit geht es in der Politik, sondern um das Finden von Kompromissen in und mit den verschiedenen Weltsichten. Aber es kam anders. Als sein erstes Semester in Frankfurt zu Ende ging, wurde die NSDAP zweitgrößte Partei im Reichstag. Die Bedrohung der Juden lag schon in der Luft. Fast alle, die in irgendeiner Form mit Mannheim zu tun hatten, waren sich darüber im Klaren, obwohl natürlich niemand die Zukunft erahnen konnte. Schon 1929 hatte Mannheims Assistent Norbert Elias, der später nicht viel über jüdische Dinge schrieb, einen Artikel in einem jüdischen Gemeindeblatt veröffentlicht, in dem er Mannheims und seine eigene soziologische Sichtweise auf den Antisemitismus anwandte. Er schloss den Essay in einem resignierten Ton ab, denn er sah eigentlich nur die Alternativen, entweder nach Palästina auszuwandern oder sich mit dem strukturellen Antisemitismus abzufinden:

> »In jedem Fall ist die klare Einsicht in die eigene Lage besser als ein noch so trostloser Selbstbetrug. Eines ist dem deutschen Juden als Antwort auf den Antisemitismus immer noch möglich: sich an eine unaufdringliche, entschlossene und selbstbewusste Haltung zu gewöhnen, die allein seiner Lage angemessen ist.«[9]

Mannheim glaubte nicht an das autonome Denken. Menschen sind soziale Wesen, ihr Denken soziale Prozesse. Sie stehen sich mit ihren jeweiligen Weltanschauungen und den grundsätzlichen Denksystemen gegenüber. Da ist es nicht genug, rational über die Wahrheit entscheiden zu können. Wie kann man zu einem Kompromiss kommen, wenn kein Glaube an eine gemeinsame Welt mehr existiert? Um neue Gesellschaftstheorien und deskriptive Konzepte zu schaffen, muss der Betrachter in der Lage sein, die Perspektive zu wechseln, nicht einfach festzuhalten an einer gegebenen Position. Dazu bedarf es eines öffentlichen Raumes, in dem sowohl Juden als auch Nichtjuden »neutral« miteinander debattieren können. Dieser wurde von den Nazis zerstört. Im April 1933 wurde Mannheim als Jude entlassen. Er verließ kurz danach Deutschland.

1928 veröffentlichte Mannheim den Aufsatz »Über die Generationen«.[10] Mit dieser neuen Wendung wollte Mannheim verstehen, wie sich der Wandel der Welt im Bruch zwischen den Generationen manifestiert. Auch hier reflektierte er unausgesprochen seinen eigenen jüdischen Hintergrund. Den konkret zu thematisieren blieb seinem Studenten Jacob Katz vorbehalten.[11] Katz, wie Mannheim ein aus Ungarn stammender Jude, hatte bei Mannheim seine Dissertation begonnen. Nach dessen Entlassung 1933 beendete er sie bei einem »arischen« Kollegen. In seiner Arbeit behandelte er die Geschichte der Assimilation von Juden in Deutschland und in Europa. Dabei griff er Mannheims Idee der freischwebenden Intelligenz auf und untersuchte, wie sich deutsche und jüdische Intellektuelle mit völlig unterschiedlichem Hintergrund in einem so genannten »neutralen Raum« treffen und miteinander interagieren können, ohne ihre eigenen Identitäten aufzugeben. Beispiele für solch neutrale Räume findet er in den Salons und Logen. Dort mussten die Juden und Jüdinnen ihre spezifischen Lebensformen ablegen, etwa den Gebrauch des Jiddischen.[12] Ist es ein Zufall, dass genau in dieser Zeit – um 1930 – Hannah Arendt mit ihrem damaligen Ehemann Günther Stern (besser bekannt als Günther Anders) Lehrveranstaltungen von Mannheim in Frankfurt besuchte? Ihr Buch über das Leben der Jüdin Rahel Varnhagen begann Arendt um 1929, veröffentlicht wurde es erst 1957: ein Buch über Frauen und Jüdinnen und die Assimilation, ein Drama des 19. Jahrhunderts, aber auch eine Studie über das Scheitern der jüdischen Emanzipation, das für Arendt immer im Vordergrund ihrer Überlegungen stand.[13] Schwer vorstellbar, dass Arendts Überlegungen nicht von Begegnungen mit Karl Mannheim und Jacob Katz geprägt waren. Katz und Arendt waren sich darin einig, dass die jüdische Geschichte nicht durch die Assimilation von der Dunkelheit ins

Licht geführt wurde. Assimilation stellte das jüdische Leben vor weitere Probleme. Es ging darum, wie man mit der aufklärerischen Forderung nach Assimilation umgehen sollte. Genau diese Problematik, losgelöst vom jüdischen Hintergrund, griff einige Jahrzehnte später der postkolonialistische Diskurs auf.

Jacob Katz und Hannah Arendt waren sich darüber im Klaren, dass es auch nach ihrer Emanzipation für Juden nicht einfach war, sich dem Vorwurf zu entziehen, eine »Nation innerhalb einer Nation« zu bilden. Entscheidend für unsere Debatte ist, dass gerade die Wissenssoziologie darauf besteht, dass Menschen, die man »Zeitgenossen« nennt, weil sie eine bestimmte Lebensweise und eine Art, die Welt wahrzunehmen, teilen, nicht notwendigerweise in derselben Zeit leben. Es gibt zwar so etwas wie einen Generationszusammenhang (wie Karl Mannheim es nennt) unter denen, die an »derselben historisch-aktuellen Problematik« orientiert sind, doch weder erleben sämtliche Menschen einer Zeit dieselben Umstände, noch erleben diejenigen, die sie erfahren, sie auf dieselbe Weise – es existiert also keine homogene Gleichzeitigkeit. Lange vor der postmodernen Theorie wurde die Formulierung von der »Gleichzeitigkeit des Ungleichzeitigen« als gesellschaftspolitische Denkfigur benutzt. Für die Juden bedeutete die Ungleichzeitigkeit, dass sie nicht mehr Wanderer sein würden, sondern gleichberechtigte Mitglieder einer »Volksgemeinschaft«, so wie alle anderen auch. Doch an diesem Versprechen zeigte sich gerade im Westen Europas der Widerspruch zwischen denjenigen, die die Gegenwart mit der Vergangenheit schützen wollten und daher Juden weiterhin als Außenseiter betrachteten, und den Liberalen – sowohl unter den Nichtjuden als auch unter den Juden selbst –, die die Auffassung vertraten, dass partikulare Juden der Vergangenheit angehörten. Allerdings müssten sie dafür »verbessert« werden, um zu Menschen (wie die anderen) zu werden, ob sie nun wollten oder nicht.[14]

Wie jedes Erlösungsversprechen war es ein zweischneidiges Schwert. Auf der einen Seite brachte die Emanzipation die so genannte »jüdische Frage« erst ins Bewusstsein. Tatsächlich konnten sich Juden von ihrem Judentum nicht befreien, gleichzeitig war die jüdische Emanzipation für viele Juden durchaus eine Befreiung. Die Utopie der Emanzipation bedeutete, dass die Ablehnung der Gleichberechtigung für Juden nicht länger toleriert werden sollte und dass Juden als Menschen eines bestimmten Glaubens (oder überhaupt eines Glaubens) in eine Gesellschaft gleicher Bürger integriert werden sollten. Die ständischen Beschränkungen sollten aufgehoben werden. Doch in diesem Hoffnungsversprechen machte die neue Wissenssoziologie das neue Drama der Moderne aus, weil damit die Gewissheiten der Traditionen ihre Gültigkeit verloren und stattdessen jede partikulare Perspektive als die alleingültige Wahrheit verstanden wurde. Die Autorität der Tradition existierte nicht mehr. Das Band zwischen Vergangenheit und Gegenwart war durchbrochen, und jede Einstellung, jede Ideologie, jedes partikulare Bekenntnis zu einer bestimmten Politik wurde von ihren Trägern als absolute Wahrheit verstanden, während andere Meinungen für Ideologien gehalten wurden. Nicht jeder kam mit diesen Ungewissheiten zurecht.

Mannheim wollte soziologisch verstehen, warum wir die Welt nicht mehr verstehen. Wahrheit ist für ihn ein Verhältnisbegriff. Beispiele dafür fand er in der Kunstgeschichte, und wie dort war er auch in der Politik daran interessiert, eine Synthese der verschiedenen Ausdrucksformen zu finden. Warum wird ein bestimmtes Kunstwerk als impressionistisch bezeichnet? Er wollte wissen, warum Künstler zu Ausdrucksformen fanden, für die Begriffe wie Impressionismus, Kubismus oder

Expressionismus geprägt wurden. Welche Fragen trieben die Künstler an – und war es möglich, auf einer allgemeinen Ebene den Zusammenhang zwischen der Wahrnehmung der Welt und jenen künstlerischen Ausdrucksformen zu beschreiben?[15] Solche Fragen versuchte er auch auf politische Einstellungen anzuwenden. Und er suchte nach einer Möglichkeit, das Denken unter der Bedingung der ständigen Veränderung zu denken. In den Essays in *Ideologie und Utopie* unterschied er zwischen Gedanken unter den Bedingungen des sozialen Wandels – er nannte diese Ideologie, worunter natürlich vor allem der Versuch fällt, spezifischen Sichtweisen auf die Welt das Gewand des Absoluten anzulegen – und einem Denken als Verwandlung, das weiter reicht und die Welt transformieren will –, er nannte dieses Denken Utopie. Ideologie ist notwendigerweise Teil der Moderne und ihrer alle Bereiche des Lebens erfassenden Veränderungen. Verwandlung aber, also Utopie, geht weit darüber hinaus und ermöglicht morgen, was gestern nicht einmal gedacht werden konnte. Dieses Denken ging in der Tat mit der Zeit. Tatsächlich unternahm seine Soziologie den Versuch, die Philosophie von der Ideologie des universellen Menschen zu befreien. Die Zwickmühle, in der Juden wie Mannheim sich befanden, bestand auch darin, dass sie in der Zeit nicht mehr zurückkonnten. Die meisten fühlten sich aber fremd in den Debatten über Kultur, Seele und Nation, die konservativen Schlüsselbegriffe der nichtjüdischen Umgebung. Mannheim versuchte fast schon verzweifelt zu zeigen, dass die gegenseitige Beeinflussung bestimmter Wissenssysteme durch die Institutionalisierung so genannter freischwebender Intellektueller beide Seiten des Wissens und sogar der Wahrheit hervorbringt. Er meinte aber soziologische Wahrheit, nämlich den zentralen, aber wachsenden Kern von gemeinsamen Werten und die universalisierten Variationen der lokalen

Bedeutung. Die Intellektuellen haben die Aufgabe, die Gesellschaft als Ganzes zu denken und bestimmte Standpunkte zu überwinden, indem sie frei darüber schweben. Karl Mannheim wollte diese jüdischen Ungewissheiten wissenschaftlich erfassen und glaubte wie schon Max Weber vor ihm, dass Politik zur Wissenschaft werden kann.

Auch deshalb könnte diese Geschichte eigentlich schon am 7. November 1917 in München beginnen, knapp hundert Jahre vor der Verleihung des Geschwister-Scholl-Preises an Achille Mbembe. Es ist die Zeit der bolschewikischen Revolution, das Ende des Ersten Weltkriegs, der Beginn einer Moderne des Schreckens. Und in Deutschland war es die Zeit des Übergangs von der Monarchie zur Republik. Nicht unweit der Vortragsstätte Mbembes, auf einer Kleinkunstbühne der Buchhandlung Steinecke in der Adalbertstraße in München, sprach der Soziologe Max Weber vor jungen Studierenden über wissenschaftliche Aufrichtigkeit. Organisiert wurde der Vortrag vom »Freistudentischen Bund, Landesverband Bayern«. Der Vorsitzende dieser nichtschlagenden Studentenbewegung war Immanuel Birnbaum, ein später emigrierender jüdischer Journalist.

Weber versuchte, seinen Zuhörern den Unterschied zwischen praktisch-politischen Stellungnahmen und wissenschaftlichen Analysen politischer Gebilde nahezubringen. Der daraus entstandene Essay »Wissenschaft als Beruf« ist inzwischen zum Klassiker geworden.[16] Worte können, so Weber, Pflugscharen zur Lockerung des Erdreichs des kontemplativen Denkens sein oder auch Schwerter gegen die Gegner: Kampfmittel also. Werte können wissenschaftlich nicht entschieden werden. Es geht um die aufrechte Entscheidung, wo man stehen will. Die politische Atmosphäre in Deutschland war durch das Ende des Krieges und Revolutionsgedanken aufgeheizt, auch an den Universitäten. Die Unterscheidung zwischen

Pflugscharen und Schwertern, zwischen Wissenschaft und Politik, die Fähigkeit, zwischen wissenschaftlichen und politischen Argumenten zu unterscheiden, ja eine wertfreie Sozialwissenschaft zu betreiben, das war Webers Anliegen. Ein jeder sollte seinen »Dämon finden und gehorchen, der seines Lebens Faden hält«.[17] Der Weg, diesen Dämon zu finden, führt für Weber über die Entzauberung, Rationalisierung und Intellektualisierung der Welt. Es gibt keine Geheimnisse mehr, aber auch keine großen Wahrheiten. Die einzige Wahrheit, die nach der Entzauberung der Welt bleibt, ist Gott, ein Resultat des jüdischen Monotheismus. Man hat dem Judentum schon immer vorgeworfen, dass Gott zu transzendent, zu weit, zu unerreichbar sei. Der Monotheismus hat die Welt in der Tat entzaubert, ihr die Magie, die zwischen Himmel und Erde existierte, geraubt. Intellektuell und kognitiv mag es vielleicht befriedigend sein, aber die Innerlichkeit bleibt leer. Für diejenigen, die Gott noch nicht hinter sich gelassen haben, füllt die Präsenz Gottes das Universum. Säkulare Priester hatten diesen Luxus nicht:

»Die alten vielen Götter, entzaubert und daher in Gestalt unpersönlicher Mächte, entsteigen ihren Gräbern, streben nach Gewalt über unser Leben und beginnen untereinander wieder ihren ewigen Kampf. Das aber, was gerade dem modernen Menschen so schwer wird, und der jungen Generation am schwersten, ist: einem solchen Alltag gewachsen zu sein. Alles Jagen nach dem ›Erlebnis‹ stammt aus dieser Schwäche. Denn Schwäche ist es: dem Schicksal der Zeit nicht in sein ernstes Antlitz blicken zu können.«[18]

Max Webers Worte klingen bis heute nach, und wenn man bedenkt, dass er am Ende einer Pandemie, der Spanischen Grippe, starb, just als sich rechte und linke Milizen auf den Straßen bekämpften, kann man ihre damalige Wirkung heute noch besser verstehen.

Mannheim war überzeugt, dass durch seinen wissenssoziologischen Ansatz die messianische Prophezeiung Jesajas, Schwerter in Pflugscharen zu verwandeln, auf die Weber anspielte, eingelöst werden könne. Freischwebende Intelligenz nannte Mannheim die nicht gebundenen Intellektuellen, die wie Georg Simmels Fremde distanziert auf die eigene Gesellschaft blicken sollen. Sie sollten die neuen Propheten sein. »Wächter zu sein in einer sonst allzu finsteren Nacht«, wie er es ausdrückte. Damit griff Mannheim auch den Schlussteil von Webers Rede auf, der sich ebenfalls auf Jesaja bezieht. Weber beendete seine Rede mit einer Warnung: »Wächter, wie lang noch die Nacht? Der Wächter spricht: Es kommt der Morgen, aber noch ist es Nacht« (Jesaja 21,11). Eine Warnung, dass Intellektuelle nicht auf die Erlösung warten sollen. Mehrmals geht Max Weber in seiner Rede auf die Juden und das Judentum ein. Als er über akademische Karrieren spricht, rät er Juden indirekt, sich keine Hoffnungen auf eine solche Karriere zu machen. Und die Bezüge zu Jesaja sind deutlich. Die Worte über das Warten in der Nacht sind für Weber an die Juden gerichtet: »Das Volk, dem das gesagt wurde, hat gefragt und geharrt durch weit mehr als zwei Jahrtausende und wir kennen sein erschütterndes Schicksal«[19], so Weber im November 1917. Auch arbeitete er in dieser Zeit an seiner Studie über das antike Judentum, in der er sich mit den Propheten auseinandersetzte und den Begriff des Pariavolkes einführte: für eine Gemeinschaft, die nicht politisch agieren konnte, aber auch gleichzeitig die gegebene Ordnung radikal in Frage stellte. Weber blickte wohlwollend und herablassend zugleich auf die Juden, wie das im liberalen deutschen Bürgertum in dieser Zeit weit verbreitet war. Er akzeptierte, dass Juden, solange sie an ihrem Glauben festhielten, weiter ein Pariavolk bleiben würden. Er begrüßte ihre Assimilation und sah im Universalismus auch die Lösung der Judenfrage. Diese Verlockung wirkt natürlich noch heute: Juden konnten »gleich« werden. Aber der Preis der Gleichheit war die Unsichtbarkeit. Sei wie dein Nachbar. Mache dein Jüdischsein so unauffällig wie möglich. Die Nachahmung der Nichtjuden versprach das Ende der Diskriminierung. Für Max Weber war das selbstverständlich, viele Juden sahen das genauso. Gleichzeitig bestand er in seinen Studien über das Judentum darauf, dass die Juden ein Gastvolk seien – ein Pariavolk –, wie er immer wieder betonte. Einige Monate vor seinem Vortrag über »Wissenschaft als Beruf«, im Januar 1917, sprach er im Sozialwissenschaftlichen Verein in München. Dort betonte er nochmals das »orientalische« Element der Juden – heute würde man sagen, dass für Weber das »Nichtweiße« der Juden hervorstach.

Es war Hannah Arendt, die den Begriff des Parias dann als ein selbst auferlegtes kulturelles und politisches Bewusstsein nicht nur auf jüdische Minderheiten, sondern auch auf Minderheiten an sich anwandte. Ihr Blick war unnachgiebig. Sie verstand die Zäsur des Jahres 1933 von Anfang an und gab sich keinerlei Hoffnungen hin. Für sie war das Kapitel jüdischen Lebens in Europa abgeschlossen. »Die jüdische Assimilation scheint heute in Deutschland ihren Bankrott anmelden zu müssen«, so beginnt Hannah Arendts Nachwort zu Rahel Varnhagens 100. Todestag in der zionistischen Zeitschrift *Die Jüdische Rundschau*, veröffentlicht am 7. April 1933[20], also einige Tage nach dem Boykott jüdischer Geschäfte am 1. April. Arendt wollte Juden als Rebellen sehen, als Vertreter eines unterdrückten Volkes, das seinen Freiheitskampf immer in Verbindung mit den Kämpfen anderer Unterdrückter führt. Für sie war Assimilation keine Erlösung, sondern Narrheit. Paria war für sie keine historische Kategorie, keine »Pflugschar«, mit der die historische Rolle der Juden zu erforschen wäre, sondern ein

»Schwert«, ein politischer Kampfbegriff, der für alle Minderheiten relevant sein kann. Sie hatte die Politik der Dissimilation vor Augen. Max Weber und Hannah Arendt haben sich natürlich nie getroffen, gleichwohl waren Webers Untersuchungen für Arendts Überlegungen von zentraler Bedeutung. Und auch Karl Jaspers, Arendts Lehrer und Freund, bewunderte Max Webers Arbeiten. So überrascht es auch nicht, dass in der Korrespondenz zwischen Arendt und Jaspers Webers Denkstil immer wieder als Vermittler auftauchte, bot er ihnen doch die Gelegenheit, über ihr jeweiliges Deutschtum oder Judentum nachzudenken.

So schrieb Jaspers am 20. April 1950 von Basel nach New York, nachdem Arendt aus Deutschland zurückgekehrt war:

»Gestern nacht träumte ich merkwürdig. Wir waren zusammen bei Max Weber. Sie – Hannah – kamen zu spät, wurden mit Jubel empfangen. Der Aufgang führte durch eine Schlucht. Die Wohnung war die alte. Max Weber war gerade von einer Weltreise heimgekehrt, hatte politische Dokumente und Kunstwerke, besonders aus Ostasien mitgebracht. Er schenkte uns einen Teil, Ihnen die besten, weil Sie mehr von Politik verstanden als ich.«[21]

Einen Monat später, am 25. Juni 1950, antwortete Arendt:

»Ich habe noch viel Max Weber gelesen – eigentlich auf Ihren Traum hin. Der hat mir erst so blödsinnig geschmeichelt, daß ich mich vor mir selbst geschämt habe. Aber diese Meisterschaft der Nüchternheit ist doch nicht zu erreichen, wenigstens mir nicht. Etwas Dogmatisches bleibt bei mir irgendwo hocken. (Das kommt davon, wenn sich Juden in die Geschichtsschreibung wagen.)«[22]

Grundverschieden ist aber der Briefwechsel kurz vor der Machtübernahme der Nazis, als Arendt an Jaspers am 1. Januar 1933 schrieb:

»Es handelt sich dabei nicht darum, daß Sie in Max Weber den großen Deutschen, sondern, daß Sie in ihm das ›deutsche Wesen‹ darstellen. […] Sie werden verstehen, daß ich als Jüdin dazu weder Ja noch Nein sagen kann und daß mein Einverständnis ebenso unpassend wäre wie eine Argumentation dagegen. […] Für mich ist Deutschland die Muttersprache, die Philosophie und die Dichtung.«[23]

Und Jaspers antwortete sofort am 3. Januar 1933:

»Was ist das für eine fatale Sache mit dem deutschen Wesen! Es ist mir wunderlich, daß Sie als Jüdin sich vom Deutschen unterscheiden wollen.«[24]

Hier waren die Fronten zwischen dem Deutschen und dem Jüdischen schon klar abgesteckt. Für Arendt war es als Jüdin schon im Januar 1933 mehr als klar, dass sie in Deutschland nur noch eine Bürgerin auf Abruf war. Ein halbes Jahr später wurde sie verhaftet und musste kurz darauf illegal Deutschland verlassen.

ALFRED DREYFUS UND HANNAH ARENDTS KAFKA-LEKTÜRE:
JÜDISCHES LEBEN IN DER UNMÖGLICHKEIT

Die Wurzeln des Konflikts, der 2020 um Achille Mbembe ausbrach, reichen aber noch weiter zurück als in die Jahre der Weimarer Republik und über die Grenzen Deutschlands hinaus nach Frankreich, wo schon früh Debatten über die jüdische Emanzipation und später über die Dekolonisierung geführt wurden. Ich will deshalb mit der Dreyfus-Affäre am Ende des 19. Jahrhunderts beginnen, die von den jüdischen Akteuren schon damals als Zäsur erlebt wurde. Zum ersten Mal traten Intellektuelle in der Öffentlichkeit auf, die parteiisch eine Position bezogen und im Namen so genannter universeller Werte verteidigten. Es war aber auch die erste große Debatte, die im Feuilleton ausgetragen wurde und die in ihrer Heftigkeit den heutigen Debatten in nichts nachsteht. Und es ist kein Zufall, dass die so genannte »jüdische Frage« im Zentrum dieser Debatte stand. Die jüdische Erfahrung der Akteure, ob es sich um Theodor Herzl oder später um Hannah Arendt oder andere handelt, führt zu einer anderen Wahrnehmung der Aufklärung. Der Universalismus erscheint ihnen als eine unangemessene, kaum weniger gefährliche Antwort auf die Herausforderung des Partikularismus. Mit dem Beginn der Assimilation im Namen einer übergeordneten Idee – der Zugehörigkeit zur Nation oder gar, in deren idealistischer Überhöhung, zur Gemeinschaft der Aufgeklärten – schien die Stunde des Universalismus gekommen. Allerdings gestand man ihnen diese Zugehörigkeit nicht ohne Weiteres zu. Immer wieder stieß man sie zurück auf die Partikularität ihres Jüdischseins. Auf der anderen Seite aber wurde die Zugehörigkeit zu diesem Jüdischsein brüchig, sowohl in den Augen derer, die man verlassen hatte, als auch im eigenen Selbstbild. Vielleicht wurden sie sich überhaupt erst in diesem Moment ihrer Partikularität bewusst? Das bedeutet nicht, dass sie die aufklärerischen Impulse abgelehnt hätten. Für die Juden war die Aufklärung trotz allen Drucks zur Gleichmacherei ein Ausweg aus der Krise des Partikularismus. Dieser Essay will nicht zuletzt zeigen, dass weder der jüdische Partikularismus noch postkolonialistische Befindlichkeiten als Alternativen für den aufklärerischen Geist taugen. Vielmehr stehen diese Beschreibungen der Wirklichkeit im ständigen kritischen Dialog mit dem Universalismus der Aufklärung, der befreien kann, durch diese Befreiung aber auch die eigenen Identitäten einschränkt.

Das zeigt sich deutlich an der Dreyfus-Affäre am Übergang vom 19. zum 20. Jahrhundert in Frankreich, als ein jüdischer Offizier fälschlicherweise der Spionage für Deutschland beschuldigt worden war. Den jüdischen und französischen Soziologen Émile Durkheim bewog sie dazu, seine soziologischen Ansätze neu zu formulieren. Am Beginn des 20. Jahrhunderts beobachtet er eine »Religion des Individualismus«.[25] Das war sein Versuch, das Jüdische im Universalen aufgehen zu lassen und damit Aufklärung und den aufklärerischen Geist der Revolution zu retten. Durkheim betonte, dass die moderne Solidarität nicht mehr auf Ähnlichkeit, sondern auf Vielfalt der Menschen beruhte. Nicht um die Ehre des Offizierskorps ging es ihm, eine vormoderne Gesellschaftsform, die auf so genannter mechanischer Solidarität und auf Ähnlichkeit basiert, sondern um die Würde des Einzelnen, die dann im Gegensatz dazu auf Verschiedenheit beruhen sollte. Er behauptete also, dass die Unschuld von Dreyfus, auch wenn sie in letzter Konsequenz der französischen Armee und dem französischen Staat schaden würde, essenziell sei für die neue Religion der Individualität. Durkheim glaubte in der Tat an die Staatsbürgerschaft als universales Prinzip, wodurch dann auch das »Jüdischsein« aufgehoben werden kann.

Aber nicht alle waren damit einverstanden. Es gab auch eine heftige Gegenströmung, die Vertreter der beiden streitenden Parteien wurden dreyfusardische und antidreyfusardische Intellektuelle genannt. Ihre Weltanschauungen unterschieden sich grundsätzlich in ihren sozialen, politischen und moralischen Grundauffassungen, aber sie konstituierten sich auch gegenseitig. Und bis heute zeigt sich die Resonanz der Weltanschauungen dieser konträr denkenden Intellektuellen. Die Dreyfusarden (wie Émile Durkheim und auch Émile Zola) bezogen sich auf die »republikanischen Werte«. Es ging ihnen um Wahrheit, Gerechtigkeit, Vernunft und Universalismus. Und ein Intellektueller war, wer für diese Werte öffentlich eintrat. Die Gegenseite verteidigte Autorität, Ordnung, einen auf Gefühlen beruhenden und ausschließenden Nationalismus, der den Juden keinen Platz ließ. Die Dreyfusarden sahen sich in der Tradition der Französischen Revolution, der Erklärung der Menschen- und Bürgerrechte, der Judenemanzipation. Sie verstanden sich als die Verfechter der Toleranz, die gegen jegliches Unrecht, wie es Dreyfus angetan wurde, ankämpften. Ihnen ging es um die Heiligkeit des Individuums, wie es Durkheim so dringlich einforderte. Und bis zum heutigen Tag gilt denn auch der von Émile Zola im Januar 1898 verfasste Artikel »J'Accuse …!« als der Aufschrei der die Gerechtigkeit vertretenden Intellektuellen. Aber diese Geisteshaltung hat auch eine Gegenseite. Für die Gegner (wie die Schriftsteller Maurice

Barrès oder Édouard Drumont) war die Heiligkeit des Individuums nicht von Belang, sie empfanden die Nation als heilig. Ihr Frankreich sollte sich nicht an den Werten der Revolution, sondern an Militär, Ehre und Kirche orientieren. Als wahrer Franzose galt ihnen nur, wer eine französische, katholische Familiengeschichte nachweisen konnte, deren Wurzeln weit vor die Jahre der Revolution zurückreichten. Die Fronten waren somit also klar und bekannt: säkular oder katholisch, sozialistisch oder militaristisch, republikanisch oder monarchistisch, Stadt und Land, Intellektuelle und Antiintellektuelle und auch Juden und Franzosen.[26] Diese Pole repräsentieren unterschiedliche Gefühlswelten, der Konflikt zwischen ihnen war unvermeidbar. Der verbalen Gewalt des Feuilletons korrespondierte die Gewalt auf der Straße. Es ging um die Perspektive, um die Sicht auf die Welt. Und es ging um die Art und Weise, wie die Welt zu interpretieren sei, die ja eng verknüpft ist mit den unterschiedlichen Erfahrungen unterschiedlicher Menschen. Diese Erfahrungen werden geteilt oder eben auch nicht. Ob Dreyfus schuldig oder unschuldig war, stand gar nicht mehr zur Debatte, sondern wer am Ende recht behielt: die Armee oder ihre Gegner. Die Dreyfus-Affäre legte die mangelhaft ausgebildete Einsicht der Akteure offen, dass die moderne Welt die Heimat mehrerer und widersprüchlicher Glaubenssysteme ist. Nur der eigenen Meinung verpflichtet, gab es für sie keine übergeordnete moralische Struktur. Man wusste von den Meinungen der anderen, aber jede Seite war davon überzeugt, dass die andere im Unrecht war. In der einen Sichtweise galten Juden als Bedrohung für Frankreich, die in der Person von Dreyfus die französische Armee unterwanderten. Diese Form der Judenfeindschaft, der moderne Antisemitismus, verbreitete sich in Frankreich bereits nach der Revolution im späten 18. Jahrhundert. Juden wurden als die eigentlichen Gewinner der Revolution gesehen, als Zerstörer von heiligen Ordnungen und Institutionen. Das »alte« Frankreich wurde als Gegensatz zum neuen »verjudeten« Frankreich inszeniert, ja, gerade im »neuen« Frankreich wurden die Juden emanzipiert. So trafen also unversöhnliche Positionen aufeinander, die nicht verhandelbar oder kompromissfähig waren und sich vor allem in ihrer Unversöhnlichkeit definierten.

Im ersten großen Feuilletonkrieg der französischen Öffentlichkeit stand viel auf dem Spiel. Was ist die Rolle der Juden in der Moderne, was ist ein Nationalstaat, wer gehört dazu und wer nicht? Die Emanzipation verlangte die öffentliche Unsichtbarkeit der Juden, Alfred Dreyfus versuchte sich durch sein Leben als französischer Offizier unsichtbar zu machen. Die Emanzipation, die in Frankreich ihren Beginn nahm, ist der Beginn des »unsichtbaren« Juden, der durch das Versprechen der Staatsbürgerschaft wie alle anderen Mitbürger sogar ein Offizier werden konnte. Das war für das »alte« konservative Frankreich eine Provokation. In einer Zeit, in der Modernität auch den Übergang von »Gemeinschaft« zu »Gesellschaft« bedeutete, wurde dies zu einer Anklage gegen Juden. Ihnen wurde vorgeworfen, immer noch eine enge Gemeinschaft zu bilden und damit die allgemeinen Ansprüche der Staatsbürgerschaft zu unterwandern – und außerdem die zunehmende Privatisierung und Kommerzialisierung der Gesellschaft voranzutreiben. Man lastete ihnen an, gleichzeitig zu modern und vormodern zu sein. An diese Diskussionen knüpfen die französischen Debatten um die Zugehörigkeit von nichtweißen Franzosen an, die etwa fünfzig Jahre später aus den Kolonien ins Mutterland Frankreich kommen sollten. Ihnen warf man natürlich nicht vor, zu modern zu sein, sondern wegen ihrer Herkunft nicht zur französischen Nation zu gehören, ähnlich wie den Juden Jahrzehnte davor.

Beispiele aus der jüdischen Perspektive sind die unterschiedlichen Reaktionen von Theodor Herzl und Hannah Arendt. Beide zogen unterschiedliche Konsequenzen aus der Affäre, die auch noch in der Mbembe-Affäre mehr als hundert Jahre später eine Rolle spielen. Ihnen ging es – anders als Durkheim – nicht mehr um die Auflösung des Jüdischen im Staat, sondern um ein neues politisches und kulturelles Selbstverständnis. 1941 konnte Hannah Arendt aus Frankreich über Spanien und Portugal in die USA fliehen. Ihr erster dort entstandener Aufsatz war der Beginn ihrer Abrechnung mit Frankreich: »From the Dreyfus Affair to France Today« wurde im Sommer 1942 in der von dem jüdischen Historiker Salo Baron in New York gegründeten Zeitschrift *Jewish Social Studies* veröffentlicht, eine Zeitschrift, die bewusst als Reaktion auf die nationalsozialistische »Judenforschung« 1937 gegründet wurde.[27] Zehn Jahre später eröffnete dieser Aufsatz Arendts Studie über den Totalitarismus, jene Studie, in der sie sich auch auf Judenvernichtung, Stalinismus und Kolonialismus beziehen wird. Der Aufsatz entstand während ihrer ersten akademischen Anstellung in den USA, als sie 1942 am Brooklyn College einen Kurs über die Dreyfus-Affäre und deren Konsequenzen abhielt.[28] Zur gleichen Zeit kam es zur systematischen Ermordung der Juden durch die Nationalsozialisten. Für Arendt war die Dreyfus-Affäre der Anfang des dunklen, totalitären 20. Jahrhunderts. Diese Einschätzung beruhte wohl auch auf ihrer eigenen Erfahrung in Frankreich, wohin sie 1933 als 27-Jährige geflohen war. Für sie war die Dreyfus-Affäre ein Vorlauf für alles, was später in Europa folgen sollte. Antisemitismus war für Arendt nicht die Fortsetzung der jahrhundertealten Judenfeindschaft, sondern der Zusammenbruch aller moralischen Werte, entfesselt von Intellektuellen und angefeuert vom Mob. Der Zorn auf die sich assimilierenden Juden kannte kaum Grenzen. Arendt wollte gewiss nicht die historischen Zusammenhänge der Dreyfus-Affäre aufarbeiten, sie verstand sich nie als Historikerin. Für sie war die Affäre ein Ausgangspunkt, über jüdisches Leben nachzudenken, gerade auch in einer Zeit, als dieses Leben in Europa ausgelöscht wurde. Arendt wollte verstehen, wie es zur Judenvernichtung kommen konnte. Entscheidend war für sie, dass das Frankreich von 1940 so schnell vor den Nationalsozialisten kapituliert und die Gleichheitsideale ihrer Revolution verraten hat, eilig selbst antijüdische Verordnungen verabschiedete, die dem anhaltenden Sieg der Anti-Dreyfusards geschuldet waren. Die Konsequenzen für Arendt aus dieser für Juden grundlegenden Erfahrung waren klar: Desintegration. Juden sollten bewusst eine Minderheit bleiben und nicht länger versuchen, in den antisemitischen Salons der guten Gesellschaft akzeptiert zu werden. Es ging ihr gar nicht um politische Souveränität. Das Scheitern Frankreichs bedeutete für sie das Scheitern der Aufklärung für Juden. Aber sie stellte die Frage nach anderen politischen Lösungen für die Juden jenseits von Assimilation und Zionismus. Sie verstand sehr wohl, dass die jüdische Emanzipation ein zweischneidiges Schwert war. Auf der einen Seite brachte die Emanzipation die so genannte »jüdische Frage« überhaupt erst ins Bewusstsein, gleichzeitig war die jüdische Emanzipation für viele Juden auch eine Befreiung. Juden konnten theoretisch gleich werden. Aber eben nur theoretisch. In Alfred Dreyfus' Karriere sah Arendt die grundlegendste Schwäche der Juden. Sie dagegen suchte nach einer kulturellen und politischen Sichtbarkeit, einer Rückkehr in die Geschichte, wie sie auch die Zionisten einforderten. Assimilierte Juden hatten ihrer Meinung nach nicht mehr die politischen Mittel, sich als Juden zu wehren, wenn sie als Juden angegriffen wurden.

Am Ende ihres Aufsatzes setzte sie sich mit Theodor Herzl

und dem Zionismus auseinander. Wie Arendt richtig bemerkte, wurde Herzl erst durch den Antisemitismus zum Juden und zum Gründer des politischen Zionismus. Für Herzl gab es kein Zurück mehr in das religiöse Judentum. Die Lösung konnte nur politisch sein. Aber nicht um Arendts kulturelles Selbstbewusstsein ging es Herzl, sondern um nationale Souveränität, um das eigene Land als eine jüdische Lösung für das Problem. Für Herzl gab es nach der Dreyfus-Affäre nur noch Juden und Antisemiten. Für Arendt war die territoriale Frage zweitrangig. Ihr jüdischer Diaspora-Nationalismus brauchte kein eigenes Land. Für Theodor Herzl war das anders. Judentum als Glaube oder als Kultur hatte für ihn keine große Bedeutung. Für den assimilierten Juden war diese Affäre auch ein entscheidender Grund für seinen Zionismus. Als er am 5. Januar 1895 von Dreyfus' Degradierung erfuhr, änderte sich seine Welt. Die Aberkennung der soldatischen Ehre muss ihn an all das erinnert haben, was er während seiner Studienzeit in Wien erlebt hatte. Er wollte mit den Feinden der Juden gleichziehen. Das Grundproblem war: Die Feinde der Juden waren nicht einmal bereit, in den Juden Feinde zu sehen. Herzl verstand, dass in einer Welt von Staaten nur wahrgenommen wird, wer über eine Staatssouveränität verfügt. Erst der Judenstaat könnte mit seinen Feinden souverän verhandeln und würde dann auch Verträge schließen können. Für Herzl, Jurist und zugleich Journalist, war dieser Gedanke Grundlage seines auf der Dreyfus-Affäre beruhenden Zionismus. Der Zionismus wurde für Herzl vom Antisemitismus hervorgebracht. Die unmittelbare Verknüpfung zwischen Antisemitismus und Zionismus brachte die zionistische Bewegung ins Rollen. Auch deshalb ist es fast unmöglich, Antizionismus und Antisemitismus voneinander zu entkoppeln. Die Dreyfus-Affäre bündelte die Ängste der assimilierten Juden. Was einem Offizier wie Dreyfus passieren konnte, konnte jedem Juden widerfahren. Das war auch Hannah Arendts schauerliche Ahnung. Denn ausgerechnet 1942 sah sie in dieser Affäre die Bündelung des jüdischen Schicksals. Und Arendt verknüpfte diese Vorahnung auch mit ihren Gedanken zu Franz Kafka, dessen Werke sie etwas später in den USA im Schocken Verlag auf Englisch herausgeben sollte. Er ahnte für sie voraus, was auf die Juden zukommen sollte. Aber es war nicht nur eine Vorahnung für die Juden, sondern ein Vorgriff auf die Kämpfe von Minderheiten in einer Mehrheitsgesellschaft. Dieses Thema begegnete Arendt auch bei ihrer intensiven Lektüre von Franz Kafka.

Franz Kafka wusste wohl von der Dreyfus-Affäre. Von seiner Kindheit, seiner Jugend an bis zum Ende seines Lebens 1924 war in der jüdischen Presse in Prag darüber zu lesen. Es bringt nicht viel, darüber zu spekulieren, inwieweit Kafkas Werke wie zum Beispiel *Die Verwandlung* oder *Der Proceß* vom Dreyfus-Prozess geprägt waren. Wir können eigentlich nur davon ausgehen, dass sie eine Rolle spielten, wenngleich Kafka in seinen Texten nicht immer explizit über und von Juden schrieb. Das gehörte zum Selbstverständnis assimilierter Juden, die keine Juden mehr sein wollten, aber dazu getrieben wurden. Dennoch sticht ein Text hervor. 1914 schrieb Kafka die Erzählung »In der Strafkolonie«, die er 1919 veröffentlichte. Alfred Dreyfus wurde 1895 auf die Teufelsinsel an der Nordostküste Südamerikas in Französisch-Guyana verbannt, wo er mehr als vier Jahre lebte. Kafkas Geschichte handelt von einem Forschungsreisenden, der in einer nicht genannten Strafkolonie ein grausames Rechtssystem kennenlernt. Das Urteil kann nicht angezweifelt werden und wird mit Hilfe einer Maschine in den Körper des Verurteilten eingeschrieben. Ein Offizier bedient die Maschine und unterwirft sich ihr selbst, nachdem er sich degradiert und ausgezogen hat. Der Forschungsreisende flüchtet voller Entsetzen von der Insel. Es liegt nahe, Kafkas Erzählung vor dem Hintergrund der Dreyfus-Affäre zu lesen.[29] Die Ähnlichkeiten zwischen dem Verurteilten der Strafkolonie und Dreyfus sind wohl nicht zufällig. Kein Bild symbolisierte die Dreyfus-Affäre sinnfälliger als die öffentliche Degradierung des Hauptmanns. Sein Degen wurde zerbrochen, der zerbrochene Degen von Dreyfus stand stellvertretend für den zerbrochenen Degen der soldatischen Ehre der Juden. Herzl, Kafka, Arendt und viele andere mehr oder weniger bekannte Juden und Jüdinnen erkannten in den Bildern des zerbrochenen Degens ihr eigenes Schicksal. Der Offizier in der Strafkolonie sprach Französisch, es war eine französische Strafkolonie wie die Teufelsinsel. Und wie Arendt in der Dreyfus-Affäre den Beginn der jüdischen Katastrophe sah, wird auch Kafka immer wieder als ein Prophet des Holocaust gelesen. Wenn Arendt sehr viel später in den Sechzigerjahren über Adolf Eichmann und seinen Prozess vor dem Bezirksgericht in Jerusalem schreiben sollte, konnte der Offizier aus der Strafkolonie durchaus Pate für ihre Beschreibung Eichmanns gestanden haben. Kafka blickte wohl nicht nur nach vorne, sondern auch zurück. Wir können die Geschichte Kafkas durchaus als ein Zurückspulen der Zeit, als eine Erinnerung an den Kolonialismus der europäischen Mächte lesen, aber auch als ein Vorspulen der Zeit in die Zeit der Judenvernichtung. Es mag Leser und Leserinnen von Kafka geben, die »In der Strafkolonie« als eine Reflexion über den Kolonialismus lesen können, einen Kommentar zur Dreyfus-Affäre, eine Ahnung des Holocaust oder eine Mischung aus alldem, die keine Sichtweise privilegiert. In der historischen Zeit ist diese Geschichte an der Schnittstelle zwischen Kolonialismus, Erstem Weltkrieg, Antisemitismus und dem Zusammenbruch der Imperien und der Kristallisierung von ethnischen Nationalstaaten platziert. Von hier nahm für Arendt der Weg in den Totalitarismus und in die Judenvernichtung seinen Ausgang, gleichzeitig bildete sich in den Kolonien Afrikas die Vorstellung heraus, es gebe eine Kategorie überflüssiger Menschen. Es handelt sich um verschiedene Standpunkte, die sich gegenseitig ergänzen, bestimmen und auch ausschließen. Wie der Blick des Forschungsreisenden in der Geschichte Kafkas ein anderer Blick ist als der des Offiziers, wie der Blick der Dreyfusarden und der Anti-Dreyfusarden auf Juden als Menschen oder Juden als Juden sich gegenseitig bestimmen und ausschließen, so sind auch die jüdischen Reaktionen wie jene von Herzl und Arendt heterogen aufeinander zu beziehen und zu bestimmen. Der Blick von Schwarzen auf Weiße, von Weißen auf Schwarze, die Forderung, gerade in Deutschland, den Blick in eine bestimmte Richtung zu lenken, ob es sich um die kolonialistische oder judenvernichtende Vergangenheit handelt, all das bestimmt die Debatte.

Führt uns Kafka mit »In der Strafkolonie« aber nicht auch auf eine andere Fährte? In der Strafkolonie hat niemand einen Namen, und der eigentliche Held ist der tötende Apparat. Finden wir hier Anspielungen auf den kolonialistischen Apparat? Wenn man diesen Text gemeinsam mit der 1917 veröffentlichten Erzählung »Ein Bericht für eine Akademie« in der Zeitschrift *Der Jude* liest, erfahren wir dort von einem Affen namens Rotpeter, der einen Bericht über sein äffisches Vorleben vorzulegen hat. Eine Geschichte, die auf die erfolglose jüdische Assimilation anspielt und zusammen mit »In der Strafkolonie« auch andeuten kann, dass Juden eigentlich nicht wirklich weiß wie die Angehörigen der Mehrheitsgesellschaft sind. Damit öffnet Kafka ein Fenster für die Möglichkeit des nichtweißen Juden, als Teil einer globalen Minorität.[30] So las auch Hannah Arendt Franz Kafka. Für sie war Kafka jüdisch und menschlich zugleich. Sie sah hier den Schlüssel zu einer verborgenen jüdischen Tradition und hat zeitlebens versucht, entsprechend als Jüdin zu leben. Es ist aber gerade diese jüdische Erfahrung vor und nach der Katastrophe, die diese Problematik zur Existenzbedingung erhebt und damit auch die Grundlagen für den postkolonialistischen Diskurs legte. Arendts Denken war zentral dafür. Juden leben bewusster in der Spannung zwischen Universalismus und Partikularismus, doch diese Spannung universalisiert sich von Tag zu Tag mehr. Die Erfahrung der Diaspora, das Leben im Exil ist zum Kontrapunkt des Lebens in der territorial geprägten Geschichte geworden.

Arendt hatte 1944 in den USA zwei Essays über Kafka veröffentlicht, in denen sie ebenfalls dessen »verborgene Tradition«, die aus dem Judentum stammt, analysiert. Beide Essays sind Versuche, Kafka sowohl universal als auch jüdisch zu lesen. Wie so oft bei Arendt, bewegt sie sich auch in ihrer Kafka-Lektüre zwischen jüdischem und menschlichem Schicksal. Im Essay »Franz Kafka« schreibt sie:

»Das Großartige dieser Kunst liegt darin beschlossen, dass sie heute noch so erschütternd wirken kann wie damals, dass der Schrecken der *Strafkolonie* durch die Realität der Gaskammern nichts an Unmittelbarkeit eingebüßt hat.«[31]

Dabei geht es Arendt nicht darum, Kafka als einen Propheten des Untergangs zu lesen oder ihn sogar als einen Vorläufer der kolonialistischen Wende im Verständnis des Holocaust zu beschreiben. Um was es ihr geht, ist in ihrem Essay über Kafkas verborgene Tradition klarer gezeichnet. Dort liest sie Kafkas *Schloß* als den gescheiterten Versuch der Juden, sich in die Mehrheitsgesellschaft zu assimilieren: »K. ist ein Fremder, den man nirgends einordnen kann, weil er weder zum Volk noch zur Regierung gehört.«[32] Arendt betont immer wieder, dass sie die Allgemeingültigkeit an Kafka interessiert, wobei sie gleichzeitig immer wieder dessen jüdische Problematik hervorhebt.

Als sie diesen Aufsatz 1944 schrieb, wusste sie, dass die Zeit der Juden in Europa abgelaufen war:
»Er [Kafka] schloss sich derjenigen Bewegung an, welche die Ausnahmestellung des jüdischen Volkes liquidieren, welche es zu einem ›Volk wie alle Völker‹ machen wollte. Er, der vielleicht der letzte der großen europäischen Dichter war, konnte wahrlich nicht wünschen, ein Nationalist zu werden. Seine Genialität, ja seine spezifische Modernität war es gerade, dass sein Vorhaben nur darauf ging, ein Mensch unter Menschen, ein normales Mitglied einer menschlichen Gesellschaft zu sein. Es war nicht seine Schuld, dass diese Gesellschaft keine menschliche mehr war und dass der in sie verschlagene Mensch, wenn er guten Willens war, wie eine Ausnahme, wie ein ›Heiliger‹ – oder wie ein Irrsinniger wirken musste.«[33]
Sie schließt ihren Essay über Kafka ab mit dem Bekenntnis:
»Nur innerhalb eines Volkes kann ein Mensch als Mensch unter Menschen leben – wenn er nicht vor ›Entkräftung‹ sterben will. Und nur ein Volk, in Gemeinschaft mit anderen Völkern, kann dazu beitragen, auf der von uns allen bewohnten Erde eine von uns allen gemeinsam geschaffene und kontrollierte Menschenwelt zu konstruieren.«[34]
Arendt sah in der unterstellten Schuld und in der Herrschaft einer destruktiven Ordnung den Schlüssel zum Verständnis des jüdischen Schicksals einerseits und einer destruktiven Moderne ohne ethnische Zuweisung andererseits. Für Arendt sind die Elemente und Ursprünge einer universalen Holocaust-Interpretation, die sich aber immer wieder auf jüdische Erfahrung bezieht, bei Kafka bereits angelegt. Dies wird auch für ihre eigene Holocaust-Interpretation entscheidend werden – und zwar gerade dann, wenn sie das Bild der Hölle für die Todeslager benutzen wird oder wenn sie – wie wir später sehen

werden – in ihrer Totalitarismus-Analyse versucht, die jüdische Erfahrung zu universalisieren.

Hannah Arendt war eine politische Denkerin, und sie war eine jüdische politische Akteurin, wenn nicht sogar eine Aktivistin. In ihrem Denken und Tun versuchte sie beides miteinander zu verbinden. Fast zwanzig Jahre lang, von Mitte der Dreißigerjahre bis Mitte der Fünfzigerjahre, arbeitete sie als jüdische Funktionärin, zunächst im Pariser Exil, wo sie für die Auswanderung jüdischer Kinder und Jugendlicher nach Palästina zuständig war. Später nahm sie an der Gründungsversammlung des »World Jewish Congress« 1936 in Genf teil, der auf internationaler Ebene der nationalsozialistischen und der stalinistischen Bedrohung der Juden etwas entgegenzusetzen versuchte. Als sie dann 1941 in die Vereinigten Staaten fliehen musste und dort endgültig ihre neue Heimat fand, war sie ab 1944 als Forschungsleiterin und von 1948 bis 1952 als Geschäftsführerin für die »Jewish Cultural Reconstruction« tätig. Diese Organisation machte es sich zur Aufgabe, das von den Nazis geplünderte jüdische Kulturgut, das zu so genannten Forschungszwecken nach Deutschland gebracht worden war und dessen ehemalige Besitzer vernichtet worden waren, aus Europa in die USA und nach Israel zu überführen.[35] Dafür mussten diese Kulturgüter als kollektiver Besitz des jüdischen Volkes definiert werden. Arendt reiste 1949 nach Deutschland, um darüber mit deutschen und amerikanischen Behörden zu verhandeln. Sie war keine Deutsche mehr, aber auch noch keine amerikanische Staatsbürgerin. Sie trat als staatenlose Jüdin auf, aber gleichzeitig als Emissärin einer jüdischen Organisation. Ihr war klar, dass sie im Auftrag des jüdischen Volkes mit deutschen Bibliothekaren und Museumsverwaltern verhandeln musste. Sie wusste, dass sie auf den guten Willen dieser Menschen angewiesen war, denn nach dem Krieg tauchte viel jüdisches Kulturgut in ebendiesen deutschen Institutionen auf. Und sie wusste auch, dass die Bibliotheken nicht gerade enthusiastisch auf jüdische Appelle reagieren würden, dieses Kulturgut der »Jewish Cultural Reconstruction« zur Verfügung zu stellen.

Das liest sich wie eine Flaschenpost zu den Debatten um das Berliner Humboldt Forum mehr als fünfzig Jahre später. Arendt arbeitete mit einem Katalog, der zur Grundlage ihrer Arbeit wurde: »Tentative List of Jewish Cultural Treasures in Axis-Occupied Countries« [Vorläufige Zusammenstellung jüdischer Kulturgüter in den von den Achsenmächten besetzten Gebieten], der unter ihrer Leitung 1945 erstellt und zwischen 1946 und 1948 veröffentlicht worden war. Ein Netzwerk von jüdischen Flüchtlingen aus Europa half ihr, diese Listen zusammenzustellen.[36] Sie dienten auch als Grundlagenforschung für die Restitutionsansprüche, die jüdische Organisationen an die amerikanische Administration im besetzten Deutschland stellte, um das, was übrig geblieben war, als kollektiven jüdischen Kulturbesitz zu definieren. Auf der Liste befanden sich 430 jüdische Bibliotheken, in denen sich wohl circa 3,5 Millionen Schriftstücke befunden hatten, die meisten zerstört und nicht mehr auffindbar. Dazu kamen Listen jüdischer Gemeinden, Institutionen, Bibliotheken, Schulen, Verlage, Zeitungen und Zeitschriften. Sie stammten aus dem von den Nazis besetzten Europa. Sie waren in fast allen europäischen Sprachen geschrieben, eine alphabetische Bestandsaufnahme der jüdischen Kultur, die sich über die verschiedenen nationalen Grenzen Europas erstreckte. Sie umfassten zum Beispiel die Jüdische Gemeindebibliothek von Wien, die Bibliothek der »Consistoire Israelite« in Sofia, die Gemeindebibliothek von Tallinn in Estland, kleine jüdische Bibliotheken in Venedig, große Bibliotheken in Riga, eine sehr große Bibliothek in Kaunas,

Litauen, die so genannte Mapu-Bibliothek (mit mehr als 15 000 Bänden). Arendt erfuhr so ganz unmittelbar, dass diese verlorene jüdische Kultur in erster Linie eine Schriftkultur war. Die Listen zählten 854 Zeitungen und Zeitschriften sowie 643 jüdische Verlage. Die Veröffentlichung der Listen der verloren gegangenen jüdischen Schriftkultur sind der biografische und historische Rahmen für Arendts Totalitarismus-Studie und wohl auch für ihr Verständnis von jüdischer Kultur als Schrift- und Buchkultur. Auch das ist eine Brücke, die wie in einer Flaschenpost die Grundprinzipien des Postkolonialismus schon vordachte, gerade wenn man sich die heutigen Debatten um geraubtes Kulturgut näher betrachtet. Wenn der postkolonialistische Diskurs sich in Deutschland gerade über Sammlungen und Provenienzen in Museen konstituiert hat, dann hat die jüdische Minderheitenpolitik mit Hilfe von Hannah Arendt dies schon vorgelebt und vorgedacht.

Hannah Arendt war nie territoriale Zionistin, aber doch so sehr Zionistin, dass sie an das politische kollektive Schicksal der Juden glaubte. Im Zionismus und der Gründung des Staates Israel sah sie sowohl das Scheitern der jüdischen Emanzipation wie auch deren wahre Erfüllung. Denn der Staat Israel konnte und wollte sich nur nach dem Modell eines europäischen Nationalstaates definieren. Arendt vertrat einen alternativen nichtstaatlichen Zionismus, und ihre Helden waren nicht die Machtpolitiker, sondern Außenseiter wie Bernard Lazare, Heinrich Heine oder der schon erwähnte Franz Kafka. Bei ihnen fand Arendt die jüdische postassimilatorische Erfahrung, die, ausgehend von Exil und Staatenlosigkeit, eine neue Politik zwischen Zugehörigkeit und Außenseitertum markierte. Das mag wie ein postkolonialistisches Anliegen klingen, und das ist natürlich kein Zufall. Denn auch der Postkolonialismus muss intellektuell damit umgehen, dass es nun souveräne postkolonialistische Staaten gibt, deren Bürger und Bürgerinnen sich nicht mehr über Exil und Staatenlosigkeit definieren wollen. Für Arendt war das ein ständiger Balanceakt, und als sie 1945 über die bevorstehende Gründung des Staates Israel nachdachte, beschrieb sie diese als ein fast schon metaphysisches Ereignis. Etwa 1946, als sie über die Überlebenden der Shoah und den Zionismus schrieb:

»Jeder Einzelne dieser überlebenden Juden ist der letzte Überlebende einer Familie, jeder Einzelne wurde nur durch ein Wunder gerettet, jeder Einzelne hat die grundlegende Erfahrung des vollständigen Zusammenbruchs der internationalen Solidarität am eigenen Leib verspürt. Von allen Verfolgten wurden nur die Juden für den sicheren Tod ausersehen […] der wesentliche Punkt ist der, dass nur die Juden unausweichlich in die Gaskammern geschickt wurden; und dies reichte aus, eine Trennungslinie zu ziehen, die wahrscheinlich mit dem besten Willen nicht getilgt werden konnte. Für die Juden, die dies erlebt haben, wurden alle Nicht-Juden gleich. Dies ist der Grund für ihr gegenwärtig starkes Verlangen, nach Palästina zu gehen. Nicht, dass sie sich einbildeten, sie seien dort sicher – sie wollen nur unter Juden leben. […] Was die Überlebenden jetzt vor allem wollen, ist das Recht, in Würde zu sterben. […] Die jahrhundertealte Hauptsorge des jüdischen Volkes, das Überleben um jeden Preis, ist wahrscheinlich für immer verschwunden. Stattdessen trifft man auf etwas bei Juden vollkommen Neues, auf den Wunsch nach Würde um jeden Preis.«[37]

Eine Einsicht, die bis heute nachklingt, aber sie mag auch für Kritiker Israels allzu partikularistisch die Einzigartigkeit der Judenvernichtung hervorheben. Und viele nehmen ihr diesen jüdischen Partikularismus bis heute entweder übel, oder aber sie übersehen ihn einfach, indem sie Arendt zu einer universalen Denkerin erklären.

Hannah Arendts Interesse konzentrierte sich auf eine partikulare Minderheitenpolitik, die für Juden vor 1933 noch viel selbstverständlicher war als in den Jahren nach 1945. Ein souveräner Staat für die Juden, in dem sie die Mehrheit bilden, ist ein Angebot an Juden, nicht länger Minderheit zu sein. Und damit wurde die Gründung des Staates Israel Kriterium einer für die nach der Katastrophe lebenden Juden neuen Ethik. Diese Ethik des *Nie wieder wir* beruht auf dem Paradox, aus der Erfahrung der Katastrophe aktiv an der Gestaltung der eigenen Zukunft mitzuwirken und eine auf gleiche oder andere Weise katastrophale Zukunft in der Gegenwart aktiv zu verhindern. Das war also die Idee für das Selbstverständnis Israels. Man kann dem Staat Israel durchaus auch vorwerfen, nur noch eine Logik zu kennen, die blind macht für die Menschlichkeit gegenüber anderen, also den Nichtjuden. Auch das ergibt sich aus diesem zerbrochenen Universalismus. Dieser Vorwurf beinhaltet noch eine andere Sichtweise auf die Staatsgründung Israels. Als verfolgte Minderheit ist man daran interessiert, die Macht von Regierungen über die Bürger einzuschränken, als Souverän sieht man das anders. Die zionistische Bewegung wollte die Juden aus der Souveränität ihrer so genannten Gastländer befreien, die nach zionistischer Einschätzung auf die Unterdrückung und sogar Vernichtung der Juden abzielte. Doch mit der Gründung des Staates Israel wurde diese Logik obsolet.

Doch welche räumlichen und historischen Perspektiven auf die Gründung des Staates Israel sind erkennbar? Wurde Israel 1948 nach einem gewaltsamen Waffengang auf dem ehemaligen Mandatsgebiet Palästina im Nahen Osten gegründet? Oder ist es auch möglich, diese Staatsgründung drei Jahre nach dem Ende des Zweiten Weltkriegs und des Holocaust historisch zu verstehen? Aus dieser Perspektive erlangt die Staatsgründung gerade aus jüdisch-europäischer Sicht fast eine metaphysische Bedeutung. Nach 1945 erschien es geradezu zwingend, dass nur der Zionismus für die Juden das von den Nazis Zerschlagene wieder zusammenfügen kann, ein mystisches Grundereignis, das politisch übersetzt wurde, nämlich den Juden einen Staat zu geben. Hannah Arendt würde dieser Beschreibung der Staatsgründung trotz aller denkbaren Kritik nicht widersprechen. Die Sprache der Unabhängigkeitserklärung Israels ist politisch und theologisch zugleich geprägt. Gleich nach der Staatsgründung 1948 hatten die Oberrabbiner Israels ein neues Gebet in die Welt gerufen: »Das Gebet für den Frieden des Staates Israel«. Darin heißt es: »Unser himmlischer Vater, Fels Israels und sein Erlöser, segne den Staat Israel, den Anfang der Blüte unserer Erlösung.«

Aber auch eine andere Perspektive, fokussiert auf die Geografie und nicht auf die jüdisch-europäische Geschichte, ist denkbar. Der Konflikt zwischen Juden und Arabern brach schon einige Jahrzehnte früher aus, noch bevor in Deutschland die Nationalsozialisten an die Macht kamen und die Judenvernichtung in Europa begann. Es kam zu sporadischen Unruhen, Gewalt wurde als legitimes Mittel der Auseinandersetzung gesehen, und beide Seiten vertraten ein exklusives Anspruchsrecht auf das von den Briten verwaltete Territorium. Aus arabischer Perspektive handelt es sich bei den Juden um weiße europäische Menschen, die ein Land, das ihnen nicht gehört, erobern und sich den Boden aneignen. In den gewalttätigen Ereignissen und ihrer Wahrnehmung zeigen sich bis heute auch die verschiedenen Interpretationen der Zeiten und der Orte. Die Juden erlebten diese Auseinandersetzungen als Fortsetzung der jüdischen Leidensgeschichte. Araber wurden zu europäischen Antisemiten, die Pogrome an Juden verübten – und das auch noch in den Jahren, bevor Hitler in Deutschland an die Macht kam. In dieser Wahrnehmung sind die Juden keine weißen Europäer, sondern eine um die Befreiung kämpfende Minderheit. Und für die arabische Seite waren die Unruhen der Beginn des antikolonialistischen Befreiungskampfes gegen die europäischen Juden, die arabisches Land besetzten. Diese beiden Geschichtsinterpretationen, die bis heute weiter ihre Wirkung haben, können sich wohl nirgends treffen.

Dahinter verbirgt sich eine weitere Frage: Sind Juden überhaupt Europäer oder vielleicht doch Fremde in Europa, Semiten oder Orientalen, wie es auch Ende des 19. Jahrhunderts mit dem Begriff des Antisemitismus in den öffentlichen Diskurs transportiert wurde? Die möglichen Antworten darauf spielen bei der Beurteilung der israelischen Staatsgründung eine wichtige Rolle. Denn wenn Juden keine Europäer sind, sondern nach Europa verschlagene Orientalen, dann ist ihre Anwesenheit im Nahen Osten ja nichts Unnatürliches und sie sind keine Kolonialisten im eigenen Land. Mussten die Juden nicht gerade auch in Europa ihr Jüdischsein als Privatangelegenheit zur Konfession machen, ja sogar konvertieren, sich assimilieren, um als Gleiche anerkannt zu werden? Und auch wenn sie es dann in der Tat so ausrichteten, wurde diese ihre Konfessionalisierung nicht akzeptiert. Wohin gehören die Juden also? War die zionistische Bewegung nicht genau der Versuch, das Konzept des osteuropäischen Nationalismus im Orient umzusetzen?

Auch in der innerjüdischen Debatte stritt man um die Zukunft Europas und um die Frage, welche Rolle Juden dabei spielen sollten. Max Nordau, Zionist der ersten Stunde und ein enger Vertrauter Theodor Herzls, schrieb eine Verteidigungsschrift für einen europäischen Zionismus, die er am 13. März

1903 in der deutschsprachigen zionistischen Zeitschrift *Die Welt* veröffentlichte:

»Wir wollen, dass das wiedergeeinte, befreite jüdische Volk ein Kulturvolk bleibt, soweit es dies schon jetzt ist, ein Kulturvolk wird, soweit es dies noch nicht ist. Wir ahmen dabei niemand nach, wir benützen und entwickeln nur unser Eigentum. Wir haben an der europäischen Kultur mitgearbeitet, mehr als an unserem Teil, sie ist unser in demselben Masse wie der Deutschen, Franzosen, Engländer. Wir gestatten nicht, dass man einen Gegensatz zwischen Jüdisch, unserem Jüdisch, und Europäisch konstruiere.«[38]

Für Zionisten wie Nordau blieb Europa eine jüdische Hoffnung, aber nicht mehr auf europäischem Territorium. Es ist genau dieser Zionismus, der mit einer europäischen Kolonialbewegung in Verbindung gebracht werden kann. Es war auch ein deutschsprachiger Zionismus.

Gleichzeitig existierte auch ein anderer Zionismus, ein osteuropäischer Zionismus, der eher die jüdischen Massen ansprach und kein Deutsch sprach, sondern Jiddisch, Polnisch oder Russisch. Herzl und Nordau mussten sich gegen Angriffe der Zionisten Osteuropas verteidigen, die den Zionismus nicht als europäisches Kulturprojekt verstanden. Es war vor allem Ahad Ha'am, was auf Hebräisch »Einer aus dem Volke« heißt, dessen wahrer Name Ascher Ginsberg war, der Herzl immer wieder vorwarf, vom Judentum nichts zu verstehen. Er behauptete, dass die wahren Juden die Ostjuden seien, lange bevor im Zionismus überhaupt Juden aus dem Orient wahrgenommen wurden. Ahad Ha'am machte sich über ihren westlichen Kosmopolitismus lustig und nannte ihren Plan eine Affen-Imitation ohne wirkliche jüdische Werte. Es war die Erfüllung der Emanzipationshoffnung im eigenen Land. Diesen

Zionismus kann man auch als eine Bewegung der jüdischen Entkolonisierung begreifen. Diese beiden Varianten leben bis heute in Israel weiter. Der Zionismus entstand aus der Spannung zwischen West- und Ostjuden, ein europäisches Phänomen. Diese innereuropäische Spaltung wurde in Israel selbst aufgehoben, stattdessen entstand eine neue Spaltung zwischen den europäischen Juden und den Juden aus dem Orient, die wiederum gemeinsam den arabischen Nichtjuden in Israel gegenüberstanden.

Das war der eigentliche Stein des Anstoßes. Sind die Juden eine nichteuropäische Minderheit im Herzen Europas, die zum Orient gehört, oder sind sie Teil des weißen Europa, das den Orient eroberte und kolonisierte? Die entsprechenden Antworten sind dann dafür ausschlaggebend, wie die heutigen politischen Positionen beurteilt werden. Daraus ergibt sich die Frage, wie jüdische Intellektuelle zu betrachten sind. Schreiben sie aus der Peripherie, sind sie Teil einer Minderheit und gehören zu dem, was man heute postkolonialistischen Diskurs nennt? Dann sind auch ihre Arbeiten anders zu beurteilen, als wenn man ihr Judentum als zufällig und für ihre intellektuelle Arbeit irrelevant hält. Wenn man Juden aber nicht als Europäer betrachtet, übernimmt man den Blick der Antisemiten, die Juden in der Tat als Semiten sehen. Aber sollte man im Namen des Universalismus Juden nicht als Juden, sondern als »Menschen« betrachten, für die das Judentum eine zufällige Eigenschaft ist? Die Ereignisse im Nahen Osten sind mit denjenigen in Europa untrennbar verbunden. Nach 1933 begann eine Welle der jüdischen Einwanderung in das Mandatsgebiet Palästinas. Die Flucht vor den Nationalsozialisten verdoppelte die Zahl der dort ansässigen Juden. Die arabische Seite sah sich von dieser Einwanderung bedroht, begann einen Streik, und es begann die so genannte »Arabische Revolte«. Es war die Fortsetzung der Auseinandersetzung und auch der Beginn der militärischen Konfrontation, die sich bis zur Staatsgründung fünfzehn Jahre später hinziehen sollte. In diesem Moment kristallisierten sich die beiden Blickrichtungen heraus, die die Juden nun als Fremdkörper in Palästina und daher als Kolonialisten oder als Heimkehrer sahen. Ein gutes Beispiel dafür ist ein längerer Brief des Anthropologen und Exilanten Franz Baermann Steiner, den er 1946 aus London an Mahatma Gandhi schrieb. Er war nicht der erste jüdische Intellektuelle, der Gandhi für die gerechte Sache des Zionismus überzeugen wollte. Martin Buber und andere kamen ihm da zuvor, aber es war wohl der erste Brief an Gandhi, der nach der Shoah geschrieben wurde. Steiner, ein in Prag geborener Jude, lebte seit den 1930er-Jahren in England und unterrichtete in Oxford Ethnologie. In seinem Brief machte er deutlich, dass die Juden keine Europäer, sondern Orientalen seien, dass sie nicht zu Europa gehörten und dass sie nicht – wie Gandhi das sah – Europäer seien, die sich orientalisches Land aneigneten. Dabei geht Steiner nicht vom Rassenbegriff aus:

»Wenn ich mich frage, ob die Juden Europäer oder Asiaten sind, geht es mir nicht um Kriterien der Rasse. Es gibt viele Rassen, sowohl in Europa wie in Asien. Ich glaube zudem, daß die Nazipropaganda für uns beide das gesamte Konzept der Rasse als etwas, was die Kultur und Struktur eines Volkes bedingt, widerwärtig gemacht hat. […] Doch im Laufe der Jahrhunderte wurden die jüdischen Gemeinschaften und Ghettos Europas als Fremdkörper angesehen.«[39]

Aus demselben Grund lehnt es Steiner auch ab, im Nahen Osten einen europäischen Nationalstaat für die Juden gründen zu wollen. Er lehnt Herzls Zionismus ab und stellt sich im Streit zwischen Herzl und Ahad Ha'am auf die Seite der osteuropäischen Zionisten. Er sah den Zionismus als eine orientalische Bewegung, die durchaus friedlich mit der arabischen Bevölkerung zusammenleben kann, ja sogar als indische Kaste. Seine Stimme, wie auch die anderer Juden, die sich als Teil des Nahen Ostens und nicht Europas sahen, blieben in diesem Konflikt in der Minderheit. Und auch Gandhis Stimme, der die Juden als Eindringlinge in Palästina sah, hat bis heute ihr Echo. Jüdische Einwanderer hatten vielleicht keine andere Wahl als Palästina, aber sie blieben dort Fremdlinge und mussten das Land mit Gewalt erobern und verteidigen. Es blieb ein partikularer Anspruch, der auf einen anderen partikularen Anspruch traf. Der Traum, den auch Herzl träumte, dass die Juden nämlich der arabischen Bevölkerung Modernisierung bringen und diese dankbar von ihnen aufgenommen wird, war wohl eine Illusion, die bis heute noch nachklingen mag. Aber auch der Traum, dass sich zwei verschiedene orientalische Völker zusammenfinden könnten, die in der Abgrenzung zu Europa etwas Gemeinsames haben, erwies sich als illusorisch.

HANNAH ARENDT:
JÜDIN, DEUTSCHE, AMERIKANERIN

Die Summe ihres politischen Engagements zog Arendt 1951 in ihrem Buch *The Origins of Totalitarianism* (auf Deutsch *Elemente und Ursprünge totaler Herrschaft*, 1955). Es beruht auf ihren Erlebnissen als Jüdin, Flüchtling und Emissärin für jüdische Organisationen.

Bis heute ein Klassiker der Totalitarismus-Forschung, beruht das Buch auf Erfahrungen der Nachkriegszeit und des Kalten Krieges wie auch auf der Erfahrung der systematischen Vernichtung jüdischen Lebens in Europa. Es ist ein universales und partikulares Buch zugleich, ein Werk der Autobiografie und der politischen Theorie. Allzu häufig wird es als ein Werk der politischen Theorie der Nachkriegszeit gelesen und interpretiert. Das ist nicht grundsätzlich falsch, aber das Buch sollte auch aus Arendts eigener und kollektiver Geschichte heraus verstanden werden. Die Gründung Israels im Jahre 1948, Arendts Arbeit für amerikanisch-jüdische Organisationen, ihr Abschied von Deutschland und Europa bilden den Rahmen für die intellektuelle Leistung des Buches. Und natürlich greift es auch auf frühere politische und intellektuelle Erfahrungen zurück.

Universalismus oder Partikularismus? Menschenrechte oder nationale Rechte? Diese Fragen verweisen nicht nur auf die Debatte um das Eigene oder das Fremde, um vermeintlichen Rassismus oder wirklichen, sondern sie dringen auch bis ins Herz des modernen jüdischen politischen Denkens im Sinne Arendts vor. Arendt versuchte in Theorie und Praxis einen Weg des »Sowohl-als-auch«: aber nicht ein »Sowohl-als-auch« der aufgelösten Widersprüche, sondern ein erkämpftes »Sowohl-als-auch«, ein »Sowohl-als-auch« des ständigen Konflikts. Dabei geht es nicht zuletzt um Unterscheidungen zwischen jüdischer und nichtjüdischer Erfahrung, die nicht einfach wegrationalisiert werden können, eben weil sie – wie bei Arendt – auf eigenen Erinnerungen und Erfahrungen beruhen. Mit ihrem Buch über den Totalitarismus unternahm sie den Versuch, die jüdische Tragödie auch außerhalb jüdischer Erfahrungsräume zu verstehen. Für Arendt liegt die Judenvernichtung jenseits allen herkömmlichen Verstehens.[40] Ihre Erkenntnis und ihr Verständnis des Begriffs des Totalitarismus, der sich sowohl auf das nationalsozialistische Deutschland als auch auf die Sowjetunion bezieht, gehen nicht nur auf ihre eigenen Erfahrungen als Jüdin in Europa zurück. Auch während ihrer Jahre in Frankreich engagierte sie sich in jüdischen Politik- und Verteidigungsorganisationen, arbeitete für die zionistische Jugendbewegung, besuchte Palästina, nahm an der Gründungsversammlung des Jüdischen Weltkongresses in Genf teil, bevor sie 1940 von den Franzosen in einem Lager interniert wurde.

Schon im April 1944, zum ersten Jahrestag des Aufstands im Warschauer Ghetto, veröffentlichte sie einen bewegenden Aufsatz in der deutschsprachigen Exilzeitung *Aufbau* in New York, der voller Stolz an den Widerstand der Juden erinnerte: »Für Ehre und Ruhm des jüdischen Volkes«.[41] »Ehre« und »Ruhm« waren für sie neue politische Vokabeln, die nun für die Juden in ihrer schwersten Stunde bedeutsam wurden. Arendt meint, dass sich die Kämpfer im Ghetto »als Juden für die Freiheit der Juden zu schlagen wünschen«.[42] Die Juden sollten sich über diese Kämpfer – und perspektivisch über eine Armee –

als Gleichberechtigte in die Völkergemeinde integrieren: »Damit liquidierten sie die Pariastellung des jüdischen Volkes in Europa und ordneten sich als Gleichberechtigte in den Freiheitskampf der europäischen Völker ein.«[43] Aus hilflosen Opfern wurden kämpfende und politisch aktive Menschen. Wenn Arendt in einem früheren Aufsatz von 1941 im *Aufbau* für die Formierung einer jüdischen Armee plädierte, damit Juden sich als Juden verteidigen könnten, hatte sie nicht nur Palästina im Blick, sondern die Juden in der ganzen Welt, die mit der Waffe in der Hand für ihre Freiheit kämpfen sollten. Der hilflose Tod erscheint Arendt sinnlos. Er bleibt stumm. »Lieber stehend sterben als auf den Knien leben«, erklärte sie 1942 wiederum in einem Aufsatz für den *Aufbau*.[44] Sie kämpft für eine jüdische Öffentlichkeit und die Rückkehr der Juden in die Geschichte – auch hier spricht sie eine klare zionistische Sprache, die bis heute in Israel widerhallt, aber es geht ihr um mehr als um die territoriale Souveränität. Sie versucht eine öffentliche jüdische Sprache zu finden, die sich politisch versteht und aus der sich ein neues politisches Handeln ableitet. Es ist eine Sprache, die der jüdischen politischen Erfahrung vor der Vernichtung verpflichtet ist, eine Sprache, der es schwerfällt, nach der Vernichtung den richtigen Ton zu finden. Die Forderung nach einer jüdischen Armee ist da nur ein Beispiel, aber ein wesentliches. Sie ist ein Teil ihres Engagements, Juden aus der Anonymität der Geschichte zu holen, ein universalistisches Anliegen, abgeleitet aus einer partikularen Geschichte.

Es war wiederum Karl Jaspers, der schon 1933 vergeblich versuchte, Arendt von Max Webers deutschen Tugenden zu überzeugen, der im Geleitwort 1955 zur deutschen Übersetzung von *The Origins of Totalitarianism* Folgendes schrieb:

»Die Denkungsart dieses Buches aber ist deutscher und universaler Herkunft. [...] Diese Denkungsart ist von jener herrlichen Offenheit, wie sie zuweilen deutschem Geiste entsprungen ist.«[45]

Zu gerne wohl wollte Jaspers Arendt ins Umfeld Webers rücken. Ihr Buch aber ist in erster Linie jüdischer Herkunft und wirkte auch deshalb wie ein Paukenschlag. Es beginnt mit einer Analyse des Antisemitismus, der zweite Teil dann, nach damaligem Sprachgebrauch »Imperialismus« betitelt, bewegt sich in der Nähe zeitgenössischer Analysen, die den Holocaust im Zusammenhang mit kolonialistischen Strukturen dachten, und endet mit einer Analyse der totalen Herrschaft und der Lager. In ihrer Analyse ging es ihr aber immer um die totalitäre Herrschaft des nationalsozialistischen Deutschland und der Sowjetunion. Der mittlere Teil des Buches, und darin insbesondere das Kapitel über »Rasse und Bürokratie«, das den Zusammenhang von imperialistischer Politik, Rassenbegriff und bürokratischer Herrschaft beleuchtet, gilt in der postkolonialistischen Forschung als Schlüssel für die Verknüpfung von Kolonialismus und Judenvernichtung. Das ist kein einfaches Unterfangen, denn Arendt schreibt über den britischen Kolonialismus in Afrika, zieht aber keine kausale Linie zwischen Kolonialismus und Totalitarismus, weil für sie eben das nationalsozialistische Deutschland und die Sowjetunion und nicht Großbritannien den Totalitarismus verkörpern. Arendt wollte keinen kausalen Bezug zwischen Kolonialismus und Judenvernichtung herstellen, vielmehr ging es ihr immer auch darum, die westliche politische Tradition vor dem Totalitarismus zu retten. Ihre Kritik am Rassenwahn, an der bürokratischen Herrschaft, an deren Blick auf Menschen, die sie zur Vernichtung freigeben, all dies war für sie erst einmal eine innere Kritik der westlichen Gesellschaften. Den vernichtenden Blick des Totalitarismus freilich versteht Arendt als Bumerangeffekt des rassistischen Blicks der Weißen auf die Afrikaner, eines vernichtenden

Blicks, eines Blicks der Zivilisation auf die Barbarei. Es war dieser vernichtende Blick, der nach Arendts Überzeugung wie ein Bumerang als der nationalsozialistische Blick des Westens auf die Juden zurückkehrt. Wie aber kann ein vernichtender Blick tatsächlich zur Vernichtung führen, wie kann er Strukturen radikalisieren und einen Vernichtungswillen wecken, der nicht mehr aufzuhalten ist? Solche Überlegungen, losgelöst von der jüdischen Frage, machten Arendt attraktiv für Denker und Denkerinnen, die über das Partikulare hinaus Fragen des Rassismus und des Kolonialismus untersuchten. Dahinter war auch eine Kritik verborgen an liberalen Staaten und deren Anfälligkeit, sich ethnisch homogen (das heißt ausschließend) zu verstehen, sich der Herrschaft des Mobs und der Bürokratie zu überlassen und die Entfesselung des vernichtenden Blicks in Kauf zu nehmen. Aus dieser Perspektive konnte nun freilich auch der Staat Israel, losgelöst von seiner jüdisch-europäischen Geschichte, als kolonialistischer Staat betrachtet werden.

Zu klären wäre also, ob die Begrifflichkeiten, nach denen Israel heute als ein Kolonialprojekt klassifiziert wird, überhaupt passen und ob nicht der Begriff des »Kolonialismus« vielmehr der Verurteilung dient. Arendts Analyse des Rassenwahns wird diesen Punkt deutlicher machen. Und obwohl Arendts Kapitel über Rassenwahn und Bürokratie oft als Beginn der Annäherung zwischen Postkolonialismus und Holocaust-Studien gesehen wird, gleicht diese Annäherung eher der Tangente eines Kreises. Auf diesen einen Berührungspunkt werde ich mich im Folgenden konzentrieren.

Wie sollte man also die so genannte Bumerangwirkung, die Rückkopplung kolonialistischer Grausamkeiten nach Europa, bei Arendt verstehen? Ist es eine wissenschaftliche oder eine politische Annahme? Ist es eine Meinung, zu der man eine Gegenmeinung bilden kann? Welche wissenschaftlichen und politischen Interessen ergeben sich daraus? In einem Schlüsselsatz schreibt Arendt,

»daß das ›Treibhaus des Imperialismus‹ seinen Einfluß überall da fühlbar machte, wo auf Grund der weitgespannten Expansionspolitik südafrikanische Verhältnisse maßgebend werden konnten. [...] Es dauerte geraume Zeit, ehe die in Südafrika gemachten Erfahrungen auf Europa zurückschlugen.«[46]

Es ist dieser Satz, der oft immer dann zitiert wird, wenn Hannah Arendt als Vordenkerin einer kolonialen Wende in den Holocaust-Studien verstanden werden soll, die ihrer Zeit voraus war und die es schon in den 1950er-Jahren schaffte, Kolonialismus und Holocaust gemeinsam zu denken. Arendt schließt das Kapitel mit folgenden Worten:

»da schienen in der Tat alle Elemente für jedermann greifbar vorzuliegen, die nur zusammengeschmolzen zu werden brauchten, um ein totalitäres Regime auf der Basis einer Rassendoktrin zu errichten.«[47]

Es geht mir hier nicht darum, zu zeigen, ob Arendt vor ihrer Zeit einen Zusammenhang zwischen Holocaust und Kolonialismus erkannte und daher die kolonialistische Wende in den Holocaust-Studien einleitete.[48] Es geht mir darum, wie man mit diesen Annahmen umgeht. Ich würde sogar argumentieren, dass Arendt mit ihrem Buch auf der Höhe ihrer Zeit und nicht ihrer Zeit voraus war. 1950, ein Jahr vor der Veröffentlichung, wurde sie amerikanische Staatsbürgerin. Für Arendt hat sich jüdische Existenz nach 1945 vor allem in die USA und in den Nahen Osten verlegt. Für sie waren die USA die bessere Lösung. Bei all ihrer kritischen Distanz zum Zionismus jedoch blieb Israel für sie immer eine mögliche Antwort auf die Frage des Jüdischseins.

Natürlich kann man bei Arendt eine »kolonialistische Wende« im Verständnis des Holocaust entdecken. Das ist eine von mehreren Interpretationsmöglichkeiten. Die Frage bleibt trotzdem, wem oder was mit dieser Interpretation gedient ist. Verstehen wir die Judenvernichtung besser, wenn wir den Blick auf Afrika richten? Oder wenn wir den Vernichtungsfeldzug der Deutschen im Osten Europas als kolonialistisch bewerten? Und was heißt es für das Verständnis des Holocaust, wenn wir »beweisen« können, dass Arendt ihn entweder über den Kolonialismus verstand oder auch nicht? Haben solche Erkenntnisse wissenschaftliche oder politische Konsequenzen? Die Totalitarismus-Theorie ist sicher keine zeitlose Theorie, sondern Produkt einer Zeit, insbesondere der Zeit des Kalten Krieges, die Arendt als Jüdin durchlebt hat. Und die Veröffentlichung des Buches stand noch unter dem Eindruck ihrer oben erwähnten Arbeit, von den Nazis geraubtes jüdisches Kulturgut in die jüdischen Gemeinden in Israel und den USA und anderen Ländern außerhalb Europas zurückzuführen. Ihr Wissen von der Bürokratie der Vernichtung gründete auch auf dieser praktischen Arbeit, als sie sich als Geschäftsführerin der »Jewish Cultural Reconstruction« um die Restitution jüdischen Kulturguts kümmerte. Als Herausgeberin der Listen des von den Nazis geraubten Kulturguts, »Tentative List of Jewish Cultural Treasures in Axis-Occupied Countries« aus dem Jahre 1946, wusste Arendt nur zu genau, wie reich die zerstörte Schriftkultur der Juden in Europa gewesen war.

Das Buch beginnt aber mit der Analyse der Dreyfus-Affäre, es beginnt mit Frankreich und dem Verrat von Werten der Französischen Revolution. Und es endet mit dem Versuch, die Judenvernichtung zu verstehen. Im Mittelteil geht es Arendt um die rassistische Herrschaft in Afrika, um die grenzenlose Herrschaft über Afrika, die weit über die Herrschaft eines Nationalstaats hinausreicht. Gerade in diesem Kapitel gelingt es

Arendt, Berührungspunkte von Kolonialismus und Holocaust hervorzuheben, die jedoch oft getrennt und isoliert von anderen Kapiteln zitiert werden. Tatsächlich findet sich nirgends eine klare kausale Kette zwischen Kolonialismus und Judenvernichtung, eher viele Zitate aus Joseph Conrads Roman *Herz der Finsternis* aus dem Jahre 1899 und ein Versuch, sich den Blick des weißen Kolonisators anzueignen, um besser verständlich machen zu können, was es mit dem rassistischen Blick auf sich hat. Das wird dann oft sogar als »Beweis« für Arendts Rassismus genommen.

Arendts Analyse erinnert eher an den von ihr in einem anderen Zusammenhang erwähnten Ernst Fraenkel und dessen Analyse des nationalsozialistischen Staates als »Doppelstaat«. Fraenkels Analyse wurde 1941 als *The Dual State* in den USA veröffentlicht, nachdem er 1938 aus Deutschland geflohen war.[49] Für Fraenkel zeichnete sich der nationalsozialistische Staat durch eine Doppelfunktion aus: Er war gleichzeitig Normenstaat und Maßnahmenstaat. Ein Normenstaat, wo noch rechtliche Sicherheit (außer für Juden) herrschte und wo vor allen Dingen das Privateigentum geschützt blieb. Dieser Normenstaat war berechenbar, die Menschen konnten sich darauf verlassen, dass das Leben voraussehbar und geschützt sei. Natürlich waren die Juden von diesem Schutz ausgenommen. Aber zusammen mit dem Normenstaat existierte auch der Maßnahmenstaat. Der war nicht berechenbar, die Maßnahmen dienten der Partei und der Zweckmäßigkeit. Fraenkel sah diese beiden Staaten im Staate im ständigen Konkurrenzkampf, wo der Normenstaat die Wirtschaft und der Maßnahmenstaat die Politik reguliert. In der Rassenpolitik siegt der Maßnahmenstaat über den Normenstaat. Arendt zeigt im Kapitel über »Rasse und Bürokratie«, wie ein Maßnahmenregime in den Kolonien Afrikas funktioniert und dort die vernichtende

Rassenpolitik mitbestimmt, während im Mutterland (wie Großbritannien) durchaus ein Normenstaat existiert. Die Kolonien werden in der Tat durch Verordnungen und nicht durch Gesetze regiert. Nicht so sehr um die Verknüpfung von Kolonialismus und Holocaust geht es ihr, sondern um die ständigen Gefährdungen einer Demokratie durch die »Niemandsherrschaft«, die den Staat unterhöhlt und in ein totalitäres Gebilde verwandelt. Für ihre Studie lieferten die Kolonien Beispiele, aber kein empirisches Material. In den folgenden Kapiteln wechselt das Thema wieder zu Minderheiten, Staatenlosigkeit, dem Zusammenbruch der Imperien nach dem Ersten Weltkrieg und dem daraus entstandenen Flüchtlingsproblem. Die Kolonien in Afrika verschwinden aus dem Blick. Das Buch beginnt und endet mit der kollektiven Geschichte der Juden von der Dreyfus-Affäre bis zu den Vernichtungslagern. Arendt betonte auch immer wieder, dass für sie das Verstehen von Auschwitz der Ausgangspunkt allen Denkens war. So auch in dem legendären Interview mit Günter Gaus vom Oktober 1964:

»**ARENDT**: Wissen Sie, das Entscheidende ist ja nicht das Jahr '33; jedenfalls für mich nicht. Das Entscheidende ist der Tag gewesen, an dem wir von Auschwitz erfuhren.

GAUS: Wann war das?

ARENDT: Das war 1943. Und erst haben wir es nicht geglaubt. […] Und dann haben wir es ein halbes Jahr später doch geglaubt, weil es uns bewiesen wurde. Das ist der eigentliche Schock gewesen. […] Dieses hätte nicht geschehen dürfen. Da ist irgendetwas passiert, womit wir alle nicht fertig werden.«[50]

Auch wenn das Buch 1951 in der Zeit der Entkolonialisierung in den USA erscheint, stellt es sicher keinen kausalen Zusammenhang zwischen der Grausamkeit in den Kolonien und dem Holocaust her. So schreibt Arendt schon am Anfang des Kapitels »Rasse und Bürokratie« sehr deutlich:

»Die Idee des ›Verwaltungsmassenmordes‹, mit der die Nazis die Judenfrage lösten und mit der sie hofften, alle noch verbleibenden demographischen Probleme der Welt zu lösen, wurde zum ersten Male in den zwanziger Jahren von einem britischen Verwaltungsbeamten zur Lösung der indischen Frage halb ironisch vorgeschlagen. Aber Lord Cromer hat so wenig daran gedacht, daß man durch Verwaltung schließlich würde Massenmorde organisieren können, wie Cecil Rhodes oder die frühen Rassenfanatiker daran dachten, daß sie ihre Massaker würden bürokratisch organisieren können.«[51]

Sie unternimmt den Versuch, das jüdische Schicksal in einen globaleren Rahmen zu setzen. Wie können Menschen theoretisch und praktisch eine Kategorie von Menschen bestimmen, deren Ermordung nicht als Verbrechen gilt, deren Leben nicht lebenswert ist und die deshalb ohne Zögern vernichtet werden können? Das ist wohl eine der wichtigsten Fragen ihrer Analyse des Totalitarismus. Es ist kein Buch über Afrika, sondern ein Buch über Europa, denn auch das Kapitel über Afrika ist ein Kapitel über den europäischen Blick auf Afrika. Arendt will auch nicht zeigen, wie Rasse zum politischen Regulierungsprinzip und Bürokratie ein Herrschaftsprinzip wird. Sicher behandelt sie Beispiele aus Afrika, aber am Ende geht es ihr um das nationalsozialistische Deutschland. Arendt benutzt in diesem Kapitel auch eine Bauchrednertechnik, die sie sich von Joseph Conrad ausleiht und über dessen *Herz der Finsternis* hinaus weiterentwickelt. Mit dieser Technik versetzte sie sich in die Denkstrukturen und -muster von Rassismus und erzählte die rassistische Wahrnehmung der Welt nach. So dachte sie sich in das Bewusstsein der burischen Siedler hinein und sprach ihre rassistische Sprache, um sie damit den Lesern ins Bewusstsein zu rufen. Sie »äffte« das Erstaunen der Buren nach, mit »Wilden« konfrontiert zu werden, die dem universellen Menschenbild nicht entsprachen. Sie wollte verstehen, wie Menschen als überflüssig beschrieben werden können, weil sie so ihr eigenes jüdisches Schicksal verstehen wollte. Sie schreibt über nackte Wilde, über eine erbarmungslose Sonne, sie schreibt über Menschen, die ohne Zukunft und Vergangenheit und in der Atmosphäre einer Irrenanstalt leben. Diese Beschreibung der Kolonisierten muss man in den Zusammenhang ihrer Beschreibungen der Lager im letzten Teil des Buches setzen. Und immer wieder tauchen Conrads Beschreibungen der »Wilden« auf. So kann man auch verstehen, warum Arendt die Zerstörung der jüdischen Schriftkultur als ein mörderisches Treiben der Nazis sah, denn sie schreibt, dass das Rassenkonzept für den Rassisten nur Sinn ergibt, wenn er mit Stämmen ohne historische Aufzeichnungen konfrontiert ist. Rasse reduziert auf die Natur, genau wie die Nazis Arendts Meinung nach Juden in den Lagern zu geschichts- und gesichtslosen Naturwesen reduziert haben. Dabei geht es ihr nicht um Gleichsetzung von Rassismus und Antisemitismus. Das sieht man deutlich, wenn man das Buch vollständig liest und nicht nur den Mittelteil über den Imperialismus. Weniger die Unterscheidung zwischen Natur- und Kulturvölkern trieb sie an, sondern das ihrer Ansicht nach heimtückische und vernichtende Vorgehen der Nazis, die Juden von einem Kultur- in ein Naturvolk zu verwandeln.

Das ist weder Blindheit gegenüber kolonialistischen Verbrechen oder gar Rassismus, wie ihr manchmal vorgeworfen wird, das ist der jüdische Blick Arendts, der durch die Vernichtung und den fast vollständigen Verlust der jüdischen Schriftkultur geprägt ist. Es mag durchaus sein, dass Arendt Vorurteile hatte, aber dafür fehlen glaubhafte Beweise. Für die Bedeutung ihres Werks spielt das keine große Rolle, auch wenn bisweilen der Versuch unternommen wird, ihre Arbeit unter diesem Aspekt des vermuteten Rassismus zu betrachten.[52] Tatsächlich zeigte Arendt keine große Sympathie für die Integration der schwarzen Bevölkerung im Süden der Vereinigten Staaten. In einem 1959 veröffentlichten Artikel in der jüdischen intellektuellen Zeitschrift *Dissent* sprach sie sich deutlich gegen die von ihr empfundene Ungerechtigkeit beim Thema Schulintegration aus.[53] Sie unterschied dort zwischen sozialer und politischer Gleichheit als Teil ihrer politischen Theorie. Schulische Integration war damals einer der wichtigsten Bausteine einer liberalen Politik der Gleichheit. Arendt war anderer Meinung, was ihr bis heute als Rassismus vorgeworfen wird. Sie hat das Problem der schwarzen Bevölkerung in den USA wohl unter dem Vorzeichen der jüdischen Frage gesehen. Und da sie strikt gegen die Assimilation der Juden in Europa war, so glaubte sie in der liberalen Integrationspolitik eine Politik der Assimilation zu erkennen. Sie dachte weder liberal noch konservativ, sondern sah die Welt ständig mit jüdischen Augen.

Es geht dabei weder um die Konkurrenz verschiedener Narrative, die in Debatten gegeneinander ausgespielt werden, noch geht es um Verknüpfung und »multidirektionale Erinnerung«, wie es Michael Rothberg in seinen einflussreichen Arbeiten ausführt. Rothberg veröffentlichte sein Buch 2009 auf Englisch, erst 2021 aber ist in Deutschland eine Übersetzung erschienen[54], die eine Fortsetzung der Mbembe-Debatte in Deutschland auslöste. Seine Studie ist ein literaturwissenschaftlicher Versuch, Postkolonialismus und Holocaust-Studien ins Gespräch zu bringen. Rothberg prägte dafür den Begriff der »multidirektionalen Erinnerung«. Damit meint er, dass verschiedene Erinnerungen von Gewalterfahrungen des 20. Jahrhunderts (wie eben Kolonialismus und Holocaust) nicht miteinander konkurrieren und sich ausschließen müssen, sondern sich im Gegenteil gegenseitig bestärken können und deshalb durchaus als gemeinsame Schreckenserfahrungen zu verstehen sind. Diese Gemeinsamkeit wird bei Rothberg als ein normativer Wunsch formuliert, das heißt, die »multidirektionale Erinnerung« ist eine wünschenswertere und bessere als die gegenseitig einander ausschließenden Erinnerungen. Dahinter verbirgt sich spannungsgeladen die Debatte um die Einzigartigkeit des Holocaust und die Legitimation des Vergleichs. Für Rothberg impliziert die Behauptung der Einzigartigkeit des Holocaust Ideologie, während der Vergleich wohl eher Utopie sein kann und soll. Der Holocaust ist der wohl am intensivsten erforschte Genozid in der Weltgeschichte und bietet unterschiedliche Anknüpfungspunkte für Diskussionen über Völkermord, ethnische Säuberungen, Menschenrechtsverletzungen und kolonialistische Gewalt. Aber das sind wissenschaftliche Fragen. Meist ist die Debatte aber eine politische, in der die Fragen nach Singularität und Einzigartigkeit von den politischen Interessen der Vertreter bestimmt werden.[55] Manche bedienen sich dabei einer wissenschaftlichen Sprache, um die Punkte der moralisch-politischen Vergleichbarkeit zu rechtfertigen, andere entdecken in der Literatur eine Multidirektionalität auch dort, wo sie vielleicht gar nicht existiert. Multidirektionalität ist Rothbergs Wunschbegriff, ein von ihm so gewolltes Anliegen, dass verschiedene Opfernarrative nicht miteinander konkurrieren, sondern sich gegenseitig stärken mögen. Das ist ein politisches Anliegen, das man unterstützen oder ablehnen kann, auf jeden Fall kein wissenschaftlich begründbares Werturteil. Auf diese Weise wird Arendt als eine Autorin der Multidirektionalität rückwirkend für eine politische Haltung in Anspruch genommen, die sie nie hatte. Das kann man als politische Strategie durchaus vertreten. In der neueren Diskussion, die sich mit Arendts Einstellung zu Rassenproblemen in den USA und Kolonialismus in Afrika beschäftigt, lässt sich denn auch eine Dichotomie erkennen. Die eine Seite behauptet, Arendt habe vor ihrer Zeit die Verknüpfung zwischen Kolonialismus und Holocaust gedacht, sei also mitverantwortlich für die so genannte »kolonialistische Wende« in den Holocaust-Studien, so wie zum Beispiel Michael Rothberg; die Gegenseite wiederum gibt zu bedenken, dass Arendt als westliche Denkerin selbst nicht frei von rassistischen Vorurteilen gegen Schwarze und Afrikaner war.[56] Beide Seiten definieren sich wechselseitig in ihren Einstellungen, ignorieren aber meist den jüdischen Zusammenhang ihres Denkens und Arendts Anspruch, den Holocaust als Zivilisationsbruch zu beschreiben. Das lässt sich weder mit »kolonialistischer Wende« noch mit Rassismus vereinbaren. Arendt versteht den Kolonialismus nicht als Ursache, sondern als Ursprung oder eher als Element des Totalitarismus. Deshalb ist die vorgestellte Kausalität zwischen deutschem Kolonialismus und Holocaust von ihr weder implizit noch explizit ausgesprochen worden. Das heißt natürlich nicht, dass kolonialistische Gewalt und Judenvernichtung nicht miteinander in Verbindung gebracht werden können – aber eher nicht unter Berufung auf Arendt. Zutreffend ist, dass Arendt den Nazismus nicht als ein ausschließlich deutsches Phänomen beschrieb, sondern ihn durchaus in den vergleichenden Rahmen des Totalitarismus, insbesondere des Stalinismus, stellte, was in vielen postkolonialistischen Ansätzen oft ignoriert wird.

Sie begann ihr Nachdenken »Über den Imperialismus« direkt mit einem unter diesem Titel veröffentlichten Artikel im *Commentary Magazine*, einer jüdischen Zeitschrift, die in New York erschien. 1946 wurde dann Arendts Beitrag in deutscher Übersetzung in der von Karl Jaspers und Dolf Sternberger in der amerikanischen Besatzungszone herausgegebenen Zeit-

schrift *Die Wandlung* publiziert. Dort erschien 1948 ein weiterer Beitrag,»Konzentrationsläger«, der ihre Gedanken zu den Lagern als Versuchslabore der totalen Herrschaft wiederaufnimmt und den sie später in ihrem Buch über den Totalitarismus veröffentlichen sollte. Für Arendt war es wichtig, dass sie diese Essays aus der Außenperspektive geschrieben hat. Einige davon wurden 1948 in den *Sechs Essays* veröffentlicht.[57] Die Vorarbeiten zum Totalitarismus finden sich schon in ihrem Essay »Über den Imperialismus«:
»Längst hat die imperialistische Politik die Bahnen der ökonomischen Gesetzmäßigkeit verlassen. Der ökonomische Faktor ist längst dem imperialen zum Opfer gefallen.«[58]
In diesen wenigen Worten wirkt bereits ihre spätere Theorie des ökonomischen Nichtnutzens der Judenvernichtung in den Lagern. Und vom Imperialismus völlig abgekoppelt, schreibt sie anlässlich der Veröffentlichung ihrer Aufsätze in Deutschland in einem Karl Jaspers gewidmeten Vorwort:
»Denn es fällt ja heute einem Juden nicht leicht, in Deutschland zu veröffentlichen, und sei er ein Jude deutscher Sprache. Angesichts dessen, was geschehen ist, zählt die Verführung, seine eigene Sprache wieder schreiben zu dürfen, wahrhaftig nicht, obwohl dies die einzige Heimkehr aus dem Exil ist, die man nie ganz aus den Träumen verbannen kann. Aber wir Juden sind nicht oder nicht mehr Exilanten und haben zu solchen Träumen schwerlich ein Recht.«[59]
Auch darum sollte es Arendt in ihrem Totalitarismus-Buch gehen, um Juden und um ihr Exil. Wer in der Eroberung Osteuropas durch die Deutschen eine Fortsetzung der deutschen Kolonialpolitik sehen will, beruft sich gerne auf Arendt, obwohl das gar nicht nötig wäre.[60] Aber es hilft dabei, die Kategorie des

Antisemitismus durch die des Rassismus zu ersetzen. Ziel ist ein »Plädoyer für die Globalisierung der deutschen Gewaltgeschichte«, wie Jürgen Zimmerer – ein deutscher Vertreter dieser These – es in einem 2009 mit diesem Titel veröffentlichten Essay fordert. Dabei stellt sich weiterhin die Frage, warum dieses Plädoyer notwendig ist und was mit einer solchen Globalisierung gewonnen wäre.

Dabei geht es um mehr, als die intellektuelle Ikone Hannah Arendt vom Sockel zu stoßen oder diesen Sockel noch zu erhöhen. Es geht darum, die beiden Narrative des Kolonialismus und der Judenvernichtung historisch zu unterscheiden, auch wenn man sie politisch verknüpfen will. In einer globalen Welt will eine globale Elite ihre Erinnerungspolitik transnational verstehen. Es ist also möglich, dass die Judenvernichtung zu einem kosmopolitischen[61], zu einem reisenden[62] oder einem multidirektionalen[63] Gedächtnis geworden ist. Gerade einer globalen, individualisierten Gesellschaft wäre das angemessen, weil Gedächtnis zunehmend von geschlossenen Kulturen, ethnischer Herkunft, Religion oder Klasse losgelöst wird. Das mag oder mag auch nicht im Widerspruch dazu stehen, dass die erinnerten Ereignisse selbst räumlich und zeitlich eingebettet waren, was aber kaum einer Vielschichtigkeit der Interpretationen im Wege steht. Die Botschaften können durchaus unterschiedlich sein. Der Holocaust kann als Tiefpunkt in der Geschichte des Antisemitismus betrachtet werden, andere sehen ihn als die Erfüllung einer rassistischen Weltsicht, wiederum andere als ein Verbrechen gegen die Menschheit. Die Unterschiede zwischen diesen Standpunkten sind oft nicht klar zu erkennen, aber doch entscheidend für das daraus entwickelte Weltbild. Antisemitismus in seinem heutigen Sprachgebrauch wird nur von Juden erlitten. Rassismus, eine breitere Kategorie, kann von jedem erfahren werden, der anders aussieht und irgendwie verschieden ist von der Mehrheitsgesellschaft. Verbrechen gegen die Menschheit, wohl die allgemeinste Kategorie, kann sogar noch weiter gefasst als ein Verbrechen gegen den menschlichen Zustand an sich verstanden werden. Diese Auffassungen können vereint, getrennt oder auch konkurrierend gelesen werden. Und so ist es möglich, auch das Werk von Hannah Arendt zu betrachten. Die Holocaust-Erinnerung hat sich deshalb auch in andere Ereignisse einschreiben können, was natürlich auch auf die Besonderheit dieser Erinnerung aufmerksam macht. Dieser Debatte liegt eine kontinuierliche Abwägung konkurrierender Vorstellungen von Opferschaft zugrunde. Nationale Erinnerungen neigen dazu, ihre eigenen Opfer zu privilegieren. Das erschweren kosmopolitische oder multidirektionale Erinnerungen, weil sie Nationen dazu zwingen, sich mit ihrem gleichzeitigen Status als Opfer und Täter auseinanderzusetzen. Es ist nicht einfach, sich Traumata im wahrsten Sinne des Wortes losgelöst von historischen und spezifischen Ereignissen vorzustellen. Dazu gehört ein universales Bewusstsein, das spezifische Trauma zu universalisieren und es als ein Menschheitstrauma zu begreifen. Das käme schon fast einer religiösen Katharsis gleich, was die Debatten mit religiösem Eifer auflädt. Von hier aus erklärt sich dann auch der moralische Imperativ, dass man Leiden nicht miteinander vergleichen sollte und dass jeder Versuch, eine Gruppe gegenüber einer anderen zu privilegieren, auf Widerstand stößt.

Auch das ist Hintergrund der neuesten Debatten, in denen bisher nicht gehörte Gruppen verlangen, gehört zu werden. Damit wird auch der Eroberungsfeldzug der Deutschen in Osteuropa unter der Kategorie des Kolonialismus verstanden und die Ermordung der Juden unter der Kategorie Rassismus und die Juden als eine weitere Gruppe der Kolonisierten. Es geht dabei auch darum – und Autoren wie Jürgen Zimmerer schreiben das auch deutlich –, Deutschland zu globalisieren, aus der intellektuellen Provinz zu befreien und einen vermeintlich eurozentrischen Blick zu transnationalisieren: ein ambitioniertes Anliegen, wenn sich eine Kulturelite zu Beginn des 21. Jahrhunderts den Habitus der Transnationalität aneignen will. Es geht in der Tat um Weltoffenheit. Aber auch das geschlossene Weltbild ist offener als angenommen. Das heißt natürlich nicht, dass man sich in der selbstgefälligen Ruhe des so genannten eurozentrischen Blicks ausruhen kann oder soll. Die geschichtliche Aufarbeitung kolonialistischer Verbrechen ist durchaus ein Desiderat, aber gewinnt das an Dringlichkeit, wenn man sie mit dem Holocaust verknüpft? Eurozentrismus an sich sollte kein akademisches Schimpfwort sein, wenn man ein europäisches Phänomen betrachtet. Warum ist die so genannte kolonialistische Wende im Verständnis des Holocaust ein epistemologischer Fortschritt? Glauben ihre Anhänger, dass der Holocaust die Sicht auf kolonialistische Verbrechen versperrt, und soll mit der Wende einfach die Sicht freigegeben werden, diese Verbrechen miteinander verknüpft zu verstehen? Glaubt man, der Konkurrenz der Leidensgeschichten zu entkommen, indem man die Leiden miteinander verknüpft? Fürchten jene, die von der Einzigartigkeit der Judenvernichtung sprechen, dass die Erinnerung an den Kolonialismus die Vormachtstellung der Erinnerung an den Holocaust in Frage stellt? Und macht man es sich nicht zu einfach, eine Multidirektionalität zu postulieren, um zu zeigen, dass »wir« alle Opfer europäischer und weißer Ungerechtigkeit seien? All dies sind Fragen, auf die der postkolonialistische Diskurs nicht wirklich antwortet. Auf der anderen Seite sollte man sich auch fragen, warum diese Verknüpfung so bedrohend auf die Anhänger der These der Einzigartigkeit des Holocaust wirkt.

Der so genannte Bumerangeffekt in den Kolonialismus-Studien, also die »Rückkehr« der Menschenverachtung aus Afrika nach Europa, ist nicht Arendts Erfindung. Zur gleichen Zeit, zu der sie ihre Thesen zur totalen Herrschaft entwickelt, wird von nichtweißen frankophonen Intellektuellen aus den Kolonien selbst die These der Rückkopplung kolonialistischer Praktiken zur Diskussion gestellt. Schon deshalb liegt es nahe, auch in deren Texten nach ähnlichen Denkfiguren zu suchen. Der gemeinsame Bezug zu Frankreich ergibt hier natürlich Sinn. Wie Arendt in ihren Schriften immer wieder betont, Frankreich, das Land der Revolution und auch der jüdischen Emanzipation, stehe stellvertretend für das Scheitern dieser Emanzipation, genauso steht für die Autoren der Dekolonisation Frankreich für das Scheitern ihrer Emanzipation. Damit stellt sich die Frage, wie man Arendt lesen soll und kann. Liest man sie in ihrem biografischen Kontext, als jüdische Geflüchtete, die in den USA eine neue Heimat fand und mit aller Kraft an der moralischen Grundstruktur der USA festhalten wollte, oder liest man sie als eine euro- und ethnozentrische Autorin, die nicht imstande war, nichtweiße Menschen zu sehen und zu verstehen? Und vielleicht sind die beiden Lesarten sogar miteinander verknüpft?

CLAUDE LANZMANN UND FRANTZ FANON:
ZWEI FRANZOSEN, EIN JUDE, EIN SCHWARZER

In Frankreich richtete sich der Blick jetzt auf jenes Frankreich, das sich von der deutschen Besatzung erholte und Teil der Siegermächte wurde, gleichzeitig aber auf die Kolonialmacht Frankreich mit Kolonien in Algerien, Indochina und Madagaskar.[64] Diesen Generationszusammenhang erlebte der französische Philosoph und Filmemacher Claude Lanzmann. 1925 geboren, waren seine Eltern jüdische Immigranten aus Osteuropa. Als junger Mann kämpfte er im kommunistischen Widerstand und in der Résistance gegen die Nationalsozialisten. Gewalt war ihm nicht fremd. Legitime Gewalt gegen Unterdrückung war ihm eine Grunderfahrung.

Claude Lanzmann ist der Schöpfer einer der eindrucksvollsten Dokumentationen über den Holocaust. Von 1975 bis 1984 bereiste er vor allem in Polen die Schauplätze des Holocaust, um eines der wichtigsten Erinnerungswerke an die Judenvernichtung zu produzieren. Sein neuneinhalbstündiger Film *Shoah* kam 1985 in die Kinos, eine Dokumentation ganz ohne Archivmaterial: Stattdessen treten Zeugen auf, die inmitten einst tödlicher, jetzt gespenstisch friedlicher Landschaften ihr Schicksal erzählen. Lanzmann entwickelte für den grenzenlosen Schrecken eine neue Ästhetik. Aus Holocaust wurde Shoah, ein Wort, das außerhalb Israels vorher kaum jemand kannte. Es war die Stunde der Zeitzeugen, der ehemaligen Opfer, Täter und Zuschauer.[65] Diese Dreiteilung unüberbrückbarer Perspektiven folgt der Erkenntnis, dass die Shoah nicht als Metanarrativ erzählt werden kann. Die Shoah ist und wird in den Erzählungen von ehemaligen Opfern, Tätern und Zuschauern eine jeweils andere Shoah, diese unvereinbaren Perspektiven schreiben sich in die Erinnerung ein. Nicht um die großen Erzählungen ging es Lanzmann, nicht um die Klärung von historischen oder theoretischen Begrifflichkeiten wie Totalitarismus, Faschismus, Kolonialismus, sondern um das konkrete »Ich war dabei«. Die Zeugen erzeugten die Realitäten der Shoah durch ihre Erzählungen. Geografisch bewegt sich der Film zwischen Europa und Israel. Lanzmann suchte Überlebende in Europa, in den USA und in Israel. Gerade Israel war ihm als Schauplatz besonders wichtig. Er wollte die Überlebenden in jenem Land sprechen, das ihnen Heimat und Sicherheit garantierte. Die geografische und räumliche Perspektive Israels markiert den unüberbrückbaren Kontrast zu Europa und zur Vernichtung.

Das Publikum eines Films kann sich nicht, wie die Leserschaft eines Buchs, Argumente überlegen, abwägen und schließlich darüber entscheiden, wie nun diese mannigfaltigen historischen Erzählungen in ein Metanarrativ eingeordnet werden sollen. Das Kino fordert emotional, man wird dort zum Zeugen der Zeugen.[66] Für Lanzmann ist Shoah die Summe der Geschichten der Überlebenden. Lanzmanns volle Sympathie gilt, wie er es immer wieder betonte, diesen Opfern, da gibt es für ihn keine Zwischentöne. Und aus der Sympathie für die Opfer entwickelte sich seine Sympathie für Israel als Land der Opfer. Lanzmann interessiert sich nicht für die großen historischen Fragen, etwa für die Rolle Frankreichs im Zweiten Weltkrieg oder den Historikerstreit 1986 in Deutschland, der sich in der Frage der Vergleichbarkeit der Judenvernichtung mit den Verbrechen der Stalinisten verdichtete. Ihm geht es um Erzählungen, um Geschichten, und in den Geschichten sah Lanzmann eine neue Ethik des *Nie wieder*, eine Form des Verstehens durch die Traumata der Opfer. Damit öffnete er neue Türen für ein anderes Politikverständnis. »Abrahams Tränen waren für mich so kostbar wie Blut, das Siegel, die Verkörperung des Wahren«[67], so Lanzmann, als er von einem seiner Zeugen berichtete, der beim Erzählen weinend zusammenbrach. Der Film beginnt mit der »unwirklichen« Figur des Simon Srebnik, der als Fünfzehnjähriger seine Erschießung in Chełmno überlebte. Seine Eltern wurden dort ermordet. Als er noch jünger war, bestand Srebniks »Arbeit« darin, mit dem Boot Pflanzen für die Kaninchen der deutschen Wächter zu sammeln. Auf diesem Boot sang der junge Srebnik deutsche Lieder, die die Wächter ihm beigebracht hatten. Jahre später bringt Lanzmann Srebnik zum selben Fluss und filmt ihn, wie er rudert und singt, wie er es damals tat. Vierzig Jahre später kehrt er als Israeli mit Lanzmann zurück und setzt den Ton für den gesamten Film. In der Ästhetik Lanzmanns sind die Fragen des Vergleichs der Shoah mit kolonialistischen Strukturen der Unterdrückung nicht relevant. Die Singularität der Shoah versteht er nicht als wissenschaftliches, sondern als ästhetisches und politisches Kriterium. Hier werden nicht ständig die Grenzen des Universalismus verhandelt. Ganz im Gegenteil, die Grenzen werden durch den Partikularismus der eigenen Existenz festgesetzt.

Diese Aushandlung der Grenzen des Universalismus und damit auch die Vergleichbarkeit des Holocaust mit anderen Verbrechen waren bestimmend für den Historikerstreit, eine deutsche Grundsatzdebatte, die 1986 ausbrach, ein Jahr nach der Premiere von Lanzmanns Film. Bei diesem Streit ging es aber nicht um kolonialistische Verbrechen, sondern um die Verbrechen des Stalinismus.[68] Kurz vor der Wiedervereinigung

Deutschlands weigerten sich gerade konservative Historiker, den Holocaust als genuin deutsch oder singulär zu akzeptieren. Sie wollten die Kriegspolitik der Nationalsozialisten in einen vergleichenden Kontext mit dem Stalinismus stellen. Solche Vergleiche waren in der Zeit des Kalten Kriegs bis in die Siebzigerjahre weit verbreitet: Sie rückten das eigene Leid in den Vordergrund. Während der Achtzigerjahre löste ein solcher Vergleich dann einen heftigen Streit aus, in dem die andere Seite ebensolches Vergleichen öffentlich als eine reaktionäre politische Haltung kritisierte. Ein akademischer Disput über historiografische Methoden stellte am Ende auch die Frage nach der Bedeutung des Holocaust für das Selbstverständnis der Bundesrepublik. Es ging wohl auch um Schuldzuweisungen und ein neues deutsches Bewusstsein. Durch die Vergleichbarkeit des Holocaust wird die eigene Schuld am Krieg und am Holocaust abgeschwächt und verdunkelt: Auch andere Völker sind schuldig.

34 Jahre später, 2020, hatten sich die Bedingungen verändert. Deutschland war geeint, die Globalisierungsprozesse waren weiter fortgeschritten, und die Fragen nach Singularität und Vergleichbarkeit drehten sich nun um die postkoloniale Erinnerung. Auch hier werden die Grenzen des Universalismus neu gezogen, aber unter anderen Vorzeichen. Sie entsprechen eher dem Denkstil eines sich fortschrittlich wähnenden intellektuellen Milieus, das sich aus der Partikularität der deutsch-jüdischen Beziehungen befreien will. Solche Fragen spielen in Lanzmanns Film keine Rolle. Ganz im Gegenteil: Schon 1981, inmitten der Dreharbeiten, veröffentlichte Lanzmann ein Manifest, das seine Einstellung zum Holocaust klarstellen sollte.[69] Und er schreibt:

»Es handelt sich hier im ureigenen Sinn um ein Verbrechen gegen die menschliche Natur; die Ermordung jedes einzelnen Juden war ein gegen das Sein des Menschen gerichtetes metaphysisches Verbrechen.«[70]

Lanzmann besteht auf der Unvergleichbarkeit, er weigert sich, den Holocaust über die Vorstellung eines universalen Bösen oder andere vergleichende Kriterien verstehen zu wollen. Er spricht von einem »Flammenkreis«, der sich um Darstellung und Vergleichbarkeit legt. Der Schrecken kann nicht wirklich kommuniziert werden. Deshalb lässt er die Zeitzeugen sprechen und beschäftigt sich nicht mit Fiktion oder filmischen Dokumenten. Die Unvergleichbarkeit wird über die Texte zur Darstellung gebracht. Aber Lanzmann betont auch, dass »der Holocaust zwar einzigartig, aber nicht abwegig war«.[71] Ein wesentlicher Punkt für Lanzmann ist die Fähigkeit, Gewalt ausüben zu können – oder eben nicht, was am Ende bedeutet, Gewalt erleiden zu müssen. Wie Arendt, aber in anderer Form verstand er, dass Juden ohne politische Schlagkraft und politischen Status ihrem Schicksal ausgeliefert waren. Von wenigen Ausnahmen abgesehen, waren sie nicht in der Lage, Gewalt auszuüben, und daher zur »Überflüssigkeit« verurteilt. Lanzmann spricht daher auch vom Staat Israel als einem Mittel zur Ausübung von institutionalisierter Gewalt:

»Die Härte Israels – die man so sehr beklagt – und die, wie behauptet wird, der Anlass seiner Isolierung ist – [...] erklären sich allein aus dem Umstand, dass dieses Land weiß, dass es die einzige Gewähr, wirklich die einzige für jenes ›Nie wieder‹ ist.«[72]

Es ist dieser Kontrast zwischen Wehrlosigkeit und Gewaltausübung, für den die Zeugenaussagen stehen. Die Zeugenaussagen der polnischen »Zuschauer« in Lanzmanns Film verdeutlichen nur die Einsamkeit der jüdischen Opfer und dass die »Welt« die Vernichtung der Juden gleichgültig hinnahm. Das legt die Vermutung nahe, dass sich Lanzmann gleichzeitig für

Israel und die Singularität der Shoah einsetzt und sich von denen abgrenzt, die den Holocaust als eine weitere Form des Kolonialismus betrachten. Aber das allein würde Lanzmann und seiner Biografie nicht gerecht werden. Er übernahm den jüdischen Partikularismus nicht unhinterfragt. In seiner Autobiografie *Der patagonische Hase: Erinnerungen* (2010) berichtet er von einem Treffen mit Frantz Fanon, wohl einer der wichtigsten Denker der Dekolonialisierung, im Jahre 1960 in Tunis. Beide waren damals 35 Jahre alt, beide Franzosen, und trotzdem schienen sie verschiedenen Generationen anzugehören. Weder Lanzmann noch Fanon waren 1960 jene Ikonen, die sie später für ihren jüdischen und schwarzen Partikularismus werden sollten. Und sie waren auch in der Tat verschieden: Lanzmann weiß und Fanon schwarz. Lanzmann war Jude und Fanon Christ. Lanzmann stammte aus Paris, Fanon aus Martinique. Beide kämpften gegen die Nationalsozialisten, Lanzmann in der *Résistance*, Fanon in den *Freien Französischen Streitkräften*.[73] Genau zu dem Zeitpunkt, als Fanon für Frankreich kämpfte, spürte er den französischen weißen Blick auf seine schwarze Haut. Dieser Blick, dieser weiße Blick Frankreichs auf den schwarzen Fanon, sollte ihn zeit seines Lebens nicht mehr loslassen, wie auch der weiße und christliche Blick Frankreichs auf den Juden Claude Lanzmann diesen nicht mehr losließ. Beide waren »heimatlose« Franzosen. Fanon war Schriftsteller, Psychiater und gilt heute als ikonenhafte Figur und einer der wichtigsten Denker und Aktivisten der Entkolonialisierung. Seine beiden Bücher *Schwarze Haut, weiße Masken* aus dem Jahre 1952 und *Die Verdammten dieser Erde* aus dem Jahre 1961 gelten bis heute als grundlegend in der post- und antikolonialistischen Literatur. Das erste Buch, ein Jahr nach Arendts Totalitarismus-Buch veröffentlicht, wird bis heute gerne von denjenigen gelesen, die sich für Identität und Minderheitenpolitik interessieren, das zweite – veröffentlicht zur Zeit des Eichmann-Prozesses in Jerusalem – eher von solchen, die Rechtfertigung für revolutionäre Gewalt suchen.[74] Fanon lebte bei der Veröffentlichung des ersten Buches in Lyon, wo er Rassismus im wahrsten Sinne an eigener Haut erlebte. Sein Buch folgt einer Auto-Theorie der Selbst-Verfremdung – einer Theorie, die sich aus biografischen Erfahrungen und theoretischen Ansätzen formt. Aber diese Selbst-Verfremdung ist in der Tat auch der distanzierte Blick auf das eigene Schicksal, den wir aus der jüdischen Wissenssoziologie der Weimarer Zeit schon kennen. Es ist auch ein befreiender Blick. Fanon spricht in wütendem Ton von den psychologischen Wirkungen rassistischer Verhältnisse. Und im fünften Kapitel »Die erlebte Erfahrung des Schwarzen« setzt er sich auch mit der jüdischen Existenz auseinander. Es ist im Ton der Psychologie und Soziologie des Fremden geschrieben, eine Art Wissenssoziologie des eigenen Lebens. Fanon betrachtet seine schwarze Haut aus der Distanz eines Analytikers. Immer wieder geht es um den Blick auf ihn, um skeptische, ängstliche oder sogar abwertende Blicke. Er kann nicht aus der eigenen Haut fahren. Er ist in der Tat außer sich, wütend über den Blick des Weißen auf den Schwarzen, den er nicht erwidern kann. Es ist eine Theorie und eine Beschreibung der Erniedrigungen, die Fanon von den Franzosen erlitt und erfuhr. Der Blick auf ihn ist ein Blick auf das Schwarze, der Blick von ihm ist ein Blick aus der anscheinenden Unsichtbarkeit des Eigenen. Hier denkt dann Fanon auch über die Judenfrage nach, und er überlegt sich, wie es wohl sei, wenn die Form des Andersseins, einer Minderheit anzugehören, nicht sichtbar auf die Haut geschrieben ist. Dabei geht es ihm um die unterstellte »Unsichtbarkeit« der Juden. Juden können als weiß durchgehen, und es ist ein Dilemma bei ihrem Kampf um Emanzipation, dass sie wie die Menschen der Mehrheitsgesellschaft aussehen, obwohl sie nicht dazugehören. Für Fanon besteht der maßgebliche Unterschied zwischen Schwarzen und Juden darin, dass er als Schwarzer – im Gegensatz zu Juden – durch die Hautfarbe überbestimmt ist. Aber gleichzeitig erkennt er auch eine Schicksalsgemeinschaft und zitiert seinen Philosophielehrer, der ihn mahnte, dass einer, der Juden beleidigt, auch ihn beleidige. Fanon webt in *Schwarze Haut, weiße Masken* verschiedene Minderheitserfahrungen ineinander. Gleichzeitig betont er immer wieder, dass Juden ihre Andersheit verstecken können, weshalb sich Antisemitismus und Rassismus nicht einfach vermischen lassen. Fanon verstand sehr früh, dass der rassistische Blick von einer tiefen und vor allen Dingen sichtbaren Ungleichheit der Menschen ausgeht, die dann hierarchisiert wird. Der moderne Antisemitismus beginnt mit der angenommenen Gleichheit, die zugleich verneint und nicht akzeptiert wird. Hier geht es um die Unsichtbarkeit der Differenz. Dieser Unterschied wirkte auf Fanon wie ein Schock. Was genau Fanon über die Judenvernichtung in Europa wusste, geht aus dem Text nicht hervor. Wie bei vielen anderen Franzosen auch, stand der Antisemitismus, nicht aber die Judenvernichtung im Vordergrund des Nachdenkens über die Judenfrage. Die Kollaboration mit den deutschen Besatzern war noch frisch im Gedächtnis.

Die von Fanon benutzte Auto-Theorie wurde erst lange nach seinem Tod als Schlüssel für Erfahrungen der Diskriminierung entdeckt. Das Buch war kein großer Erfolg, es handelte wohl zu viel von der »erlebten Erfahrung«. Auch fehlte noch das Interesse für die Frage, wie Angehörige der verschiedenen Opfergruppen die Reflexionen der jeweils anderen Gruppe nutzen könnten, um ihre eigenen Erfahrungen zu verstehen. Noch war Fanon nicht der Hoffnungsträger für die so genannte Dritte Welt.[75] 1953 verließ er Frankreich und ging nach Algerien, wo er sich als Arzt und Psychiater dem bewaffneten Kampf der Algerier gegen die Franzosen anschloss. Er wollte Algerien zu seiner Heimat machen, just zu der Zeit, als das Land zum Schauplatz des bewaffneten Kampfes gegen Frankreich wurde. Nun kämpfte er also gegen das Frankreich, das ihm nicht erlaubte, Franzose zu sein. Als Nichtalgerier identifizierte er sich mit Algerien, obwohl er auch dort als Nichtaraber ständig unter Verdacht stand, nicht wirklich dazuzugehören. Entscheidend war in diesen Jahren für Fanon die Auseinandersetzung mit der Gewalt als legitimem Mittel der Befreiung. 1957 wurde er aus Algerien verwiesen. Bomben explodierten, unschuldige Opfer starben, Kämpfer und ihre Sympathisanten wurden gefoltert, Schuldige und Unschuldige exekutiert.[76] Inzwischen kam es in Frankreich zu einer Neuauflage der Dreyfus-Debatte. Wieder ging es um den wahren Charakter Frankreichs, und das Land war gespalten in diejenigen, die die Niederschlagung des Aufstands der Algerier mit brutalen Mitteln verurteilten, und diejenigen, die in den Kolonien den wahren Charakter Frankreichs erkannten.[77] Und es war auch die Zeit, in der sich die französische Linke – symbolisiert durch die Gallionsfigur Jean-Paul Sartre – mit dem Unabhängigkeitskampf der Algerier solidarisierte. In dieser Wahrnehmung war die antikolonialistische Gewalt dann auch die Fortsetzung der revolutionären Gewalt der Französischen und bolschewistischen Revolutionen. Die Idee eines gewaltfreien Widerstands fand bei den französischen Revolutionären kaum Anklang, schon weil Frankreich die Unabhängigkeitsbewegung mit grausamer Gewalt bekämpfte, Töten und Foltern waren an der Tagesordnung. Fanons Erfahrungen in Algerien, die er in seinem revolutionären Buch niederschrieb, ließen nicht viel Platz für eine liberale Auffassung eines gewaltfreien Wettstreits der Ideen. Auch sieht er durchaus in terroristischen Anschlägen eine legitime

Waffe gegen die Kolonialherren. Gewalt und Gegengewalt bestimmten sein Weltbild.

1961 erschien nicht nur *Die Verdammten dieser Erde*, im selben Jahr, zwei Monate vor Fanons Tod, kam es am 17. Oktober in Paris zu einem Massaker. Die algerische Befreiungsfront (FLN) rief zu einer großen Demonstration für ihren Kampf in der französischen Hauptstadt auf. Algerien war nun auch in Paris. 180 000 Algerier lebten in den Armenvierteln außerhalb von Paris. Sie wollten ihre Solidarität mit den Unabhängigkeitskämpfern zeigen. Die Polizei ging mit Schlagstöcken und Schusswaffen gegen die Demonstranten vor. Die Schlacht um Algerien schwappte nach Paris über. Vor der Demonstration am 17. Oktober wurden mehrere Polizisten von Terroristen der FLN (Front de Libération Nationale) ermordet. Über 200 Tote soll es auf Seiten der algerischen Demonstranten gegeben haben, viele von ihnen wurden in die Seine geworfen. Eine genaue Zahl der Opfer lässt sich nicht mehr ermitteln.[78] Viele der verhafteten algerischen Demonstranten wurden zu einem Sportpalast gebracht, wo sie mehrere Tage verbringen mussten, unweit der Radrennbahn Vélodrome d'Hiver, von wo aus im Juli 1942 mehr als 13 000 Juden von Paris nach Auschwitz deportiert wurden.[79] Das war nicht die einzige Korrelation zwischen den antijüdischen Maßnahmen Frankreichs unter den deutschen Besatzern und den Ereignissen des 17. Oktober 1961. Es war wohl eine der brutalsten Demonstrationen staatlicher Gewalt im Westen Europas nach 1945. Im Grunde lässt sich dieser Zusammenhang zwischen den beiden Ereignissen auch in der Person von Maurice Papon, dem verantwortlichen Polizeipräfekten von Paris im Oktober 1961, finden. Papon war während der Besatzungszeit als Beamter des Vichy-Regimes verantwortlich für Judendeportationen aus dem Raum Bordeaux. 1910 geboren, wurde ihm erst 1998 der Prozess für seine

Verantwortung für Judendeportationen gemacht, er wurde zu zehn Jahren Haft wegen Verbrechen gegen die Menschheit verurteilt. Aus gesundheitlichen Gründen vorzeitig aus der Haft entlassen, starb er 2007. In Michael Rothbergs Buch über multidirektionale Erinnerung wird die Figur Papons als ein Beispiel angeführt, um zu zeigen, wie Erinnerungen an Verbrechen gegen Juden und kolonialistische Verbrechen miteinander verknüpft werden können. Die Figur des Verbrechers, der an beiden Verbrechen beteiligt war, bietet sich dafür an. Vielleicht kann im Nachhinein die Erinnerung als multidirektional betrachtet werden, man kann in ihr aber auch zwei parallele Linien erkennen, die die Illusion scheinbarer Nähe erzeugen. Papons Beteiligung an der Deportation von Juden und an der Verhaftung und Ermordung von Algeriern geht zurück auf den Geist der Anti-Dreyfusarden, die Juden und nun auch Algerier nicht als wahre Franzosen akzeptieren. Bilden Juden und Algerier daher eine Schicksalsgemeinschaft?

Es kann wohl kaum einen größeren Kontrast zwischen Frantz Fanon und Claude Lanzmann geben, dem filmischen Chronisten der Shoah, dem enthusiastischen Verteidiger Israels, dem Vertreter der Singularität der Shoah. Lanzmann erlebte die Ereignisse vom 17. Oktober in Paris mit und erwähnt sie kurz in seiner Autobiografie. Das Treffen dieser beiden Männer in Tunis ein Jahr zuvor war eine Begegnung von Gleichgesinnten, von Wütenden, von Ausgeschlossenen. Beide fühlten sich als Angehörige von Gruppen, die von der Mehrheitsgesellschaft verraten wurden. Für Fanon, der für Frankreich gegen Hitler kämpfte, wurde Frankreich in Algerien zum neuen Täter. Von dem Massaker in Paris konnte er nichts wissen. Überrascht wäre er nicht gewesen. Fanon wollte den revolutionären Kampf gegen den Kolonialismus, Lanzmann wollte die Überlebenden des Holocaust schützen und ihnen Sicherheit garantieren. Weil die Welt die Juden verraten hatte, blieb ihnen nichts anderes als Israel. Das war seine Grundeinstellung. Lanzmanns erster Film aus dem Jahre 1973, den er einige Jahre vor *Shoah* drehte, heißt daher auch *Warum Israel*.[80] Beide, der Schwarze und der Jude, sahen sich vom französischen Universalismus verraten und arbeiteten an den Grenzen ihres eigenen Partikularismus. Sowohl Fanon als auch Lanzmann waren voller Wut, und beide verstanden die Kraft der Gewalt, ja die Pflicht zur Gewalt und dass nur Gewalt die Antwort auf die Gewalt der Täter sein kann. Und beide taten es in ihrer Sprache, Französisch, die Sprache der Französischen Revolution, der Emanzipation und des europäischen Universalismus. Fanon war bei seinem Treffen mit Lanzmann schon schwerkrank und starb ein Jahr später in einem amerikanischen Hospital an Leukämie. *Die Verdammten dieser Erde* wurde fast zeitgleich mit seinem Tod veröffentlicht, und Jean-Paul Sartre verfasste das bis heute berühmt gebliebene Vorwort.

In der intellektuellen Genealogie des Postkolonialismus (wie auch bei Achille Mbembe) spielt Frantz Fanon eine prominente Rolle.[81] Daraus könnte man durchaus Gemeinsamkeiten des Postkolonialismus mit jüdischen Katastrophenerfahrungen ableiten. Claude Lanzmann muss sich das in seinem Enthusiasmus für Fanon wohl so vorgestellt haben. Er arrangierte ein Treffen zwischen Sartre und Fanon. Lanzmann und Sartre gehörten zu den Unterzeichnern des Manifests der 121 vom September 1960, mit dem sie sich wie andere französische Intellektuelle auch mit dem antikolonialistischen Kampf der Algerier gegen Frankreich solidarisierten. Das Manifest kann durchaus als eine Neuauflage des Zola-Aufrufs »J'Accuse …!« 62 Jahre vorher gesehen werden. »Die Sache des algerischen Volkes […] ist die Sache aller freien Menschen«, endete das Manifest.[82] Algerier wurden mit Juden unter dem Naziregime verglichen. Franzosen waren daher Nazis. Der Aufruf und der Vergleich galten, wie so oft, als Skandal. Die Unterzeichner mussten in Frankreich mit Sanktionen rechnen. Radio und Fernsehen wollten sie nicht mehr auftreten lassen und sagten ihre Auftritte ab.

Lanzmann arbeitete damals mit Sartre und Simone de Beauvoir für die Zeitschrift *Les Temps Modernes*, die sich für den antikolonialistischen Kampf einsetzte. In seiner Autobiografie erinnert sich Lanzmann, wie ihm Fanon, schon von Krankheit gezeichnet, begeistert vom Freiheitskampf der Algerier berichtete. Diese Begegnung, so Lanzmann, habe sein ganzes Leben beeinflusst. Beide hätten über Sartres Essay »Überlegungen zur Judenfrage« aus dem Jahre 1946 gesprochen, dessen Argumente über die psychologischen Hintergründe des Antisemitismus sie ablehnten. Lanzmann widersprach insbesondere Sartres Grundthese, nach der es der Antisemit sei, der den Juden erst zum Juden macht.[83] Sartres Essay erschien kurz nach der Befreiung Frankreichs zu Beginn einer neuen Zeit, in der über die Rolle von Franzosen bei den Judendeportationen nicht gesprochen wurde. Auch Sartre ging nicht weiter auf die Kollaboration ein und konzentrierte sich darauf, existenzialistische Theorien auf die so genannte Judenfrage anzuwenden. Er sah keinen Juden, sondern nur »Juden«, Symbole, aber keine realen Menschen, die für Leid und Exil stehen. An die Dreyfus-Affäre anknüpfend, verstand er sich als einen Intellektuellen, der für die Sache des Universalismus kämpft. Zu den Vernichtungslagern schwieg er. Ihm ging es um die Judenfrage, die sich in Frankreich schon vor der Okkupation durch das nationalsozialistische Deutschland stellte. Gleichzeitig erkennt Sartre auch die »Demokraten« als die falschen Freunde der Juden, jene, die nur in abstrakten Kategorien denken und nur Menschen sehen wollen, aber keine Juden oder Schwarze.

Nicht Sartre, sondern Fanon stellte für Lanzmann eine Schicksalsgemeinschaft zwischen Juden und Schwarzen her. Lanzmann konnte sich mit Fanons Feststellung identifizieren, dass Schwarze eine weiße Haut tragen müssten, um von Weißen ernst genommen zu werden, denn er erkannte darin das jüdische Dilemma der Emanzipation wieder. Beide waren skeptisch gegenüber Sartres Universalismus. Lanzmanns Bericht über sein Treffen mit Fanon geriet sehr emotional, er war beeindruckt, wie Fanon von der Gewalt sprach, mit der man den Imperialismus treffen müsse. Für Lanzmann war Fanon der Mann, »der das Wahre in sich zu tragen schien«.[84] Lanzmann sah im Kampf der Schwarzen für ihre Emanzipation eine Ähnlichkeit zu dem jüdischen Befreiungskampf in Israel. Beide waren davon überzeugt, dass Freiheit nur mit Gewalt erlangt werden konnte. Und beide wollten mehr sein, als sie damals waren. Lanzmann Jude, Israeli, Franzose. Fanon Franzose, Algerier, Afrikaner.

Gezeichnet von den leidvollen Erfahrungen einer Minderheit, glaubten sie, dass Gewalt Freiheit schaffen würde. Und beide waren nicht nur Kritiker, sondern auch Bewunderer Sartres. Lanzmann vermittelte in Rom verschiedene Treffen zwischen Sartre und Fanon, die im Juli und August 1961 stattfanden. Sartre und de Beauvoir waren tief von dem schon vom Tode gezeichneten Fanon beeindruckt. Sartre verfasste 1961 das Vorwort zu den *Verdammten dieser Erde*, ein enthusiastischer Text, in bester französischer revolutionärer Tradition geschrieben, mit den Jahren berühmter als Fanons Buch selbst, weil er weit über Fanon hinausging und ein radikales Buch noch weiter radikalisierte. In diesem Vorwort feierte und verherrlichte Sartre die Gewalt im antikolonialistischen Befreiungskampf. Sie war nicht nur legitim, sie war notwendig, ohne Gewalt war die Freiheit nicht zu haben. Die revolutionäre Romantik Sartres tritt in diesem Vorwort wohl deutlicher hervor als der Denker und Kämpfer Fanon. Diese wirklichkeitserzeugende Kraft der Gewaltausübung ist im heutigen postkolonialistischen Diskurs etwas in den Hintergrund getreten, durch den Bezug zu Fanon und Sartre jedoch weiterhin präsent.[85] Legitimer Widerstand kann in diesem Denken nicht gewaltlos sein.[86] So schreibt Sartre:

»Einen Europäer erschlagen, heißt zwei Fliegen auf einmal treffen, nämlich gleichzeitig einen Unterdrücker und einen Unterdrückten aus der Welt schaffen. Was übrig bleibt, ist ein toter Mensch und ein freier Mensch.«[87]

Elf Jahre später verteidigte Sartre 1972 in einem kleinen Aufsatz den Terroranschlag auf israelische Sportler im Olympischen Dorf in München.[88] Sartres Position ist klar und deutlich. Israelis und Palästinenser befinden sich im Kriegszustand, und die einzige Waffe der Palästinenser ist der Terrorismus. Sartres Haltung zum israelisch-palästinensischen Konflikt entspricht seiner Haltung zur algerischen Freiheitsbewegung. Wer den Terror der FLN gegen die Franzosen unterstützt hat, muss nun den Terror gegen Israel unterstützen – und Terrorismus bedeutet, dass man Menschen tötet. Der algerische Befreiungskampf wird auch zum Modell der arabischen Befreiung nicht von Frankreich, sondern vom Westen überhaupt. Dabei wird Israel, wie vorher Frankreich, immer stärker mit dem Westen identifiziert, die PLO erscheint als Wiedergeburt der FLN. Wenn Algerien aber das Modell liefert, gerät Israel in die Rolle eines Kolonialstaats.

Claude Lanzmann zog die entgegengesetzten Konsequenzen. Zwei seiner Filme, *Warum Israel* (1973) und *Tsahal* (1994), beschäftigen sich mit der israelischen Armee. Er rechtfertigt die Gewalt der israelischen Armee zum Schutz ihrer Bürger. Wie Fanon sieht er Gewalt als legitimes Mittel im Kampf gegen Unterdrückung, wie Fanon besteht er auf der Erfahrung der jüdischen oder schwarzen Singularität. *Die Verdammten dieser Erde* ist ein Produkt der gewalttätigen Auseinandersetzungen in Algerien und Frankreich, ein Produkt des Terrors, Gegenterrors und der Folter. Der Text glaubt an die heilenden Kräfte der Gewalt und dass aus ihr eine neue Menschheit und Menschlichkeit entstehen wird. Mit seinem Vorwort verabschiedet sich Sartre in Fanons Namen von der französischen Aufklärung und vom französischen Universalismus. Die Gegenwart steht nicht mehr im Zeichen der Französischen Revolution, sondern im Zeichen des Kampfes der Kolonien gegen Frankreich. Die Dritte Welt spricht nicht mehr zu uns, sie spricht zu sich selbst, wie Sartre es ausdrückt. Und Sartre spricht die europäischen Leser direkt an. Sie sollen zuhören, denn die Dritte Welt spricht über ihr Ende. Wie Arendt nutzt Sartre die Bauchrednertechnik, zeigt die nackte Grausamkeit der Kolonisatoren und wie sie imstande sind, zu töten und zu quälen. Auch Sartre beobachtet einen Bumerangeffekt: Die Grausamkeit kommt zurückgeflogen. Vor der in seinen Augen geradezu heiligen Figur Fanons übt er sich in europäischer Selbstverneinung. Sein Text steht am Beginn einer wachsenden Selbstdistanzierung europäischer Intellektueller angesichts der Dekolonisierung. Sechzehn Jahre zuvor schrieb Sartre noch als französischer Dreyfusarde über Juden. Jetzt werden nur noch die »Anderen« als Andere gesehen.

Dabei wirkt Fanons eigener Text, insbesondere das erste Kapitel über die Gewalt, zurückhaltender und weniger enthusiastisch als Sartres Vorwort. Bei Fanon klingt Menschlichkeit durch und eine differenziertere Haltung zur Notwendigkeit von Gewalt. Die revolutionäre und antikolonialistische Gewalt wird demnach eine neue Menschheit hervorbringen, die Menschen nicht mehr nach Hautfarbe, Rasse und Ethnizität unterscheidet. Die Gewalt ist ein Mittel, verlorene Würde wiederzuerlangen. Durch die Gewalt werden *Die Verdammten dieser Erde* wieder zu Menschen, eine Grundhaltung, die auch für Lanzmann selbstverständlich war, denn Israels Gewalt garantiert die Menschwerdung der von den Nazis verdammten Juden. Fanon hat sich in seinem Text auch dem afrikanischen Nationalismus verschrieben, so wie sich Lanzmann als israelischer Patriot sah. Bei Fanon ist es aber nicht der Diaspora-Jude und auch nicht der exilierte und heimatlose Fremde, sondern der Kolonisierte, der im antikolonialistischen Kampf Heimat und Würde findet. Es geht hier um Identität und Identitätspolitik, die mit Mitteln der Gewalt durchgesetzt werden soll, nicht um multidirektionale Erinnerungen, die im Nebeneinander die gegenseitigen Gewalterfahrungen in einem auf Gerechtigkeit und Erlösung hinführenden Dialog dominieren, vielmehr um parallel erlebte Gewalterfahrung, die in der Gegengewalt den Weg zur Freiheit sucht. Wer diese Gewalt direkt erfahren hat, dem fällt es leichter, diese Grenzen des Partikularismus auszuloten. Für Sartre war das schwieriger. Seine Haltung zu Israel war nicht wirklich eindeutig.

Das Treffen Lanzmanns mit Fanon war nicht das einzige Treffen jüdischer Intellektueller mit Fanon, aber es war das einzige Treffen, von dem wir wissen, dass es von Angesicht zu Angesicht stattfand. Andere Juden setzten sich intellektuell mit Fanon auseinander: Jean Améry 1968 und 1969 in zwei Aufsätzen, Hannah Arendt in einem Essay von 1969 und etwas später, 1973, Albert Memmi. Sie lernten sich nicht persönlich kennen, aber Fanon faszinierte sie. Seine Ansichten über Gewalt vibrierten mit den eigenen Gedanken, mit dem jüdischen Schicksal. Dabei handelt es sich weder um eine Universalisierung der Erinnerung an den Holocaust noch um eine konkurrenzlose und sentimentale multidirektionale Erinnerung. Man weiß genau, wer Täter und Opfer ist. Diese Unterscheidung, die sich in späteren Jahren verwischen sollte, bleibt in dieser Zeit zentral. Für diejenigen, die den Holocaust universal verstehen wollen, ist er ein Abgrund, der sich öffnet, wenn Menschen ihrer Freiheit und ihrer Würde beraubt werden. Fanon und seinen jüdischen Gesprächspartnern geht es also darum, die eigene Situation zu verstehen, was dann auch heißt, die Täter genau zu bestimmen.

Jean Améry war etwas älter als Claude Lanzmann und Frantz Fanon. Er wurde 1912 als Hans Mayer in Wien geboren. Ein jüdischer Schriftsteller und Philosoph, Flüchtling, Widerstandskämpfer, von den Nazis im Lager Breendonk in Belgien inhaftiert, gefoltert und nach Auschwitz deportiert. Nach dem Krieg ließ er sich in Belgien nieder, änderte seinen Namen in Jean Améry, 1978 nahm er sich in Salzburg das Leben.[89] Wie Lanzmann und Fanon war er ein Auto-Theoretiker, der seine Biografie bestimmen ließ, wie und was zu denken sei. Er nahm in diesen Jahren an fast allen wichtigen politischen Debatten in der Bundesrepublik teil und galt dabei als »Versöhnungsverweigerer«.[90] Er glaubte fest daran, dass der Zeit und dem Zeitgeist der Versöhnung Widerstand geleistet werden muss. Er wollte Vergeltung und keine Vergebung. Versöhnung mit den Mördern und Folterern war für ihn ein falscher heroischer Akt. Er wollte sich sein Ressentiment bewahren und tat sich schwer mit dem neuen Deutschland, das er in den 1960er-Jahren beobachtete. Wie Arendt und Lanzmann kein gläubiger Jude, verstand er sein Jude-Sein aus seiner Biografie heraus. Nach dem Krieg traf Améry Sartre, den er tief bewunderte. Fanon und Lanzmann hat er wohl nie persönlich getroffen, setzte sich aber mit Fanon eingehend in zwei Aufsätzen auseinander.[91] Gleich am Anfang seines Essays »Die Geburt des Menschen aus dem Geiste der Violenz. Der Revolutionär Frantz Fanon«

schreibt Améry, dass er 1951 einen Aufsatz von Fanon gelesen hatte und davon sofort gefesselt war. Nicht nur gefesselt: Er identifizierte sich mit den Gedanken Fanons. Der Autor war ihm unbekannt, aber er spürte sofort eine innere Verwandtschaft zwischen Rassismus und Antisemitismus. Fasziniert war Améry vor allem von dem bereits erwähnten Kapitel über »Die erlebte Erfahrung des Schwarzen«. Er berichtet in entwaffnender Ehrlichkeit, dass er sich vor der Lektüre Fanons keine Gedanken über die Klage der Kolonisierten gemacht hatte, dass er zwar die Bilder von kolonisierten Sklaven kannte, sich aber nichts Konkretes darunter vorstellen konnte. Fanons Sätze brannten sich in ihn ein, er geriet ins Zweifeln über sein eigenes Weiß-Sein und konnte sich doch als Jude mit den Schwarzen identifizieren. Er verstand Fanon, wenn der schrieb, eingemauert in seiner Rasse zu sein. Später liest er auch *Die Verdammten dieser Erde*. Für Améry wird aus dem Opfer Fanon der Inquisitor Fanon.[92] Von 1951 bis 1961 bewegt er sich zwischen den beiden Fanons. Er schreibt über ihn und über sich selbst. Wieder sehen wir, wie die eigenen und fremde Gewalterfahrungen reflektiert werden, ohne dass sie sich vermischen. Er schreibt über Gewalt, die er »Violenz« nennt, über sich, über die Welt der Konzentrationslager und erkennt sich immer wieder in Fanon wieder. Und er schreibt über Freiheit und Würde, die nur mit Violenz erkämpft werden können. In diesem Text sieht sich Améry in der gewaltsamen revolutionären Tradition der Unterdrückten dieser Welt – und dahinter steht die eigene Erfahrung als Jude im Lager.[93] 1969, ein Jahr später, verfasste Améry einen Essay über das Ghetto und die Vernichtungslager, in dem er die Situation der zum Tode verurteilten Juden und der Kolonisierten differenzierter betrachtet. Er verbietet sich eigentlich jeden Vergleich, nicht nur mit den Kolonisierten, sondern auch mit Hiroshima und Dresden. Das Ghetto war der Warteraum des Todes, denn nur der Tod war sicher. Er schreibt von der totalen Einsamkeit des Ghetto-Juden, die anders ist als die Einsamkeit der unterdrückten Kolonisierten. Es ging allein um den Tod und nicht um Ausbeutung. Améry verweigert sich jeglichem Vergleich und pocht auf die Singularität des Holocaust. Auf den ersten Blick widersprechen sich diese beiden Essays, aber das scheint nur so, denn er erwähnt auch die Ghetto-Aufstände in Warschau und Treblinka. Wie bei Fanon versteht er Gewalt nicht nur als Akt der Rache und der Befreiung, sondern auch als Mittel zur Wiedergewinnung der Würde. Bei Fanon sieht er Gewalt in der Tat als Instrument für die Erreichung politischer Ziele. Den Ghetto-Aufstand aber verstand er als Rache, gereinigt von jedem Moralismus. Der Ghetto-Jude im Warteraum des Todes war völlig allein. Niemand war mit ihm solidarisch.[94] So könnte man Améry als eine Brücke zwischen postkolonialistischen Studien und Holocaust-Studien lesen.[95] Aber Améry würde dem wohl widersprechen. Wie Lanzmann ging es ihm am Ende doch um den eigenen Partikularismus. Gewalterfahrungen sind partikular, sie mögen sich theoretisch universalisieren lassen, aber das sind dann eben theoretische Übungen. Eindringlich schildert er, wie sich Gewalt in den Körper einschreibt, eine Erfahrung, die er mit Fanon teilt, wie auch die Erfahrung des Ausgeliefertseins.

Im selben Jahr, im Juli 1969, schrieb Améry für *Die Zeit* einen Aufsatz unter dem Titel »Der ehrbare Antisemitismus: Die Barrikade vereint mit dem Spießerstammtisch gegen den Staat der Juden«.[96] Der Essay ist eine Abrechnung mit der deutschen Linken, der er vorwirft, ihre antisemitischen Ressentiments gegen Israel zu richten. Sein Verhältnis zu Israel ist von unbedingter Solidarität bestimmt, obwohl ihm das Land, wie er schreibt, fremd ist: Er spricht dessen Sprache nicht und hat es nie besucht. Aber es geht ihm um das Prinzip Israel. Und es ist bestimmt kein Zufall, dass Améry in diesem Aufsatz Claude Lanzmann und nicht Frantz Fanon erwähnt. Denn in Lanzmann sieht er einen weiteren Mitdenker und Mitstreiter, wenn es um die Solidarität mit Israel geht, nicht mit dem Staat, sondern mit der Ermöglichung jüdischer politischer Souveränität:

»Der [Lanzmann] wußte, was er meinte und wollte. Denn jeder Jude ist der ›Katastrophen-Jude‹, einem katastrophalen Schicksal ausgeliefert, ob er es erfaßt oder nicht.«[97]

Und wieder betont Améry, dass das Schicksal der Kolonisierten mit dem der Juden nicht zu vergleichen sei. Dabei ist die Nichtvergleichbarkeit nicht nur ein politischer Standpunkt der Partikularität, vielmehr geht es um die eigene unteilbare Erfahrung des Schmerzes.

Claude Lanzmann und Jean Améry setzten sich mit Fanon direkt oder indirekt auseinander, verstanden seine Leidenschaft, identifizierten sich mit dem Pathos des Unterdrückten, sahen die Gewalt als Mittel der Menschwerdung und Wiederaneignung der Würde. Für beide bedeutete das absolute Solidarität mit dem Prinzip Israel als jüdische politische Solidarität – bis hin zur Anwendung von Gewalt. Sie glaubten daran, dass Israel sich als Staat, als rechtliche und moralische Instanz der Holocaust-Opfer versteht, dem es auch darum geht, die geraubte Würde jenseits des Überlebens wiederherzustellen. Hier knüpften Lanzmann und Améry an die Gedanken der jungen Hannah Arendt an, die in den USA 1944 unter dem Eindruck des Warschauer Ghetto-Aufstands im Jahre 1943 über Würde und Gewalt schrieb. Aus hilflosen Opfern wurden kämpfende und politisch aktive Menschen.

Wenn Arendt 1941 für die Aufstellung einer jüdischen Armee plädierte, weil sie glaubte, dass Juden sich als Juden verteidigen müssen, hatte sie nicht nur Palästina im Blick, vielmehr forderte sie Juden in der ganzen Welt auf, mit der Waffe in der Hand für ihre Freiheit zu kämpfen.[98] Ihr Anliegen sind die jüdische Öffentlichkeit und die Rückkehr der Juden in die Geschichte – auch hier spricht sie eine klare, machtvolle, zionistische Sprache, die auch vor Gewalt nicht zurückschreckt, eine Sprache, die bis heute in Israel widerhallt. Aber es geht ihr um mehr als um die territoriale Souveränität. Sie versuchte eine öffentliche jüdische Sprache zu (er)finden, die sich politisch versteht und aus der sich ein neues politisches Handeln ableiten lässt. Es ist eine Sprache, die der jüdischen politischen Erfahrung vor der Vernichtung verpflichtet ist, eine Sprache, die sich auch, von Fanon inspiriert, bei Lanzmann und Améry wiederfindet. Es ist aber auch eine Sprache, die die Spannung zwischen Universalismus und Partikularismus, der Singularität des Holocaust oder seiner Vergleichbarkeit, aushalten muss. Es ist ihre jüdische Position, eine partikulare Position, die die Grenzen dieses Partikularismus immer wieder neu verhandelt. Zur gleichen Zeit, als Améry in Brüssel über Fanon, Gewalt und Würde schrieb, war es Hannah Arendt, die das Thema der Gewalt in einem Essay, »Macht und Gewalt« (»On Violence«), wiederaufnahm.[99] Da sollte Arendt dann als eine in den USA angekommene Theoretikerin argumentieren, die wie Améry der Politik der Neuen Linken äußerst kritisch begegnete. Aber sie hatte andere Gründe.

Ende der 1960er-Jahre war die Zeit der Unzufriedenheit, in der mehrere intellektuelle Koordinaten verschoben wurden. Algerien rückte in den Hintergrund und der Krieg in Vietnam ins Zentrum der Aufmerksamkeit. Nach der Unabhängigkeit Algeriens 1962 rückte Frankreich in den Hintergrund und die USA ins Zentrum. Und im Nahen Osten wurden durch den Krieg 1967 neue Frontlinien gezogen.

Viele Studierende an den Universitäten in den USA und Europa revoltierten. In den USA richtete sich der Protest vor allem gegen die amerikanische Militärintervention in Vietnam, im Inneren ging es um die Bürgerrechte der schwarzen Bevölkerung. Im April 1968 wurde Martin Luther King ermordet, im Juni der demokratische Präsidentschaftskandidat Robert Kennedy. Nicht nur diese gewaltsamen politischen Morde verschafften der Black-Power-Bewegung Aufwind. Und diese Bewegung sah – durchaus unter Berufung auf Frantz Fanon – in der Gewalt ein maßgebliches und konstituierendes Mittel des Protests, im gewaltlosen Widerstand dagegen eher die Probleme und nicht eine mögliche Lösung der sozialen Widersprüche. Beim Parteitag der Demokraten in Chicago im August 1968 kam es zu blutigen Auseinandersetzungen zwischen den Sicherheitskräften und Demonstranten. Und auch Paris und Westberlin waren Teil dieser globalen studentischen Unruhen. Gleichzeitig kam es auch im Osten Europas zu Spannungen, dafür steht der Prager Frühling von 1968.[100] 1969 wurde die Columbia University von New York zum Schauplatz der studentischen Kämpfe und Unruhen. Hannah Arendt wohnte nicht weit von der Universität. Paris und Westberlin beobachtete sie aus großer Distanz, die Demonstrationen in ihrer Nachbarschaft konnte sie selbst sehen. Seit 1967 unterrichtete sie politische Theorie an der New School for Social Research, eine akademische Institution, die für ihr politisches Engagement bekannt war.[101] Sie war eine begeisterte Anhängerin der Amerikanischen Revolution des 18. Jahrhunderts geworden und fühlte sich dem Land in Dankbarkeit verbunden. Nach siebzehn Jahren jüdischer Staatenlosigkeit war ihre amerikanische Staatsbürgerschaft für sie ein einschneidendes, ja fast schon ein erlösendes Ereignis. Für Arendt wurden die Vereinigten Staaten von Amerika zum neuen Bollwerk einer Freiheit, was sie dann auch in ihrem Buch *Über die Revolution* aus dem Jahre 1963 ausführlich begründete. Die USA waren für sie das Land, das ihr als jüdischem Flüchtling eine Heimat und auch die Staatsbürgerschaft anbot. Für sie waren die USA das Land der Freiheit und der politischen Gleichheit. Die so genannte soziale Frage, die soziale Ungleichheit, eines der wichtigsten Anliegen der Protestbewegung, war für sie weniger relevant. Und obwohl inzwischen Amerikanerin geworden, war ihr Blick auf die USA immer der eines jüdischen Flüchtlings aus Europa. Für Arendt stellte sich die Frage nach der Gewalt in der Politik nicht nur als eine historische Frage, sie nahm sie vielmehr mit hinein in ihre Lebenswelt inmitten der Studentenunruhen, der Vietnam-Demonstrationen und der steigenden Popularität von Fanons und Sartres Analysen der Gewalt als emanzipatorischem Mittel der Politik in der schwarzen radikalen Bewegung in den USA. Es geht ihr in *Macht und Gewalt* in erster Linie darum, zu zeigen, dass Gewalt und Politik zwei völlig auseinanderklaffende Begriffe sind. Wo Macht herrscht, da herrscht auch die Fähigkeit, gemeinsam zu handeln. Wo Gewalt herrscht, steht alles auf dem Spiel und wird zur Willkür. Dann gibt es auch keine Macht und Politik.

Sie lebte nun knapp dreißig Jahre in den USA, davon gut zwanzig Jahre als Staatsbürgerin, und sie hat sich in dieser Zeit in der Tat amerikanisiert, die formalen Grundlinien der amerikanischen Politik akzeptiert und sich so auch von den radikalen Forderungen der Studenten und schwarzen Radikalen distanziert. Für sie war die formale Rechtsstaatlichkeit der Vereinigten Staaten ein Grundprinzip. Sie war Anhängerin der föderalen politischen Organisation, der Trennung von Nation und Staat, die sie in Europa so sehr kritisierte, und sie war begeistert von der amerikanischen Verfassung. Aber sie war auch auf der anderen Seite der Studentenbewegung wohlgesinnt, fürchtete sich aber als Angehörige einer älteren Generation vor allzu radikalen Veränderungen. Sie verstand das Anliegen, die Universitäten verändern zu wollen, hatte aber Angst, dass die Radikalen den Freiraum der Universitäten zerstören könnten.[102] Da erinnerte sie sich wohl an nationalsozialistische Studenten in den späten 1920er- und frühen 1930er-Jahren. Wie viele andere Beobachter staunte sie über die Studentenproteste in Frankreich, und sie war auch stolz auf die Schlüsselfigur Daniel Cohn-Bendit, den Sohn von Erich Cohn-Bendit, der in ihrer Pariser Exilzeit mit ihr befreundet war. Mit Sorge aber sah sie eine drohende Gefahr durch die Gewaltverherrlichung der Studenten. Sie verstand Politik als gemeinsames Debattieren, Urteilen und Handeln, was unter den Bedingungen der Gewalt nicht möglich wäre. Sie wollte auch nicht akzeptieren, dass die Gewalt als Wiederaneignung der Würde, wie sie das noch selbst im Warschauer Ghetto-Aufstand 1943 beobachtete, in den USA Ende der 1960er noch irgendeine Relevanz haben sollte. Sie sah bei den jungen Radikalen in den USA die wachsende Popularität von Fanons und Sartres Ideen antikolonialer Gewalt, die sie im amerikanischen Kontext für irrelevant hielt, und befürchtete das Ende der Möglichkeit politischen Handelns.[103] Fanons Ideen wurden nicht nur über die Erfahrung schwarzer Menschen in Europa und den USA transportiert, sondern konnten auch durch die universalistische Kraft des Traumas verbreitet werden.[104] Und sie stifteten eine Solidarität schwarzer Menschen über Afrika, Europa und die USA hinweg, eine transnationale Solidarität, die sie zwar für die Juden zu einer gewissen Zeit akzeptieren konnte, aber bei den Schwarzen nicht sehen wollte oder konnte. Arendt war 1969 Amerikanerin und Jüdin.

Die Ideen der Radikalen in den USA erschienen ihr vollkommen unpolitisch, für sie waren sie zu enthusiastisch, zu emotional, ja von Ekstase getrieben. Manchmal könnte man glauben, sie schrieb in *Macht und Gewalt* über die Nationalsozialisten. Sie beschuldigte Sartre, dass er die faschistischen Quellen der Gewalt nicht wirklich sieht und versteht oder verstehen will, dass die neue radikale Linke, die im und mit dem Schatten der Atombombe aufwuchs, einen enthusiastischen Selbstmordwillen pflege. Sie bemerkte auch bissig, dass schwarze Studenten, ohne über die erforderlichen akademischen Qualifikationen zu verfügen, von den Universitäten aufgenommen wurden und sich auch deshalb zur Gewalt als Durchsetzung von politischen Zwecken hingezogen fühlten. In dieser Hinsicht teilte sie nicht den Glauben vieler Liberaler, dass Minderheiten zum Studium zugelassen werden sollten, nur weil sie Minderheiten waren. Sie war gegen *Affirmative Action*, so wie sie schon Jahre davor gegen erzwungene Schulintegration war. In dieser Hinsicht zeigte sie sich durchaus zugleich konservativ, aber auch radikal eingestellt. Sie glaubte wohl, dass alle Menschen in ihrer Verschiedenheit gleich seien, dass diese Verschiedenheit vom Staat nicht gefördert werden solle. Das war ein durchaus jüdischer Blick auf die Welt, in der sie die universale Gleichheit von Juden ablehnte, auf deren Verschiedenheit als Juden pochte, aber darin keine Privilegien sehen wollte. Ihr ging es um politische, nicht um soziale Gleichheit. Wie viele Amerikaner glaubte sie fest daran, dass soziale Ungleichheit mit politischer Gleichheit zu vereinbaren sei, mehr noch, dass sich soziale Ungleichheit aus der politischen Gleichheit ergibt. Mit diesem Gedanken brach sie natürlich mit dem Selbstverständnis der alten und neuen Linken. Aber es war ein fester amerikanischer Glaube an die Fähigkeit der Menschen, frei sein zu dürfen. Diese Freiheit sollte in den Universitäten auch ihren Ausdruck finden.

Die Problematik der Schwarzen verstand sie vor dem biografischen Hintergrund einer aus Deutschland vertriebenen

Jüdin, die der Integration und Emanzipation der Juden immer kritisch gegenüberstand. Pazifistin war sie nie, und sie schreibt auch sehr klar, dass Gandhis gewaltfreier Widerstand wohl kaum eine Chance gegen Hitler und Stalin gehabt hätte. Als Jüdin, die den Sieg über die Nationalsozialisten miterlebte, war sie bestimmt keine Romantikerin des gewaltfreien Widerstands. Allerdings konnte sie nichts mit der Gewaltromantik der jungen Generation anfangen. Die Grenzen waren abgesteckt. Arendt selbst hatte Gewalt nie verherrlicht, aber wie Lanzmann, Fanon und Améry wusste sie um die Kraft der Gewalt als Mittel zur Wiedereroberung der Würde von Geschlagenen. Mit fortgeschrittenem Alter hat sie ihren Frieden mit der amerikanischen Wirklichkeit gemacht, aber sie wies den Vergleich der Schwarzen Amerikas oder der Studenten der amerikanischen Mittelklasse mit den »Verdammten dieser Erde« zurück.

Ihre Gedanken über die Gewalt kommen immer wieder zu dem Punkt zurück, dass Gewalt willkürlich sei und dass sie bei der neuen Linken genau diese beobachtet. An Sartre lässt sie kein gutes Haar. Sie hält ihn für politisch unverantwortlich, in seiner Gewaltverherrlichung an der Grenze zum Größenwahn. Für sie sind das leere Träume, mit denen junge Studenten in die Irre geführt werden. Und dann kritisiert sie Sartre für seine Überzeugung, die Dritte Welt existiere tatsächlich und nicht nur als ideologisches Phantasma. Sie hält die so genannte Einheit der Dritten Welt für eine Illusion, mehr noch, sie schreibt: »Die Dritte Welt ist keine Realität, sondern eine Ideologie.« Dieser Satz musste 1970 aufstoßen und ihr Interviewpartner Adelbert Reif in Deutschland wollte es dann noch mal genau wissen, zitierte den Satz und fragte, ob das nicht Blasphemie sei, und fügte hinzu, dass die Dritte Welt eine von den Kolonialmächten und den USA geschaffene Realität sei.[105] Er fragt sie ungläubig, ob sie hier ein Missverständnis aufklären könne. Arendts Antwort: »Nicht im Geringsten«, sie erklärt, dass sie Afrika, Asien und Südamerika für Realitäten halte und dass der gemeinsame »Dritte Welt«-Begriff für alle diese Länder diskriminierend sei, weil er alles über einen Kamm schere. Sie glaube nicht, dass das Unterentwickelte ein gemeinsamer Überbegriff sein kann. Ihr Argument geht weiter, sie behauptet, dass dieser allgemeine Begriff eigentlich eine spiegelverkehrte Anschauung des Imperialismus selbst sei, der keinen Unterschied zwischen den verschiedenen Ländern erkennt. Sie glaubt daher, dass die von Fanon und Sartre abgeleitete Parole »Kolonisierte aller Länder oder Unterentwickelte aller Länder vereinigt euch! noch verrückter ist als d[ie] alte, d[er] sie nachgebildet ist: Proletarier aller Länder, vereinigt euch!«.[106]

Für Arendt war das eine Mischung aus Politik und Wissenschaft. Wissenschaftlich dachte sie, dass die Abstraktion »Dritte Welt« eigentlich nicht existiert. Politisch hielt sie die Idee nicht nur für unfruchtbar, sondern für illusorisch, da sie Politik und Wandel im eigenen Land nicht wirklich möglich macht. Es ist daher auch kaum vertretbar, Hannah Arendt in der Kategorie der »kolonialistischen Wende« zu sehen – ganz bestimmt nicht mehr 1970. Aber sie möchte der Studentenbewegung nicht völlig ihre Sympathie absprechen. Sie unterscheidet zwischen Protest und Lärm, zwischen politischer Aktion und Gewalt, zwischen geordneter Freiheit und Willkür. Und sie trifft auch eine für sie wichtige Unterscheidung zwischen den amerikanischen Studenten, die gegen den Krieg in Vietnam demonstrieren, und den deutschen Studenten, denen es eigentlich nicht zusteht, sich zu engagieren, weil sie keine Verantwortung für das Handeln der USA übernehmen können. Für amerikanische Studenten geht es um ihr Land, um ihre Politik und, ganz konkret, wie sie mit ihrem Stellungsbefehl umgehen sollen.[107] Außerdem behauptet sie auch, sie könne mit dem Begriff des Sozialismus kaum etwas anfangen, aber vermutlich ahnte sie, ähnlich wie Améry, dass der Antiimperialismus der neuen Linken nichts Gutes für Juden und Israel bedeuten könne. Das ist wohl auch der Grund, warum Arendt über weiße Schuldgefühle schreibt, die sie nicht akzeptieren kann.[108]

Damit bleibt die Frage offen, ob man Arendt, da sie nun in der Tat nicht Teil der kolonialistischen Wende ist, Rassismus vorwerfen muss. Ist es rassistisch, nicht jenseits der eigenen Existenz denken zu wollen und zu können? Ist es aber nicht gerade diese »Auto-Theorie«, die auch Fanon vertrat? Offenbar war sie Fanon ähnlicher als vermutet, konnte aber mit Sartres Solidarität mit der Dritten Welt nichts anfangen. Sie dachte jüdisch, Fanon schwarz. Sartre dachte in universalen, nicht wirklich existierenden Kategorien. Wie Fanon sah sie im Rassismus eine zerstörerische Kraft, die die Macht der Nationalstaaten aushebelt. Sie verurteilte den Rassismus als willkürliche Gewalt und verurteilte gleichzeitig diejenigen, die dann Gegengewalt als Mittel der Befreiung begrüßten. Gleichzeitig verurteilte sie die Auswüchse des jüdischen Nationalismus, hörte aber nie auf, die Juden als Nation zu begreifen. Sie kann in der Tat nicht in ein Links-Rechts-Schema eingeordnet werden. Ihre jüdische Erfahrung stellt sich quer zu der Vision einer universalen Welt, die von globaler Gerechtigkeit träumt. Ihre jüdische Erfahrung war ständig in der Spannung zwischen Universalismus und Partikularismus angesiedelt. Das war bei Fanon nicht anders. Sie bewunderte Juden, die sich gegen die Naziherrschaft wehrten, übertrug dies aber nicht auf den antikolonialistischen Kampf. Sie sah keinen Zusammenhang zwischen diesen beiden Formationen. Und sie war nicht bereit, die Situation amerikanischer Schwarzer im Kontext globaler oder kolonialistischer Schwarzheit zu begreifen. Als Jüdin hat sie Ende der

1960er-Jahre ihren Frieden mit der westlichen Welt und den USA gemacht. Wie viele andere Juden aus Europa sah sie in diesem Land die Chance eines Neubeginns. In den USA konnten die Juden sowohl Juden als auch Amerikaner sein, der Widerspruch zwischen ethnischer und nationaler Identität schien ihr in den USA aufgehoben zu sein. Juden konnten dort politisch gleich sein. In den USA sah sie Staatsbürgerschaft und Gleichheit für Juden garantiert. Hier konnten Juden weiß werden, sie waren nicht mehr Minderheit im klassischen europäischen Sinne, sondern Teil einer weißen Mehrheit, da die Verhältnisse zwischen Minderheiten und Mehrheit in den USA in erster Linie durch die Hautfarbe gekennzeichnet waren. In Arendts Augen hatten die USA die so genannte europäische Judenfrage gelöst. Amerika wurde Heimat, eine nationale Heimat für die Juden, die parallel zu Israel nationale Heimstätte sein konnte. Juden waren nicht viel anders als andere europäische Einwanderer. Das war ihre neue Vision und das war ihr Leben. Sie kam in den USA zur Ruhe.

Und diese Vision sah sie in der Gewaltverherrlichung und Gewaltausübung der Studentenbewegung gefährdet: Der Traum war, dass Juden als Juden Teil einer Mehrheitsgesellschaft werden konnten, der Zionismus ohne Souveränität und Territorium. In den USA sah Arendt die Hoffnung, dass Juden gleich und frei leben konnten, verwirklicht und diese Hoffnung machte sie zu einer amerikanischen Verfassungspatriotin. Sie empfand die amerikanische Wirklichkeit als eine, die keinen institutionalisierten Antisemitismus kannte. Es blieben nur die sozialen Ressentiments. Besonders nach 1945, also in der Erfahrungswelt von Arendt, waren Juden in den USA in der Tat weiß. Das machte sie wohl auch blind für den institutionalisierten Rassismus der USA gegen die schwarze Bevölkerung.

Daher war ihr nun Macht wichtiger als Gewalt. Arendt war Teil der weißen Mehrheit, und als eine jener, die an der Macht teilnehmen konnten, war ihre Ablehnung der Gewalt nicht nur theoretischer Natur. Während ihre Schriften bis in die 1950er-Jahre noch von jüdischer Angst und Machtlosigkeit bestimmt waren, ließ sich ihr Denken nun in der amerikanischen Welt nieder. Hier war sie nun zu Hause.[109] Damit machte sie sich aber auch verwundbar für Angriffe von innen und von außen, dass ihre Ansichten rassistisch seien. Dabei geht es um Debatten, wie sie nur in den USA geführt werden können. Diese Nichtübertragbarkeit der Debatten um Kolonialismus und Antisemitismus bei antikolonialistischen Denkern soll nun genauer betrachtet werden.

ALBERT MEMMI:
JUDE, TUNESIER, FRANZOSE

Arendts Blick war der einer europäischen Jüdin, ein Blick, der zunächst von der Kritik an der Emanzipation der Juden geprägt war, danach von Flucht und Vernichtung. Juden wurden in den USA Teil der weißen Mehrheitsgesellschaft. Aber die Weißheit der Juden ist kein universales Phänomen. Nicht alle Juden sind weiß, und nicht überall gehören sie – wie in den USA – der Mehrheitsgesellschaft an. Juden lebten (und wenige leben noch) auch außerhalb Europas im arabischen Raum. Auch dort waren sie Teil einer Minderheit. Und dennoch waren viele von ihnen, wie Frantz Fanon, Teil der frankophonen Kultur und Sprache. Wir wenden uns nun einer weiteren jüdischen Erfahrung in einem anderen Umfeld zu, der Erfahrung des nichtweißen Juden, des so genannten »kolonisierten Juden«. Auch hier wird sich zeigen, dass Erinnerungen nicht unbedingt multidirektional verlaufen, sondern miteinander verwoben oder sehr individuell sein können. Kehren wir nach Nordafrika zurück.

Die Geschichte der nordafrikanischen Juden kann nicht durch eine Person allein dargestellt werden, aber sie kann so anschaulicher verdeutlicht werden. Albert Memmi wurde 1920 in Tunis geboren und starb 2020 in Paris. Sein langes Leben spielte sich zwischen diesen beiden Welten ab. Er wuchs mit zwölf Geschwistern am Rande des jüdischen Viertels in Tunis auf, dort erlebte er während der deutschen Besatzung 1942 massive antijüdische Repressionen.[110] Nach einem Aufenthalt in Frankreich kehrte er nach Tunesien zurück und schloss sich der antikolonialistischen Bewegung an. In den Fünfzigerjahren verfasste er ein Manifest des Antikolonialismus und einen autobiografischen Roman.[111] Nach der Unabhängigkeit Tunesiens 1956 ließ er sich wieder in Frankreich nieder, und je älter er wurde, desto kritischer stand er der Entkolonialisierung gegenüber. Er steht weder für multidirektionale Erinnerung noch für radikalen Partikularismus. Er war Zionist, er glaubte an Israel, und er wollte auch gleichzeitig Araber und Jude sein. Memmi war vierzehn Jahre älter als Hannah Arendt und fünf Jahre jünger als Frantz Fanon und Claude Lanzmann. Sie haben sich wohl nie persönlich getroffen, aber in ihren Schriften begegneten sie sich mehr als einmal. Memmi war Tunesier, Araber, Jude, Franzose, Schriftsteller und Soziologe. Wie Arendt, Fanon und Lanzmann fühlte er sich von Frankreich verraten, zog daraus ähnliche Konsequenzen, nahm aber von ihnen wieder Abstand, und doch lebte er lange genug, um die Widersprüche seines eigenen Lebens zu verstehen. Wie Fanon und Lanzmann schrieb und dachte er auf Französisch. Virtuell traf sich Albert Memmi mit Frantz Fanon zehn Jahre nach dessen Tod 1971. In einem in der französischen Zeitschrift *Esprit* veröffentlichten Aufsatz behauptete Memmi, dass Fanons Leben eigentlich »unmöglich« war, wie er es im Titel seines Essays bezeichnete.[112] Kurze Zeit nach Arendts beißender Kritik an Fanon geschrieben, nimmt der Aufsatz einige ihrer Punkte aus einer anderen, jüdisch-arabischen Perspektive auf. Es ist eine melancholische Kritik an Fanon. Memmi spricht in vertraulichem Ton über und mit Fanon. Er ist tief überzeugt von der Unmöglichkeit pluraler Identitäten. Fanon sei dreimal in seinem Leben gescheitert. Zum ersten Mal in Martinique: Dort glaubte er, dass er weiß und Franzose sei. Dann in Frankreich: Dort wurde er zum Westinder und Schwarzen, der kein Franzose sein konnte. Entrüstet darüber ging er nach Algerien, um Teil des antikolonialistischen Befreiungskampfes zu werden. Dort scheiterte Fanon zum dritten Mal, als er entdecken musste, dass die universale Solidarität der Unterdrückten illusorisch sei. Der schwarze westindische Christ aus Martinique ließ sich weder in einen Muslim noch in einen Araber verwandeln. Der antikolonialistische Kampf war nicht genug. Es scheint, als ob Memmi mit Fanon sprechen, ihn sogar trösten wolle, dass in einer Welt, die nach Identität, Religion und Nation organisiert und strukturiert ist, Fanons Botschaft von der Aufhebung der diskriminierenden Wirkung von Hautfarbe und Religion auf taube Ohren stoßen muss. Wie Arendt wirft Memmi Fanon vor, als Ausweg aus der Verzweiflung bliebe ihm nur die unpolitische – also gewaltvolle – Apokalypse. Memmi versucht, Fanons Frustration und Verzweiflung auf den Grund zu kommen. Er versteht seinen leidenschaftlichen Willen, Franzose sein zu wollen. Wie Fanon glaubte er an die Universalität der französischen Sprache und des Revolutionsgedankens. Das erinnert an die Debatten zur Zeit der Dreyfus-Affäre, nun allerdings in einem größeren geografischen Rahmen. Das erinnert auch an Hannah Arendts Gedanken, allerdings konnten die USA für Memmi und Fanon keinen Ausweg aus ihrem Dilemma anbieten. Einig sind sich Memmi und Fanon – bei aller Bewunderung – in ihrer Kritik an Sartre. Auch Memmi war überzeugt, dass Sartre nie wirklich verstand, was eine positive Identität für Schwarze oder Juden bedeuten könne. Algerien konnte für Memmi nicht die Synthese zwischen Martinique und Frankreich sein, weil Fanon nie in Algerien als Algerier akzeptiert wurde. Fanon war weder Araber noch Muslim. Und Fanon musste feststellen, dass er nicht aus seiner Singularität ausbrechen konnte, und wurde deshalb zum Universalisten. Und genau diesen Makel sieht der Jude Albert Memmi bei Frantz

Fanon, der nicht sein konnte, was er wollte. Das ist das jüdische Schicksal, und weil man nicht aus der Singularität ausbrechen kann, wird man zum einfachen »Menschen«. Und gegen Ende von Fanons Leben sieht Memmi, wie Fanon versuchte, Afrikaner zu werden, der den Traum der Vereinigten Staaten von Afrika träumte. Memmi sieht im Schicksal Fanons sein eigenes jüdisches Schicksal, dazugehören zu wollen, aber nicht dazugehören zu können. Im Schlussteil des Essays versucht er zu verstehen, warum Fanon gegen Ende seines Lebens die Négritude-Bewegung für die kulturelle Selbstbehauptung unter Schwarzen im Namen des Universalismus ablehnte.[113]

Albert Memmi steht quer zum Kanon des antikolonialistischen Denkens. An ihm lassen sich die inneren Widersprüche der aktuellen Debatten über Postkolonialismus und Judentum ablesen. Als Jude sieht er sich in der Tradition der verfolgten Minderheiten, aber die Geschichte des Holocaust, die Gründung des Staates Israel, der israelische Krieg von 1967, die Identifikation mit der antikolonialistischen Gewalt, die sich nun gegen Israel und damit indirekt auch gegen Juden wendete, warfen ihn aus der Bahn. Er wollte in der Tat Jude, Europäer und Araber sein. Am Ende war sein Leben wohl so unmöglich wie das von Fanon, das er so lebendig beschrieb. Sicher gibt es eine Geschichte des gemeinsamen Leidens, aber es stellt sich die Frage, wie diese Geschichten mit- und ineinander verwoben sind. Memmis Schriften wurden enthusiastisch und skeptisch zugleich aufgenommen. Er passte in kein Schema und schrieb doch über das unmögliche Leben eines arabischen Juden.[114] Ihm geht es nicht um einen Kulturrelativismus, der die verschiedensten Sitten und Gebräuche in einer sich gegenseitig anerkennenden Welt integriert, auch nicht um den moralischen Gegensatz zwischen Universalismus und Partikularismus. Memmi zeigt, dass jüdisches Denken sich den Luxus des Universalismus nicht erlauben kann. Auch in seiner ersten theoretischen Schrift von 1957, die zwischen den beiden wichtigen Werken von Fanon veröffentlicht wurde, *Der Kolonisator und der Kolonisierte: Zwei Porträts*, wird diese jüdische Perspektive auf den Antikolonialismus mehr als deutlich.[115] Das bedeutet aber nicht, dass sich Memmis Denken ausschließlich in einem puren Essentialismus verstricken würde. Auch geht es hier nicht um dialogisches Denken. Jüdische Intellektuelle wie Arendt und Memmi versuchten die Spannung zwischen dem Universalen und dem Partikularen aufrechtzuerhalten. Das ist auch der Grund, warum Memmi am Ende nicht in Tunesien bleiben konnte und wollte, sich als Zionist verstand, sich aber nicht in Israel, sondern in Paris niederließ. Für Arendt bot New York den Juden einen Freiraum, Memmi fand ihn bei aller Kritik am französischen Universalismus in Paris. Die damit verbundenen Schwierigkeiten und Probleme sowie ihre Unfähigkeit, weder ihre universalistischen Träume noch ihre ethnische Identität aufgeben zu wollen, waren jedoch nicht das Resultat von traumatischer Inkonsequenz und Exil, sondern stellen Überlegungen dar, die aus der jüdischen Existenz her zu erklären und mit der Situation anderer Kolonisierter nicht vergleichbar sind. Memmi verstand, dass unsere Identitäten eine Rolle spielen, und zwar trotz, wenn nicht sogar wegen der universellen Pflicht zur Menschlichkeit. Als Jude stand Memmi auch in Tunesien zwischen den Welten. Auf der einen Seite war er ein von den Franzosen kolonisiertes Subjekt, hatte aber als Jude Zugang zu französischer Ausbildung und Kultur, um später den antijüdischen Regelungen des Vichy-Regimes zum Opfer zu fallen. 1942 wurde er von der Universität Algier verwiesen, wo er studierte, und er war für einige Zeit in einem Arbeitslager in Tunesien interniert.[116] Nach dem Krieg ging Memmi zum Studium nach Paris, kehrte 1951 nach Tunesien zurück und ließ sich 1956 endgültig in Paris nieder. Aber er kam nie zur Ruhe. 1962 veröffentlichte er einen Essay, in dem er sich mit sich selbst auseinandersetzte und sich fragte, ob er ein Verräter sei.[117] Es ist die Selbstkritik eines unmöglichen Lebens.[118] Warum Verräter? Weil er im Land des Kolonisators lebt. Aber die Frage zielt nicht nur auf das persönliche Schicksal Memmis. Es geht um die Juden Nordafrikas, um die Juden, die Marokko, Algerien und Tunesien in Richtung Frankreich und Israel verließen, die nach der Unabhängigkeit dieser Länder als Juden nicht mehr dort leben konnten und wollten. Memmi erhebt schwere Vorwürfe gegen die linken Intellektuellen in Frankreich, die noch in den heutigen Debatten nachklingen. Linke Intellektuelle in Frankreich hätten nicht erkannt, wie der antikolonialistische Kampf immer stärker chauvinistische Ziele verfolgte und dass Juden, die seit ewigen Zeiten in Nordafrika lebten, nun zur Flucht gezwungen wurden. Hintergrund war die Dekolonisierung des Nahen Ostens und Nordafrikas und die damit einhergehende Ethnifizierung der Religionen in diesen Ländern. Juden galten nicht mehr als Teil der neuen Nation. Vielen von ihnen blieb in der Folge nichts anderes übrig, als ihre Heimat zu verlassen. Nicht alle gingen nach Israel, viele, und gerade die Eliten, wanderten nach Frankreich, nach Kanada, in die USA und nach Lateinamerika aus. Einige Hunderttausende aber kamen in das neu gegründete Israel, wo sie als Juden willkommen waren und sofort Staatsbürger werden konnten. Es sollte ihr neues Zuhause werden, die arabische Herkunft wollten und sollten sie hinter sich lassen. Auch das erschwert die Gemeinsamkeit des Schicksals von Juden und Muslimen.

Aber Memmi macht es sich nicht einfach. Juden waren im muslimischen Raum nie wirklich akzeptiert und ihre Augen und Sehnsüchte ständig nach Europa gerichtet. Die jüdischen

Intellektuellen Nordafrikas vertraten ihre antikolonialistische Haltung nicht als Algerier oder Tunesier, sondern auf Französisch als Franzosen. Sie fühlten sich nicht der arabischen Kultur verbunden, sondern sahen sich als Teil eines verklärten Bildes, das sie von einem gewissen Frankreich hatten. Vierzehn Jahre nach der Staatsgründung Israels und fünf Jahre vor dem Krieg 1967 und der Eroberung der Gebiete stand für Memmi fest, dass die Dekolonisierung wohl gerecht und notwendig war, aber dass die Juden dieser Region ihr jüdisches Schicksal nicht wirklich verstanden. Memmi kommt zu der Erkenntnis, dass es nicht um Solidarität mit allen Menschen geht, sondern um die Pflichten, die man als Jude gegenüber anderen Juden hat. Arendt hätte das nicht anders gesehen. Sicher bedeutet Identität nicht alles und nicht alle Moralität ist universell. Memmi schrieb von Paris nach Tunis und von Tunis nach Paris, während Jerusalem im Hintergrund immer gegenwärtig blieb. Er eröffnet damit eine weniger multidirektionale denn jüdische Perspektive, die aber nie den Blick nach außen verliert.

In seinem Essay »Négritude et Judéité« aus dem Jahre 1968 wird das sehr deutlich.[119] Den Begriff Judéité hat Memmi erfunden, um ihn vom Begriff des Judentums zu unterscheiden, und meint damit die Tatsache, Jude zu sein.[120] Das bezieht auch den politischen Aspekt des Jude-Seins, der jüdischen Schicksalsgemeinschaft, mit ein. Der Begriff des Judentums drückt für Memmi dagegen die Gesamtheit der kulturellen und religiösen Traditionen aus. Natürlich variiert Judéité von Person zu Person. Aber es geht vor allem auch um eine positive Selbsteinschätzung und nicht nur um eine Zuschreibung von außen. Memmi sieht durchaus die Ähnlichkeiten zu Négritude, einem Begriff, den er als befreiend für schwarze Menschen versteht. Erfunden hat den Begriff Aimé Césaire.[121] Wie Judéité drückt Négritude die Tatsache des Schwarz-Seins aus, die gemeinsamen Werte und die Teilhabe und Mitwirkung schwarzer Menschen an diesen Werten.[122] Memmi versucht auch deshalb die für beide Gruppen negativ besetzten Begriffe positiv zu konnotieren: nicht mehr das Bild des Schwarzen als Barbaren, vielmehr der Schwarze als Träger einer schwarzen kulturellen Tradition, vergleichbar den Juden und ihrer Tradition. Dazu gehören auch Konstruktionen eines romantisch verklärten vorkolonialistischen Afrika, ähnlich den Verklärungen eines »unberührten« Judentums. Diese Verknüpfung zwischen schwarzen und jüdischen Kulturen ist eine schwierige Frage, die aus verschiedenen Blickwinkeln angegangen werden muss. Natürlich ist Vermischung von Kulturen in der Weltgeschichte nichts Neues, sondern eher die Regel und dabei nicht unbedingt positiv besetzt: Sie lieferte immer wieder den Vorwand für ethnische Säuberungen und Vertreibungen. Sicher hatten Memmi und Césaire diesen Aspekt im Auge, trotzdem nutzten sie die ethnische Identität als argumentative Strategie, auch wenn die empirische Wirklichkeit eine andere Sprache spricht.[123] Die Globalisierung der Märkte überwand die Grenzen der Ethnien. Nicht die Vermischung der Kulturen ist neu, sondern das globale Bewusstsein und die Reflexion darüber. Die jüdische und schwarze Diaspora könnten daher durchaus als Paradigma für die Deterritorialisierung als solche dienen.[124] Auf einer unmittelbaren Erfahrungsebene wird hier ein besonderes Bewusstsein für den Ort und die Beziehung zum Anderen erkennbar. Die Diaspora war jedoch nie eine abgeschottete Sphäre. Gelebte jüdische Kultur wurde nicht nur mit anderen Kulturen vermischt, sondern war selbst eine Mischung von Kulturen. In gewisser Hinsicht bestand ihr Inhalt darin, diese Mischung der Kulturen, die sie absorbierte, jüdischer zu machen, sie positiv zu besetzen, ohne sich im Universellen aufzulösen. Die Erfahrung der Diaspora, des Lebens im Exil, ist in der Moderne das prägnanteste Beispiel für ein Gemeinschaftsleben, das ohne einen territorialen Behälter auskommt, um seine Geschichte zu bewahren. Dieser Zustand der Diaspora wuchs nicht aus dem Judentum an sich, sondern aus Spannungen zwischen Staatsbürgerschaft, Zivilgesellschaft und kultureller Identität. Mit den schwarzen Identitäten verhält es sich nicht viel anders.

Freilich sollte man dieses Konzept nicht überdehnen oder den Zustand der Heimatlosigkeit romantisieren. Bietet die Diaspora tatsächlich eine Alternative zur Souveränität und Territorialität? Die beiden Optionen schließen einander nicht aus, auch darin waren sich Memmi und Césaire einig. Es ging also um mehr als strategischen Essentialismus oder radikalen Partikularismus. Es ging um Identitätsfindung, um jüdische Judéité und schwarze Négritude. Der Begriff Diaspora steht auch für Neues und Aufregendes, er signalisiert Aufbruch, Postkolonialismus, Hybridität, Kosmopolitismus, Migrationen, Mobilität und noch viele andere Alternativen und Gegenkonzepte zum Prinzip des Territoriums im Sinne von Fanon, Césaire und Memmi: vielleicht die kulturelle Begleitung eines geeinten Afrika? Gerade in der Befreiung von Staat und Territorium sahen sie eine ethische Gegenmacht zu staatlichen Macht. Aber auch Erfahrungen, die für Juden und Schwarze in der Katastrophe endeten, führen dazu, dass Diaspora zusammen mit Verwurzelung, Zerstreuung und Vielfalt gedacht wird. Dies steht nicht unbedingt im Widerspruch mit nationaler oder kollektiver Identität, sie definieren sich vielmehr wechselseitig. Dass Diaspora und Nationalismus einander nicht widersprechen, wird gerade in der Theorie und Praxis der Dekolonisierung deutlich.

Es kann also nicht überraschen, dass Césaire und Memmi frühe Manifeste zur Dekolonisierung schrieben.[125] Vor allem gilt Césaires Buch *Über den Kolonialismus* als einer der wichtigsten Texte in der so genannten kolonialen Wende in der Holocaust-Forschung.[126] Der Text ist unmissverständlich. Es geht um eine Anklage Europas, hauptsächlich Frankreichs. Hitler ist nicht nur deutsch, sondern überhaupt europäisch und außerdem steckt in jedem humanistischen Bourgeois ein Hitler:

»[…] dass Hitler ihn *bewohnt*, dass Hitler sein innerer *Dämon* ist, dass sein Wettern gegen ihn Mangel an Logik ist und dass im Grunde das, was er Hitler nicht verzeiht, nicht das *Verbrechen* an sich, das *Verbrechen gegen den Menschen* ist, nicht *die Erniedrigung des Menschen an sich*, sondern das Verbrechen gegen den *weißen* Menschen, die Erniedrigung des *weißen* Menschen und dass er, Hitler, kolonialistische Methoden auf Europa angewendet hat, denen bislang nur die Araber Algeriens, die Kulis Indiens und die Neger Afrikas ausgesetzt waren.«[127]

Die Behauptung, Hitler habe kolonialistische Methoden auf Europa angewendet, dient Autoren wie Rothberg als Argument, von einer kolonialistischen Wende in den Holocaust-Studien zu sprechen, noch bevor dieser Terminus existierte.[128] Maßgeblich ist dabei der schon bei Hannah Arendt erwähnte Bumerangeffekt, nun als Denkfigur für kolonialistische Methoden, die auf Europa angewendet wurden. Dazu kommt auch die zeitliche Nähe zu Arendts Text. Anfang der 1950er-Jahre, kurz nach Ende des Zweiten Weltkriegs und des Holocaust, mitten in der Zeit der Entkolonialisierung, erschienen diese Vergleiche gerade frankophonen Autoren zwingend. Holocaust und Entkolonialisierung sind eng mit Frankreichs Kollaboration mit den Nazis verknüpft, ebenso wie die französische Kolonialpolitik nach dem Zweiten Weltkrieg. Beide Ereignisse spricht Césaire an. Arendt und Césaire lebten Ende der 1930er-Jahre in Paris. Von einer Begegnung wissen wir nichts, aber die Texte sind in erster Linie Texte der Enttäuschung und Frustration durch Frankreich. Gerade für Césaire verkörpert Frankreich

Europa und spiegelt damit auch das kolonialistische Weltbild Frankreichs als »französische Zivilisation« Europa. Das liberale Angebot der Französischen Revolution hat die Kolonisierten und die Juden enttäuscht. Es war das verlockende Angebot, dem Exil ein Ende zu setzen und Teil der universalen Staatsnation zu werden.

Aber wie gemeinsam sind diese Enttäuschungen wirklich? Und rechtfertigen diese Enttäuschungen tatsächlich, die Geschichte des Holocaust neu zu lesen, sie dem Kolonialismus unterzuordnen, wie das nicht nur Achille Mbembe fordert? Césaire geht es um das Verhältnis von Afrika und Europa mit Frankreich im Zentrum des Geschehens, Arendt geht es darum, die Vernichtungslager und die Ermordung der Juden zu verstehen. Beide argumentierten jeweils aus ihrer eigenen Sichtweise. So unterschiedlich Césaire, Arendt und Memmi auch dachten und schrieben, sie schrieben nicht nur aus dem Inneren heraus über den Bruch der erlebten Katastrophe. Sicher erkennen wir auch eine Art Abschottung, aber sie dachten und schrieben auch nach außen, sonst würden wir sie heute nicht mehr lesen können. Césaire schrieb aus seiner Schwarzheit heraus in die weiße Welt, Memmi aus seiner Identität als Jude, Tunesier und Araber in die französische Welt, und Arendt schrieb aus dem jüdischen Schicksal hinaus in das Plurale, wie es für sie die USA versprachen. Parallele Linien, die sich dennoch wie Fluchtpunkte im Unendlichen treffen? Am Ende waren die Freiheitsbewegungen, von den Intellektuellen wie Fanon, Arendt, Memmi oder Césaire unterstützt oder auch nicht, in erster Linie nationale Freiheitsbewegungen, ob es sich dabei um Algerien, Tunesien oder Israel handelte. Das Exil bedeutet nicht unbedingt Freiheit. Es ist ein Raum, in dem man, so gut es eben geht, politisch handeln muss. Es ist keine ästhetische Attitüde, keine künstlerische Wahl, keine modernistische Form des Widerstands, die man für sich kultiviert und mit der man kokettiert. Négritude und Judéité können dann sehr schnell zu organisierenden Prinzipien von entstehenden Nationalstaaten werden, die sich jeweils auf eine einzige partikulare Erinnerung beziehen. Memmi war sich dessen offenbar bewusst. Er versuchte immer wieder Jude, Tunesier und Franzose zu sein und wusste auch, dass das unvereinbare Gegensätze waren, mit denen er lebte und die er erlebte. Er wuchs als Kolonisierter in Tunesien auf, war als Jude interniert, kämpfte als Tunesier für die Befreiung und lebte als Nordafrikaner in Frankreich. Und, wie er oft betonte, er heiratete den Westen in Person einer weißen Französin.[129] Über diese Ehe reflektierte Memmi in einem Roman, der in Frankreich schon 1955 erschien.[130] Anders als in seinem wirklichen Leben ist die Ehe im Roman zwischen einem tunesischen Juden und einer katholischen Elsässerin zum Scheitern verurteilt.

Memmis Überlegungen repräsentieren sowohl Individuelles, Persönliches und Politisches. Er wusste, dass der universale Humanismus eine Illusion bleiben sollte und dass der Ausweg nur in nationaler Selbstbestimmung lag. In seinem klassischen Statement von 1957, *Der Kolonisator und der Kolonisierte*, konnte Memmi als tunesischer Jude beide Standpunkte einnehmen und beobachten. Memmi weist darauf hin, dass die Juden selbst kolonisiert waren und dass die israelische Staatsgründung als jüdischer Staat daher selbst ein antikolonialistischer Akt der Emanzipation war.[131] Kann man daher Israel als postkolonialistische Staatsgründung betrachten? Mit Memmi weist das zionistische Projekt kolonialistische, antikolonialistische und postkolonialistische Eigenschaften auf. Das bricht das dichotomische Denken der so genannten »Multidirektionalität« auf.[132] Memmis Leben und Werke hinterfragen dann auch, ob man gleichzeitig antikolonialistisch und zionistisch sein kann – eine einfache Antwort wird sich dafür nicht finden.[133] Hannah Arendt sah sich ähnlichen Vorwürfen ausgesetzt. Und beide sahen darin keinen Widerspruch, obwohl man beiden Rassismus vorwarf. Albert Memmi kämpfte zeit seines Lebens mit der Bezeichnung »arabischer Jude«. Er wollte sich so verstehen, aber der Begriff war am Ende nur normativ, nicht empirisch gedacht, denn die meisten Juden wollten und konnten keine Araber sein, und die meisten Araber lehnten es von sich aus ab, Juden als Araber zu akzeptieren. Bis heute debattiert man in Israel darüber, ob Juden weiß sind oder nicht, ob Israel Teil des Orients ist oder eine europäische Kolonie: Fragen, die natürlich in den Fünfzigerjahren im Zuge der Dekolonisierung und heute im Zuge des Postkolonialismus gestellt werden.[134] Damals empfand Memmi diesen Widerspruch noch tragisch, in seinen späteren Schriften hat er sich eher damit abgefunden. Sein Romanheld Benillouche aus *Die Salzsäule* entkommt diesem Dilemma am Schluss des Romans mit der Ausreise in die Neue Welt nach Buenos Aires. Memmi selbst bleibt in Paris, unterstützt von dort aus die Ausübung jüdischer politischer Souveränität als kollektive politische Lösung für die Juden.[135] Aber genau diese Unterscheidung zwischen Juden und Arabern wird in Ländern wie Marokko, Tunesien und Algerien als Produkt des französischen Kolonialismus gesehen, aber auch von Juden und Arabern mitgetragen und auf die Situation der Palästinenser und Juden in Israel übertragen. Nicht alle Identitäten sind sozial konstruiert. Memmis Verständnis von Ethik und Politik war, wie auch bei Arendt, an die Partikularität gebunden, was dann aber auch heißt, dass man als konkreter Mensch an sein konkretes Dasein mit konkreter Verantwortung gebunden ist: Und dazu gehören die Geburt und die Geschichte. Das sind nicht nur Konstruktionen, so wenig wie es nur Essenzen sind. Sicher war sich Memmi bewusst, dass nicht alle Moralität auf Identität beruht, vielmehr ist die Identität, das heißt, die Antwort auf die Frage, wer im Grunde genommen wir sind, ein Bestandteil der Moralität, da sie so leidenschaftlich und Teil unseres Lebens ist. Nicht alles ist partikular, und nicht alles ist universell, und gerade Juden mussten sich zwischen diesen Polen hin- und herbewegen. Es ist daher einfach, Memmi gemeinsam mit Fanon und Césaire in den Kanon der Kritiker des Kolonialismus einzureihen und seine späteren Schriften zu ignorieren oder als fehlgeleitet zu verurteilen.[136] Memmi ist schwer einzuordnen, Argumente für eine multidirektionale Erinnerung liefert er kaum. Er kommt meist ungelegen, gerade für aktuelle politische Sensibilitäten, denn seine Kritik am europäischen Kolonialismus bringt ihn dazu, auch die zionistische Bewegung als antikolonialistische Bewegung zu verstehen.

Alles war persönlich für Memmi, wie er auch immer in seinem Buch *Der Kolonisator und der Kolonisierte: Zwei Porträts* betont. Wie Fanon will er in erster Linie sich selbst verstehen. Als Jude versteht er den Kolonisator und den Kolonisierten. Er gehört zu beiden und gleichzeitig zu niemandem. Memmi schreibt seine theoretischen Texte wie ein Romancier und seine Romane wie ein Theoretiker, auch hier wieder ein Beispiel der Auto-Theorie. Deswegen ist seine Sprache ambivalent, wenn sie Spannungszustände und Ambivalenz der Juden in Tunesien und im Maghreb ausdrücken soll. Sie wollen Franzosen sein, nehmen einen französischen Habitus an und sehen sich in der sozialen Hierarchie oberhalb der Muslime. Sartre schrieb auch ihm ein Vorwort, freilich nicht so leidenschaftlich wie jenes für Fanon. Es klingt etwas distanziert und auch kritisch. Wie er selbst sagt: Der Unterschied zwischen uns liegt darin, dass er eine Situation erlebt, wo ich ein System sehe. Der große Unterschied zwischen Memmi und Sartre mag auch der

Grund dafür sein, dass Sartre mit keiner Silbe vom jüdischen Dilemma Memmis spricht. Es existiert 1957 für Sartre nicht, obwohl Memmi damals schon zwei Romane über das Thema veröffentlicht hatte. Sartre geht es in der Tat um das System und die Politik der Unterdrückung. Und auch in Zukunft wird es der Leserschaft eher um diese Politik der Unterdrückung gehen und weniger um die partikulare Situation der Autoren. Es ist daher auch kein Zufall, sondern konsequent, dass Sartre die Négritude eher ästhetisch als politisch verstand.[137] Memmi geht es immer um die Situation, um die Erfahrung. Er lebte den Existenzialismus, von dem Sartre schrieb. Memmi sah in Sartre einen wohlmeinenden weißen Linken, der mit den Ambivalenzen von Minoritäten-Identitäten nicht viel anfangen konnte. Seine Analyse des Kolonialismus unterscheidet sich sehr von Césaire und Fanon. Er versteht wohl besser als die beiden, dass der antikolonialistische Kampf nationalistisch geprägt ist und dass die französische Linke ein konzeptuelles Problem mit diesem Nationalismus hat. Er ist sich auch bewusst, dass der wohlmeinende Unterstützer des Kampfes sich der Gewalt und des Terrorismus des Kampfes schämt. Nicht, dass Memmi unbedingt gegen revolutionäre Gewalt war, aber er war sich der wirklichkeitsschaffenden Kraft der Gewalt völlig bewusst. Dahinter lag keine revolutionäre Utopie wie bei Sartre, wenn überhaupt, wirkte da nur die furchtbare Notwendigkeit. Memmi schreibt sehr verärgert über die Linke, die sich solidarisch erklärt und glaubt, Marxismus und Sozialismus ließen sich als universal gültige Modelle beliebig exportieren. In seinem so radikalen wie ambivalenten Text porträtiert er den Kolonisator, danach auch den Kolonisierten. Auch hier finden wir keine Romantik wie bei Fanon und Césaire. In einer leidenschaftlichen wie soziologisch präzisen Sprache zeigt er, wie die Mythen über die Kolonisierten von den Kolonisierten selbst eingesogen werden. Sie kennen keine Institutionen, keine Sprache, keine Kultur. Diese Widerspiegelung erinnert an Arendts Analyse der Afrikaner, die einige Jahre früher entstanden ist. Kolonisatoren und Kolonisierte sind aneinandergekettet. Niemand ist frei. Und in einem leidenschaftlichen Schlussteil schreibt Memmi, dass Assimilation für den Kolonisierten nicht funktionieren kann, ein Echo der Fragestellungen Arendts zur jüdischen Assimilation, die er nun auf die vergeblichen Assimilationsversuche der Kolonisierten anwendet. Je mehr sich die Kolonisierten assimilieren wollen, desto weniger waren sie Franzosen, Juden oder Araber. Deswegen bleibt nur die Selbstfindung. Und die müssen Araber und Juden getrennt vollziehen. Wenn der Kolonisierte von der Universalität ausgeschlossen wird, dann kann er sich nur noch der Partikularität hingeben. Das führt nicht in eine universale Revolte, sondern in den Nationalismus. Memmi denkt und schreibt als Soziologe und Schriftsteller, es geht ihm nicht um das Universale, sondern eher um die Selbstfindung, was immer sie auch sein mag. Für Politik bleibt nicht viel Spielraum. Hier könnte Sartre sich bestätigt sehen. Memmi schaut auf die Situation und nicht auf ein System.

Eine der Konsequenzen der von Memmi beschriebenen Prozesse war die Massenauswanderung der Juden aus den Ländern Nordafrikas. Zwischen 1955 und 1956 kamen aus den von Frankreich unabhängig gewordenen Ländern Marokko (60 000) und Tunesien (13 000) Einwanderer in Israel an, zumeist aus ländlichen Gebieten, denn die nordafrikanische jüdische Elite (wie Memmi) wanderte eher nach Frankreich als nach Israel aus. Nachdem Algerien 1962 unabhängig wurde, verließen 130 000 der 140 000 dort lebenden Juden das Land, die meisten von ihnen nach Frankreich. Gemäß dem 1950 in Israel erlassenen so genannten Rückkehrgesetz war und ist es allen Juden und ihren Familien erlaubt, sich in Israel niederzulassen und israelische Staatsbürger zu werden. Es ist ein Gesetz der Solidarität mit allen Juden der Welt, ein Gesetz, das den Verfolgungen der Juden eine politische und juristische Antwort gibt: »Jeder Jude hat das Recht, ins Land einzuwandern«, heißt es in dem Eröffnungssatz des Gesetzestextes.[138] Das Projekt des »arabischen Juden« ist in dessen Ursprungsland gescheitert.

Ist die zionistische Bewegung daher nicht eine dekolonisierende Bewegung einer in Europa und der arabischen Welt verfolgten Minderheit? Welche Rolle spielen dabei nichteuropäische Juden, die nach der Staatsgründung Ende der Vierziger- und Anfang der Fünfzigerjahre ins Land kamen? In den postkolonialistischen Beschreibungen der Wirklichkeit passen diese Juden nicht richtig ins Bild, was auch einer der Gründe sein mag, warum Albert Memmi in dieser Literatur nicht wirklich auftaucht. Ignorieren kann man sie freilich auch nicht. So werden sie als »arabische Juden« tituliert, die durch den europäischen jüdischen zionistischen Kolonialismus »dearabisiert« werden mussten. Sicher waren viele dieser Menschen habituell der arabischen Bevölkerung ähnlicher als den aus Europa stammenden Juden. Und sicher stimmt es auch, dass viele der aus Europa stammenden Juden einen »orientalistischen« Blick auf die Juden der arabischen Welt einnahmen. Aber das Argument der »Dearabisierung« kann ja nur gelten, wenn man davon ausgeht, dass arabische Juden in der Tat Araber waren, die arabisch sprachen, arabisch aßen und sich arabisch kleideten. Ihre Dilemmata waren da nicht anders als die der französischen oder deutschen Juden. Sie gehörten gleichzeitig dazu und auch nicht. Auch innerhalb Israels existiert die Dichotomie zwischen West und Ost, zwischen Moderne und Tradition, zwischen Aufklärung und Rückschritt, zwischen Säkularisierung und Religiosität. Und die Beschreibung Israels als die Erfüllung des zionistischen Traums, einen europäischen Staat für verfolgte Juden in Europa zu gründen, trifft wohl auch zu. Viele Juden wollten im Nahen Osten ihren jüdischen Traum von Europa leben. Im Selbstverständnis sahen sich die Zionisten als »Heimkehrer«, die ihre nationalen Sehnsüchte verwirklichen wollten. Dem gegenüber standen jene Juden, die aus den arabischen Ländern kamen, viele von ihnen durch die Dekolonisierung gezwungen, ihre Heimat zu verlassen. Sie waren in der Tat keine Europäer, für viele von ihnen war das Land Zuflucht, ein Land, wo sie auch ihre Form des traditionellen Judentums leben konnten. Für jene Juden, die sich vom traditionellen Judentum weiter entfernt hatten und sich in ihrem Habitus eher französisch verstanden, war Frankreich eine bessere Lösung.

In Israel selbst wurde diese Beschreibung der Wirklichkeit von Intellektuellen, die von postkolonialistischen Ideen inspiriert wurden, in Frage gestellt.[139] Es war der Beginn einer kleinen Bewegung, die versuchte, orientalische Identitätspolitik von einer radikal postkolonialistischen und antizionistischen Perspektive zu verstehen. Sie versuchten im Anschluss an den Postkolonialismus den Begriff »arabische Juden« positiv zu beschreiben. Aus einem anderen Blickwinkel beschrieben sie sich selbst aus der Distanz und mit Hilfe eines fremden Blicks. Für die im Nahen Osten lebenden Araber konnte die jüdische Einwanderung aber nichts anderes sein als eine kolonialistische Eroberung des eigenen Territoriums. Die eingesessenen Araber blickten vom Osten Richtung Westen, während die Juden aus dem Westen in den Osten als Fluchtpunkt blickten. Natürlich kann sich jede dieser partikularen Sichtweisen als universal definieren, abhängig von der politischen Ideologie. Aber genau wie man den Zionismus als europäische Kolonialbewegung betrachten kann, kann man ihn auch als Emanzipationsbewegung der in Europa kolonisierten Juden beschreiben, die sich in der Unabhängigkeit und Souveränität in der Tat dekolonisierten. Und genauso gut können beide Beschreibungen abgelehnt werden.

Durch Memmi öffnet sich hier eine komplexe und komplizierte Perspektive, die den antikolonialistischen Befreiungskampf mit jüdischer Geschichte verbindet und dadurch die intuitive Verknüpfung von »Jude« mit »Weiß« und »Juden« mit »Europa« verdichtet, ohne dass daraus eine jüdisch-arabische Solidarität entstehen muss. Memmi war Zionist, wie Arendt glaubte er an das kollektive politische Schicksal der Juden. Israel erschien aus dieser Perspektive als Notwendigkeit, auch wenn dadurch kolonialistische und antikolonialistische Begrifflichkeiten durcheinandergerieten. An der Frage, ob die zionistische Bewegung eine antikolonialistische Befreiungsbewegung eines unterdrückten Volkes sei oder, im Gegenteil, eine aus Europa kommende kolonialistische Bewegung, die Nichteuropäer unterdrückt, scheiden sich die Geister bis heute. Memmi gehört zu beiden Lagern, und 2004 erschien in Frankreich dann auch sein kontroversestes Buch, mit dem er sich vom antikolonialistischen Kampf verabschiedete.[140] Er kritisiert die religiöse Radikalität der neuen unabhängigen Staaten und der in Frankreich entstandenen Diaspora. Sein Buch handelt von tiefen Enttäuschungen, vergleichbar mit Arendts *Macht und Gewalt* von 1969. Und es deutet an, wie der Staat Israel anders als ein Kolonialstaat gesehen werden kann. Damit bricht er mit dem antikolonialistischen Blick dieser Zeit. Den Staat Israel versteht er als eine nationale Tatsache, eine Reaktion auf eine unerträgliche Situation und als Ausdruck einer kollektiven Leidenschaft, die die Juden an diesen Ort bindet. Aber Memmi geht weiter, er bricht mit der postkolonialistischen

Tradition und sieht das Scheitern der unabhängigen Staaten (wie Tunesien) nicht im kolonialistischen Erbe, sondern in den Dekolonisierten selbst. Er spricht von Ausreden und innerer Stagnation. Da schreibt er aus einer europäischen Perspektive, so wie Arendt vor ihm aus einer amerikanischen Perspektive ihren Unmut mit radikaler Politik kundtat.[141] Und mehr noch, er schreibt aus einer jüdischen Perspektive, die es ihm erlaubt, sowohl Kolonisator als auch Kolonisierte zu beobachten. Sein Buch *Der Kolonisator und der Kolonisierte: Zwei Porträts* aus dem Jahre 1957 und die Bücher von Fanon und Césaire wurden zu den Grundlagentexten jener späteren Bewegung, die Israel auch als kolonialistisches Projekt betrachtete. Das war natürlich nicht im Sinne Memmis, der in Israel eine Befreiungsbewegung sah. Im Jahre 2004 wollte er auch das klarstellen. Memmi argumentiert wechselseitig. Er will nicht zeigen, dass er eine Wandlung vom Antikolonialisten zum Zionisten durchgemacht hatte (als ob darin ein Widerspruch läge), er will vielmehr die enge wechselseitige Verbindung von Kolonialismus, Antikolonialismus und Zionismus erklären. Ein Einschnitt war für Memmi (und nicht nur für ihn) die am 10. November 1975 verabschiedete UN-Resolution 3379, die Zionismus mit Rassismus gleichsetzte.[142] Die Resolution wurde zwar im Dezember 1991 zurückgenommen, aber der Geist konnte nicht mehr in die Flasche zurückgeführt werden.

Ein wichtiger Moment in der weiteren Entwicklung war die Antirassismuskonferenz im südafrikanischen Durban im Sommer 2001 unter der Schirmherrschaft der UNO. Die im Vorfeld der Konferenz verfassten Erklärungen hatten die Resolution 3379 wieder hervorgeholt. Diese Konferenz gab vielen Israelis und Juden das Gefühl, dass sich internationale Normen mit der Souveränität ihres Staates auf Kollisionskurs befanden. Israel wurde in Verbindung mit Kolonialismus und Apartheid gebracht, eine Verbindung, die dann 2020 die Gemüter in Deutschland erregen würde.¹⁴³ Memmi weist sie schon in seinem Text von 2004 in aller Deutlichkeit zurück. Aber nicht nur um Albert Memmi geht es hier, den Theoretiker, der Romane schrieb und für den Politik jenseits von vorgegebenen Schablonen lag und der deshalb aus der Situation (wie ihm das Sartre schon vorgeworfen hatte) argumentierte. Memmis Buch endet mit dem Ausdruck der Enttäuschung über »blinde« Intellektuelle, die sich veralteten Theorien hingeben und die empirische Wirklichkeit nicht sehen wollen. Wie Jean Améry fühlt er sich als jüdischer Intellektueller am Ende allein gelassen. Wie verhalten sich die Argumente zueinander, dass Israel ein kolonialistisches Projekt sei, dass es ein emanzipatorisches Projekt sei, dass Juden souverän sind, eine verfolgte Minderheit, weiße Europäer, Kolonisatoren oder Kolonisierte? Wie kolonialistisch ist Israel eigentlich? Diese Frage wollen wir jetzt durch einen weiteren Akteur, Edward Said, beleuchten.

EDWARD SAID:
CHRIST, ARABER, AMERIKANER

Albert Memmi hat verstanden, dass sich die Diskurse Kolonialismus und Zionismus auf Kollisionskurs bewegen, auch wenn antikolonialistische Denker wie Aimé Césaire glaubten, den Holocaust durch kolonialistische Strukturen erklären zu können. Zu sehr waren für Memmi *Négritude* und *Judéité* zwar ähnliche, aber nicht miteinander verwobene Vorstellungen des Partikularismus. Die kolonialistische Wende in den Holocaust-Studien änderte auch nichts daran, dass sich der antikolonialistische Diskurs immer stärker auch gegen Israel richtete, wie sich auch der Fokus der politischen Aufmerksamkeit von Nordafrika in den Nahen Osten verschob. Das beeinflusste vor allem Edward Said. 1935 in Jerusalem geboren, in der Stadt, die zu dieser Zeit gemeinsam mit dem Raum Palästina Teil der britischen Mandatsverwaltung war, jünger als Arendt, Césaire, Memmi, Fanon und Lanzmann, gehört er einer anderen Generation an. Nach der Gründung des Staates Israel 1948 flüchtete die Familie Said aus Jerusalem.[144] Seine eigene Flüchtlingserfahrung findet sich dann auch in seiner theoretischen Arbeit wieder, die er in New York an der Columbia University entwickelte. Der Verlust von Heimat wurde das übergreifende Thema seiner Arbeiten, in denen er diese persönliche Erfahrung politisch und theoretisch aufarbeitete. Durch Said avancierte der Heimatverlust zu einem Grundbegriff der postkolonialistischen Theorie.

Said wurde zum Inbegriff des palästinensischen Intellektuellen, der im Westen lebt und von dort aus, unterstützt von einem westlichen akademischen Apparat, »zurückschreibt«. Sein 1978 erschienenes Buch *Orientalismus* war sofort ein großer Erfolg und wurde rasch als Schlüsselwerk des postkolonialen Diskurses gelesen.[145] Said schreibt über Ost-West-Dichotomien, über Morgen- und Abendland, über den westlichen Blick (er konzentriert sich dabei auf Frankreich und England) auf den Osten, Machtdiskurse und darüber, dass Begriffe wie Orient und Westen nichts anderes als Konstruktionen sind. In vielerlei Hinsicht liefert es den situativen Beobachtungen Memmis einen theoretischen Überbau. Doch für die Dynamik der wechselseitigen Zuschreibungen spielt für Said noch ein weiterer Akteur eine höchst einflussreiche Rolle, nämlich die Wissenschaft. Denn das Vokabular für die Wahrnehmung und Beschreibung des Orients lieferte nicht zuletzt die Erforschung ebendieses Orients. Der orientalistische Diskurs hat daher auch die von den frühen Sozialwissenschaftlern in ihren klassischen Modernisierungstheorien analysierten Dichotomien zwischen West und Ost, Moderne und Tradition, Aufklärung und Rückschritt, Säkularisierung und Religiosität als eine fast schon natürliche Dichotomie in die gesellschaftliche und kulturelle Sprache integriert. Saids Buch stellt diese Dichotomien genauso in Frage wie Max Webers idealtypische Unterscheidung zwischen Worten als Schwerter und Pflugscharen. Said hebt nicht nur die Dichotomie zwischen Wissenschaft und Politik auf, er behauptet, dass die Aufrechterhaltung der Dichotomie zwischen Wissenschaft und Politik selbst Teil der westlichen Politik der Unterdrückung sei, und macht damit den Weg für eine politisch engagierte Wissenschaft frei, die Max Weber noch vermeiden wollte. Damit wurde auch die Unterscheidung zwischen Theoretikern und Aktivisten aufgehoben.

Auf der einen Seite vertritt er natürlich den intellektuellen Anspruch, die Gesellschaft als Ganzes zu denken, aber er will und kann seinen eigenen palästinensischen Standpunkt nicht überwinden, um sich als freischwebender Intellektueller darüber zu bewegen. Said glaubte aber an einen unabhängigen Ort der Wahrheit: Es ist der Ort der Opfer der Geschichte, der Ausgebeuteten und Unterdrückten, in seinem Fall der Orient und die Palästinenser. Aus dieser Perspektive kann er in einer Welt ohne Wahrheiten nach Rechtfertigung suchen. Mit Said wird die Prämisse, dass die Opfer der Geschichte einen überlegenen epistemologischen Standpunkt einnehmen, zur neuen wissenschaftlichen Erkenntnis. Said öffnete auch die Tore für ein inklusives und wörtliches Verstehen des Begriffes Antisemitismus. Dieses enthält dann auch Vorurteile gegenüber Arabern genauso wie gegenüber Juden. Aber das ist eine epistemologische Verschiebung, die natürlich auch die politischen Gegebenheiten des jüdischen Staates Israel ignorieren muss. Der Widerhall dieser Verschiebung ist bis heute im postkolonialistischen Diskurs wie auch in den intellektuellen Versuchen, Judenfeindschaft und Islamophobie gemeinsam zu verstehen, wahrzunehmen.

Das wissenschaftliche Wissen um den Orient ist für Said selbstverständlich imperialistisch. Das ist dann auch für die Wahrnehmung Israels maßgebend. Ist dieser Staat ein Projekt der Emanzipation oder ein weißer kolonialistischer Staat, und sind die Juden, die nach Palästina kamen, daher weiße Europäer? Denn wenn Said behauptet, dass alles Wissen um den Orient kontaminiert ist, dann ist auch das Wissen um den Westen kontaminiert. Einen Ausweg daraus gibt es wohl nicht, die Unterscheidung zwischen Schwertern und Pflugscharen fällt in sich zusammen, und alles wird dann zum politischen Kampf. *Orientalismus* liefert die theoretischen Vorgaben für die ein

Jahr später veröffentlichte Studie *The Question of Palestine*.[146] Bei Said wird der Kampf gegen die israelische Besatzungspolitik gemeinsam mit der Diskursanalyse gedacht, die die Unterscheidung zwischen Wissenschaft und Politik weiter aufhebt.[147] Eigentlich ist die theoretische Perspektive auf den westlichen Diskurs über den Orient dem Kampf des vermeintlichen israelischen Kolonialismus, also der politischen Perspektive, untergeordnet. Damit soll die Israelkritik wissenschaftlich begründet und mit der postkolonialistischen Hervorhebung des palästinensischen Narrativs untrennbar verbunden werden. Jahrzehnte später sollte auch Achille Mbembe aus dieser Perspektive argumentieren. Auch daher rühren die vielen Missverständnisse, die in Deutschland erst 2020 an die Oberfläche traten. Und auch damals war diese Kritik sofort mit Antisemitismus in Zusammenhang gebracht worden. In seinem Essay beobachtet Said mit Bestürzung, dass jede Kritik an Israel mit Antisemitismus gleichgesetzt wird. Er weist das von sich und entwickelt dafür Argumente, die bis heute in Umlauf sind. Said will die jüdisch-zionistische Erzählung der Gründung Israels nicht akzeptieren, sieht darin aber keinerlei Antisemitismus, vielmehr eine gerechte und gerechtfertigte antikolonialistische Position. Aus seiner Perspektive kann und will Said freilich nicht sehen, dass gerade diese Erzählung die Gründung Israels als Antwort auf den Antisemitismus versteht. Nach ihrer Logik konnte nach 1945 nur der Zionismus das für die Juden von den Nazis leidvoll und qualvoll Zerschlagene wieder zusammenfügen. Vor 1945 war der Zionismus in der Tat nur eine Möglichkeit der jüdischen Politik. Für die überlebenden Juden war 1945 ein Schock, der nicht vollständig erklärbar war. Viele wussten nicht, wie sie damit fertigwerden sollten. Für die überlebenden Juden konnte nur der Antisemitismus den nationalsozialistischen Genozid erklären. An Kolonialismus dachten sie überhaupt nicht. Nicht alle Juden wurden nach 1945 zu Zionisten, aber der drei Jahre nach Kriegsende gegründete Staat gab dem Ereignis einen historischen Sinn, auch wenn dieser Sinn für andere nicht akzeptabel war. Dieser Sinn verknüpft die Staatsgründung mit der Katastrophe. Die Sprache der Unabhängigkeitserklärung Israels erklärt das eindeutig: Es ist eine politische, säkulare und zugleich eine theologische, sakrale Sprache.

Wenn Israel der Anfang der jüdischen Erlösung sei, trifft die Kritik an der Politik Israels auch diese Erlösung. Die will Said nicht hinnehmen. In der kausalen Verknüpfung von Katastrophe und Erlösung sieht er eine westlich-jüdische Ideologie, die von den Palästinensern nicht akzeptiert werden kann. So heißt dann auch das zweite Kapitel seiner Studie *The Question of Palestine* »Zionismus vom Standpunkt seiner Opfer«. Hier kehrt Said die Opfer-Täter-Rolle um. Die Juden sind Täter, die Palästinenser Opfer. Auch wollte er seine eigene Existenz eines an einer der renommiertesten Universitäten der Welt lehrenden Professors für Literaturwissenschaften auf die Existenz und das Selbstverständnis der Palästinenser selbst übertragen. Die Palästinenser sind keine orientalischen Barbaren, die sich ungerechtfertigt der Modernisierung der europäischen Juden widersetzen, sondern Menschen, die zurückschreiben, sich wehren, zurückdenken, die ihre eigene Welt jenseits der orientalistischen Zuschreibungen des Westens haben und das gleichzeitig mit Hilfe der westlichen Epistemologie des Humanismus und der Menschenrechte tun. Und wie der klassische Postkolonialismus den Essentialismus als Strategie benutzte, sehen wir bei Said und Theoretikern, die nach und mit ihm schreiben, einen strategischen Universalismus. Die Kritik am Westen wird mit den westlichen humanistischen Pflugscharen bearbeitet. Und nicht nur westlich, Said ist es auch wichtig, sich auf jüdische Theoretiker wie Theodor W. Adorno und Erich Auerbach zu berufen.[148] Er will das Exil und die Zerstreuung als authentisch jüdische Erfahrung begreifen, als Gegenmodell zur zionistischen Souveränität. Said sieht sich auch in der Tradition von Frantz Fanon, den er nicht als Theoretiker der Gewalt liest, sondern als radikalen Humanisten.[149] Für Said ist Fanon ein Theoretiker der Befreiung und kein Anhänger der nationalistischen Unabhängigkeit. Und diese Befreiung geht in Saids Augen von einem radikalen Humanismus aus. Bei Said ist Fanon ein völlig anderer Theoretiker als bei Hannah Arendt. Said sieht bei Fanon die epistemologische Revolution und nicht den bewaffneten Kampf. Die Dekolonisierung verwandelt er in eine literarische Theorie des Postkolonialismus. Die Texte der Dekolonisierung verwandeln sich von politischen Manifesten in theoretische Schriften des Postkolonialismus, die dann wieder als politische Schriften des Nahostkonflikts gelesen wurden und werden. *The Question of Palestine* aus dem Jahre 1979 ist ein gutes Beispiel dafür: ein in der Tat politischer Text, der nicht zuletzt die Weichen für die Debatten in Deutschland vierzig Jahre später stellt. Das Buch erscheint zwei Jahre, nachdem Said in den Palästinensischen Nationalrat, das damalige Exilparlament, gewählt wurde. Weil er sich mit der Führung der PLO überworfen hatte, gab er 1991 sein Mandat zurück. Er war nicht nur Theoretiker, sondern aktiv am palästinensischen Befreiungskampf beteiligt, aber in erster Linie Theoretiker, und wenn die Politik der PLO nicht mehr mit seinen Theorien übereinstimmte, war ihm die Theorie wichtiger.

Die Thesen der *Question of Palestine* klingen bis heute nach: Antizionismus ist kein Antisemitismus, die Erinnerung an den Holocaust dient der israelischen Seite und nimmt so viel Raum ein, dass das Leiden der Palästinenser dahinter verschwindet.

Den Zionismus den kolonialistischen Bewegungen zuzurechnen war im Jahre 1979 ungewöhnlich. Said erzählt die Geschichte des Nahen Ostens aus der Perspektive der Palästinenser. Für ihn ist die Geschichte des Nahen Ostens die Geschichte eines europäischen Kolonialprojektes. Die Berufung der Juden auf ihr historisches Recht, in Israel zu leben, gilt ihm nur als ideologischer Vorwand. Er betont, dass die zionistische Ideologie eine typisch kolonialistische Idee ist, die von der Fortschrittlichkeit des Westens ausgeht: Die Juden des Westens verkörpern demnach den Fortschritt, sie wollen das »wilde« Land des Nahen Ostens zivilisieren, wofür ihnen die Kolonisierten dankbar seien. Die so genannte europäische Judenfrage wird durch den jüdischen Kolonialismus auf Kosten der eingeborenen Araber gelöst, argumentiert Said. Er liest die Geschichte des Zionismus aus arabischer Perspektive und lehnt den historisch begründeten Anspruch der Juden auf das Land ab. Der Begriff der »De facto«-Apartheid und der Bezug zu Südafrika tauchen hier auf.[150] Auch sieht er die Kibbuz-Bewegung, im Selbstbild Israels die stolze Errungenschaft kollektiver Siedlungen, als brutalen Ausdruck einer Politik der Apartheid. Damit entwich auch der Geist des Apartheidbegriffs aus der Flasche, und die Verknüpfung von Südafrika und Israel und Apartheid und Besatzung wurde bis heute zum integralen Teil des Diskurses über Israel.

Said fragt seine Leser, ob sie sich vorstellen können, wie sich die arabischen Bewohner bei der Ankunft der Zionisten fühlten. Er ist sich der jüdischen Katastrophe des Holocaust bewusst, verknüpft sie aber mit dem Leid der Palästinenser und öffnet damit die Debatte der Vergleichbarkeit der Erfahrungen historischer Traumata. Dabei geht es ihm gar nicht um Vergleiche, auch nicht um multidirektionale Erinnerung. Als politisch engagierter Palästinenser weiß er von der Unversöhnlichkeit der Erinnerungen. Immer wieder schreibt er, dass er die Juden versteht, denen Israel eine Garantie und Sicherheit im Falle zukünftiger Katastrophen bedeutet. Und er bedauert, dass viele Juden die Palästinenser als Wiederkehr der Vergangenheit erleben, was einer Katastrophe für beide Völker gleichkommt.[151] Said versuchte in dieser Zeit auch, den palästinensischen Befreiungskampf mit universalen Begrifflichkeiten der Menschenrechte zu verknüpfen, und setzte sich auch für einen gewaltfreien Widerstand ein.[152] Diese Gewaltfreiheit verlangte eine andere Interpretation von Fanon, Said musste ihn eher als einen Theoretiker der Identität und des Humanismus lesen und weniger als den Propheten der gewaltvollen revolutionären Apokalypse. Wie Max Weber schon gegen Ende des Ersten Weltkriegs zeigte, kann der Philosoph sehr wohl den Mut zur Wahrheit zeigen, für den politischen Kampf ist das nicht wirklich möglich.[153] Auch diese Wende schwingt bis in die heutigen Debatten über Israel und den Nahostkonflikt mit. Said geriet immer wieder in Konflikt mit der politischen Führung der Palästinenser unter Jassir Arafat. Wie viele vor ihm, und auch Fanon ist hier ein gutes Beispiel, wollte er der philosophische Berater von »Königen« sein, die sich um ihre Philosophen oder Propheten wenig kümmerten. Denn ihnen ging es nicht um postkolonialistische Theorie, sondern um unauflöslichen politischen Kampf. Sowohl der Terror des algerischen Kampfes gegen Frankreich, der ja nicht aus der Geschichte auszublenden war, als auch der revolutionäre Elan vieler Gruppen spielten eine zentrale Rolle, aber der Schauplatz war nun Israel und der Nahe Osten.

Die Unversöhnlichkeit der politischen und epistemologischen Perspektiven kann auch durch einen Austausch zwischen dem amerikanischen jüdischen politischen Theoretiker und Philosophen Michael Walzer und Edward Said beleuchtet werden. Walzer wurde wie Said im Jahre 1935 als Sohn jüdischer Einwanderer in New York City geboren, wo auch Said und Hannah Arendt lebten. Walzer war lange Jahre der Herausgeber der Zeitschrift *Dissent*, schrieb mehrere Bücher über politische Theorie und Kommunitarismus und auch über die jüdische politische Tradition.[154] Er verstand sich als jüdischer Partikularist, der aus seinem Partikularismus keinen Hehl machte, aber diesen Partikularismus als ein universales Phänomen betrachtete. In seinen Büchern wollte er die jüdischen Wurzeln der Gerechtigkeit erforschen. 1985 erschien *Exodus and Revolution*.[155] Es handelt von der jüdischen Sklaverei in Ägypten, dem Exodus und dem Weg von der Sklaverei in die Freiheit, an den jedes Jahr das Pessachfest erinnert. Walzer geht es aber nicht um eine religiöse Interpretation des 2. Buches Mose, sondern um jüdische Emanzipation, kollektive Verantwortung und auch um die Rolle der Vereinigten Staaten für diese jüdische Emanzipation.[156] Er liest das Buch Exodus als eine Geschichte der Revolution, der Freiheit, der säkularen Erlösung. Damit wird die Geschichte auch zum zionistischen Mythos der jüdischen Befreiung und Unabhängigkeit. Wie bei Arendt spürt man bei Walzer eine große Dankbarkeit, dass die USA den Juden eine echte Emanzipation ermöglichten.[157] Walzer positioniert sich auch gegen einen messianischen Zionismus, der von religiösen Heilserwartungen getragen wird. Sein Zionismus ist liberal und pragmatisch, er nennt ihn »Exodus-Zionismus« und stellt die zionistische Bewegung damit in den größeren Zusammenhang mit anderen Freiheitsbewegungen. Er setzt sich für eine Zweistaatenlösung ein und akzeptiert selbstverständlich Israels Recht auf Existenz. Es ist fast schon eine spiegelverkehrte Geschichte des Kolonialismus. Für Walzer ist das Buch Exodus ein erbaulicher Text, der den Freiheitswunsch der Israeliten in das moderne jüdische Bewusstsein ruft und der ihnen hilft, gegen Verzweiflung und Sklaverei zu kämpfen. Auch das Datum der Veröffentlichung seines Buches ist bedeutsam, denn es geht nicht nur um die israelische Besetzung des Westjordanlands von 1967, sondern auch um den Libanonkrieg vom Juni 1982, der noch frisch in Erinnerung war. Walzer wollte auch an die positiven Seiten des Zionismus erinnern. Und er argumentierte aus der Position der politischen Gleichheit und Anerkennung der Juden in den USA. Nach der Veröffentlichung von Walzers Buch entbrannte zwischen ihm und Edward Said eine Debatte.[158] Said liest Walzers Buch als einen ideologischen Versuch der zionistischen Rechtfertigung, er aber will vom Standpunkt der Kanaaniter die Geschichte des Exodus schreiben. Legitimierende Argumente des Zionismus sind auch die göttliche Verheißung, wie man sie aus der Schrift kennt. Der Exodus, der Auszug aus Ägypten, und die Eroberung des Landes sind dafür ein wichtiger Baustein. Said schreibt sichtlich verärgert über Walzers jüdische und westliche Art und Weise, revolutionäre Politik aus dem 2. Buch Mose abzuleiten. Er lehnt seine Prämisse ab, dass die Israeliten ein unterdrücktes Volk waren. Für ihn ist die Sklaverei in Ägypten ein historisch nicht belegbarer Mythos. Deshalb – so Said – kann aus ihm keine Heilsgeschichte abgeleitet werden. Für Said ist das Buch Exodus die Geschichte einer Gruppe gewaltvoller Sektierer, die sich das Land aneignet. Said sieht in dem Buch eine westliche Rechtfertigung des Kolonialismus, eine Rechtfertigung des Zionismus und eine Rechtfertigung von Walzer selbst, der sich hinter einer liberalen Fassade verbirgt. Er spricht ihm jegliche Form progressiver Politik ab. Dabei zitiert er Walzers frühere Arbeiten über Albert Camus, der sich gegen den Terror in Algerien ausgesprochen habe. Said sieht in Camus wie auch in Walzer Handlanger des französischen beziehungsweise israelischen Kolonialismus. Und er wirft Walzer vor, die Kanaaniter genauso zu ignorieren wie die Palästinenser. Weil er als Jude über Israel und jüdische Angelegenheiten schreibt, glaube er, sich einen epistemologischen Vorteil verschaffen zu können. Walzer schreibe aus der Position der Sieger und nicht aus der Position jener, die keinen Staat haben. Und schließlich endet Said damit, dass der Widerstand der Kanaaniter, also der Palästinenser, dadurch nicht gebrochen werden kann.

Walzer antwortet darauf sichtlich verärgert. Er behauptet, dass Saids Anklagen gegen ihn nichts mit ihm zu tun hätten, dass Said nur das Feindbild eines unterdrückenden kolonialistischen Zionisten schafft, um anzugreifen zu können. Freilich gibt er zu, dass er aus einer jüdischen Perspektive heraus argumentiert, was bedeutet, dass ethnische Gemeinschaften Grenzen brauchen und damit auch ein Recht auf Selbstbestimmung haben. Er plädiert für die Zweistaatenlösung und die Teilung Palästinas. Wir sehen in dieser Debatte zwei partikulare Erzählungen, die sich aber als universell verstehen. Said greift in seinen Arbeiten zwei wesentliche Elemente der Legitimation des Staates Israel an, die Legitimation des historischen Rechts durch die Bibel und die Legitimation des erlittenen Völkermords durch den Holocaust. Und er berührt damit auch einen wesentlichen Punkt der jüdischen Theologie und des jüdischen Selbstverständnisses, nämlich die Erfahrung des Exils und der Diaspora, die Said universalisiert. Heute verbindet man mit »Diaspora« Aufbruch, Postkolonialismus, Hybridität, Kosmopolitismus, Migrationen, Mobilität und weniger die jüdische Lebenswelt.[159]

Bei dieser Debatte bleibt ständig im Hintergrund, dass das Konzept der Souveränität des israelischen Staates die jüdische Vision des Lebens in der Diaspora in Frage stellt, eine Vision, mit der sich Said wie später auch Mbembe identifizieren wollen. Daher verstärkt Said auch seine Kritik an Israel als ein europäisch ethnonationales, wenn nicht sogar kolonialistisches Projekt. Diese Kritik gilt in erster Linie der Ausübung jüdischer politischer Souveränität und steht daher nach Saids Meinung nicht unter Antisemitismusverdacht. Die Kritik gilt der gewaltsamen Landnahme der Zionisten. Gewalt taucht hier wieder als Schlüsselbegriff auf, denn die Idee eines Staates für Juden im Nahen Osten konnte nur mit Gewalt durchgesetzt werden. Die Idee eines »jüdischen Staates« freilich – eines Staates, in dem Juden und die jüdische Religion Privilegien genießen – ist für viele Kritiker, die Israel weder theologisch noch historisch aus der jüdischen (und auch deutschen) Situation verstehen wollen, schwer zu ertragen – aus der Sichtweise der Palästinenser natürlich noch weniger.

Offenbar arbeiten Walzer und Said mit der Rhetorik des Verdachts: Die Vorwürfe gründen auf der Unterstellung, das Gesagte sei nicht das Gemeinte. Auch darin erinnert die Debatte von 1986 an die Debatte von 2020. Am Ende betont Walzer, dass er nationale Befreiung in der Tat als befreiend sieht, und wirft Said vor, dass er nicht imstande sei, den Zionismus differenziert zu betrachten. Wir drehen uns im Kreis des Gesagten und des Nichtgemeinten. Es gilt daher nicht, wenn Said und Achille Mbembe (fast 35 Jahre später) von sich behaupten, keine Antisemiten zu sein. Said hingegen argwöhnt, der Antisemitismusvorwurf diene nur dem Interesse Israels, legitime Kritik zum Schweigen zu bringen. Im Bezugsrahmen des »Kolonialismus« sind Israelis weiße Siedler und die arabische Bevölkerung von den Kolonialisten ausgebeutete Menschen, deren Ausbeutung und Ausgrenzung auf rassistischer Diskriminierung beruhen. Said wiederholt auch, dass das Buch Exodus für den Zionismus ein westliches Rechtfertigungsargument liefert und der Enteignung eine biblische Legitimation verleiht.

Er erkennt die historische Rechtfertigung durch die Bibel auf das Land nicht an und wirft Walzer vor, dass er keine Ahnung von Unterdrückung habe. Walzer wiederum wirft Said vor, dass er sich nicht vom Terror distanziere, und Said beginnt, Walzer die Opfer tödlicher Gewalt aufzuzählen. Wie viele vor und nach ihnen drehen sie sich argumentativ im Kreis. Saids Argumentation entstammt einer kritischen politischen Semantik, die sich der Emanzipation und dem Universalismus verpflichtet sieht, also genau den gegenteiligen Wissensstrukturen des Zionismus, der gerade aus der Kritik der Emanzipation und des Universalismus entspringt. Dass auch der arabische Postkolonialismus Saids partikular ist, wird in der Debatte übersehen, weil der Universalismus bewusst als Strategie eingesetzt wird. Zionismus und Israel verneinen den universalisierenden Antrieb der Emanzipation, so Said. Das stimmt, aber auch Saids eigene postkolonialistische Moral entstand aus der Kritik am universalen Anspruch der Aufklärung und der Emanzipation. Said spricht von einem nichtexistierenden Staat Palästina und den staatenlosen Palästinensern. Seine antagonistische Lesart des Zionismus kehrt die Frage nach Täter und Opfer um. Die Palästinenser sind die neuen staatenlosen Juden. Damit werden Palästinenser zu neuen Juden, als Metaphern für Exil und marginale Existenz. Die souveränen Juden Israels haben sich dieses »Privilegs« beraubt.[160] Said war sich dieser Umkehrung der Metapher des Juden durchaus bewusst. Fast könnte man meinen, dass er einen Paradigmenwechsel in der Erinnerungspolitik vollziehen will, wobei die Erinnerung an das historische Leiden der Juden nun mit dem Leid der Palästinenser ausgetauscht wird.

Und 2000 war dann auch das Jahr, in dem Edward Said mit Jean-Paul Sartre abrechnete, der eigentlich politisch auf seiner Seite stehen sollte. Said erinnert sich an ein Treffen mit Sartre

1979 in Michel Foucaults Wohnung in Paris. Für Said war Sartre ein Anhänger des Zionismus, der wegen des Holocaust Schuldgefühle gegenüber Juden hatte.[161] Said schreibt in seinen Erinnerungen an dieses Treffen, dass er von dem Treffen Sartres mit Fanon wusste, und kann seine Enttäuschung über Sartre nicht verheimlichen: »Gone forever was that Sartre.«[162] »Dieser Sartre« war der Sartre, der das Vorwort für Fanon schrieb und der in den Augen Saids dessen Einsatz für Algerien auf die Situation der Palästinenser ausweiten sollte. Es war schwierig für Said zu verstehen, dass Sartre wohl hin- und hergerissen war zwischen seinem Einsatz für den algerischen Befreiungskampf gegen Frankreich und seiner zeitweiligen Sympathie für den Zionismus als eine Reaktion der Juden auf die Gräuel der Nationalsozialisten. Vermutlich hatte Claude Lanzmann Sartre beeinflusst.[163] Im Hintergrund bleibt dann aber doch die Frage, inwieweit der europäische Antisemitismus ausreicht, um Entwicklungen außerhalb Europas zu verstehen. Damit stellt Said von palästinensischer Seite den Zusammenhang zwischen der so genannten europäischen »Judenfrage« und dem Konflikt im Nahen Osten her und sieht sich durch Hannah Arendt bestätigt. Für ihn hatte Arendt eine »double vision«, weil sie verstand, dass sich die Lösung der Judenfrage nachteilig auf die palästinensischen Flüchtlinge auswirke.[164] Said stellte auf diese Weise mit Arendt einen direkten Bezug zwischen Europa und dem Nahen Osten her, ohne den Umweg über Afrika zu gehen. Said ging es mehr um diesen konkreten Konflikt als um die große Frage des Kolonialismus. Aber er verstand es auch, den Holocaust als ein Produkt der Moderne zu verstehen und damit die Möglichkeit zu eröffnen, die Grenzen des Partikularismus neu auszuhandeln. Ein Weg dazu war die Bereitschaft israelischer Intellektueller, von Said inspiriert, Holocaust und die Vertreibung der Palästinenser und die Entstehung des Flüchtlingsproblems (auch Nakba genannt) gemeinsam zu lesen.[165] Die Politik wird hier über den universalen Begriff des Traumas verstanden. Es geht dabei um gegenseitige Anerkennung des Leidens und die Universalisierung des Holocaust. Aber im Hintergrund steht dann natürlich auch die politische Frage des Boykotts gegen Israel und dessen Legitimität.[166]

Im August 2000 gab Said in New York dem israelischen Journalisten Ari Shavit ein Interview.[167] Man konnte das als eine Geste der Annäherung verstehen – aber nicht nur. Das Gespräch zwischen einem Israeli und einem Palästinenser ist auch ein Gespräch zwischen zwei partikularen Einstellungen, die sich, anders als im amerikanischen Kontext, nicht bemühen müssen, universal zu sein. Beide sind sich des Partikularismus des anderen mehr als bewusst. Said »spielt« aber auch gleichzeitig mit dem israelischen Lesepublikum. Der bekannteste palästinensische Intellektuelle der letzte jüdische Intellektuelle, wie er von sich behauptete? Vielleicht noch ein Beispiel eines unmöglichen Lebens? Oder denkt Said dabei an das postkolonialistische Konzept der Mimikry, die begehrliche Nachahmung des Kolonisators durch die Kolonisierten?[168] Am Anfang des Gesprächs bemerken die beiden, dass die Jerusalemer Nachbarschaft, in der Shavit lebt (Talbieh), genau der Ortsteil ist, wo Said aufwuchs. Die erste Frage Shavits betrifft ein Ereignis, das einige Monate zuvor, im Juli 2000, stattfand. Die Bilder davon gingen durch die Presse, einige wunderten sich, andere frohlockten. Said war im Libanon; einige Monate vorher, im Mai 2000, hatte sich die israelische Armee aus dem Süden Libanons zurückgezogen. Das wollte Said feiern, hielt sich an der Grenze zu Israel auf und wurde dabei fotografiert, wie er einen Stein in Richtung Israel schleuderte.[169] Said betont die Komik in der Situation. Es war kein Akt des Widerstands, sondern eine komödiantische Aktion, wie er behauptet: Said, der Intellektuelle, Professor für Literaturwissenschaft an der Columbia University in New York, wirft einen Stein in Richtung Israel. Er bezeichnet es selbst als »karnevalesk« und nicht wirklich als Geste des politischen Widerstands.[170] Er erklärt Shavit den Konflikt als eine tragische Symphonie. Das Leiden der Juden schwingt dabei mit, aber der israelische Kolonialismus ist auch für das Leiden anderer verantwortlich. Er verlangt von den Juden Israels, diese tragische Verstrickung anzuerkennen. Und er besteht gleichzeitig darauf, dass der Konflikt asymmetrisch ist. Für Said besteht Klarheit, wer die Opfer und wer die Täter sind. Es wird ein freundliches Interview zwischen bekannten Fremden, aber auch Feinden, die Positionen bleiben unversöhnlich. Die israelischen Praktiken repräsentieren für ihn das Böse, und er fragt Shavit auch, wie er sich wohl deutschen Nationalsozialisten gegenüber fühlen würde. Shavit ist offensichtlich über diesen Vergleich nicht nur überrascht, sondern auch empört. Nun zieht Said die Parallele zu Südafrika und zur Apartheidpolitik. Und er rät Shavit und den israelischen Juden, sich nicht ausschließlich über ihr Judentum zu definieren. Mehr noch, er schlägt Juden sogar vor, sich als autonome Minderheit im arabischen Raum zu definieren. Daraufhin zu sich selbst befragt, sieht er nur New York als Lösung, erklärt auch, warum er eine akademische Position in Ramallah ablehnte. New York symbolisiert für ihn – wie auch für Hannah Arendt – die Möglichkeit, heimatlos verortet zu sein. Dabei zitiert Said Adorno und dessen ambivalenten Heimatbegriff. Er glaubt nicht an die Idee des eigenen Ortes. Shavit scheint verwundert und fragt ihn: »Sie hören sich sehr jüdisch an«, worauf Said antwortet: »Natürlich, ich bin der letzte jüdische Intellektuelle [...], der wahre Anhänger von Adorno, ein jüdischer Palästinenser.« Dann ist das Interview beendet.

Dieser letzte Satz, in Richtung eines israelischen Lesepublikums gerichtet, ist wohl ein weiterer karnevalistischer Stein, den Said in Richtung der liberalen Israelis wirft. Dahinter steckt wohl auch eine alternative Erklärung, was es bedeutet, jüdisch zu sein. Das Exil, nicht die Souveränität ist dabei entscheidend. Für Said liegt gerade in der Befreiung von Staat und Territorium eine ethische Macht, die durchaus als Gegenmacht zur staatlichen Macht betrachtet werden kann. Aber diese Einstellung liegt natürlich auch quer zur palästinensischen Politik, die auf einen eigenen Staat hinarbeitet. Für Said ist es selbstverständlich, dass mit der jüdischen Souveränität im Prinzip etwas nicht stimmt, aber am Ende ist er nicht imstande, seine Kritik der Souveränität zu universalisieren. Sie richtet sich nur gegen die jüdische Souveränität. Deshalb ist es ihm wichtig, sich selbst als jüdischen Intellektuellen zu bezeichnen. Wie Achille Mbembe und andere Kritiker der jüdischen Souveränität konzentriert er sich auf die Seite des Judentums, die das Exil nicht als Strafe, sondern als Chance und Möglichkeit für eine Ethik jenseits nationalstaatlicher Souveränität ansiedelt. Er möchte die Palästinenser in das Nachdenken über Juden, den Holocaust und den Zionismus integrieren. Das heißt auch, dass er die ausschließlich europäische Sichtweise des Konfliktes nicht akzeptieren kann. Mit einer anderen Kameraeinstellung, die im Nahen Osten selbst liegt, verliert – so Said – die Gründung des Staates Israel ihre Legitimität.

Said suchte das Gespräch und den Austausch mit der anderen Seite, auch wenn seine Einstellung gegenüber Israel oft unversöhnlich blieb. Ein Jahr vor dem Interview gründete Said gemeinsam mit dem jüdischen und israelischen Dirigenten Daniel Barenboim das West-Eastern Divan Orchestra, das zu gleichen Teilen aus israelischen und arabischen Musikern besteht. Der Name des Orchesters zitiert Goethes Gedichtsammlung gleichen Namens, Inbegriff einer Weltliteratur, die auch für Weltoffenheit steht. Das blieb Said am Ende wichtig, denn trotz aller Gegnerschaft zu Israel versuchte er weltoffen zu bleiben und das durch Musik zum Ausdruck zu bringen. Said war auch Musiker und sah in der Kontrapunktik, in der Gleichzeitigkeit mehrerer Stimmen, die, unabhängig geführt, miteinander harmonieren, die Metapher seiner eigenen Biografie.[171] Am Ende seines Lebens war der politische Kampf ein ästhetischer, ja ein musikalischer, ihm wohl bewusst, dass die postkolonialistische Position eben nicht nur zeitlich, sondern auch politisch weit weg von der Dekolonisierung liegt. Die Position blieb aber zeit seines Lebens unversöhnlich, aber er gab dieser Unversöhnlichkeit einen theoretischen Rahmen. Wie sein großes Vorbild Fanon verstarb Said an Leukämie, am 25. September 2003 in einem New Yorker Hospital. Saids postkolonialistische Kontrapunkte schwingen bis heute im Diskurs über Israel mit, obwohl es oft den Anschein hat, dass der gegenwärtige postkolonialistische Diskurs die Welt eher verschließt als öffnet.[172] Und Said war sich auch der Ambivalenz des Kolonialismusvorwurfs gegen Israel bewusst.

FLUCHTPUNKTE
DER ERINNERUNG

FLUCHTPUNKT ISRAEL KOLONIALISTISCH, ANTIKOLONIALISTISCH UND POSTKOLONIALISTISCH

»Im Lande Israel entstand das jüdische Volk. Hier prägte sich sein geistiges, religiöses und politisches Wesen. Hier lebte es frei und unabhängig, Hier schuf es eine nationale und universelle Kultur und schenkte der Welt das Ewige Buch der Bücher.«[1]

So beginnt die israelische Unabhängigkeitserklärung von 1948. Es ist wie eine vorgezogene Antwort auf Said. Es ist eine gewaltige Erklärung des Selbstverständnisses des Staates Israel und wie die Gründer den Ursprung des Landes sahen. Ausdruck nationaler Leidenschaften und der Heimkehr, die durch eine lange Geschichte umschrieben wird. Nicht vom Staat Israel ist die Rede, sondern vom Land Israel, eine heilig aufgeladene Formation, in der die Theologie vor der Politik steht. Diese theologische Rechtfertigung wurde durch den Holocaust noch weiter verstärkt.[2] Ebendiese Erzählung wird vom Gegendiskurs Saids abgelehnt. In diesem ist der Staat Israel eine europäische Insel in einem außereuropäischen Raum. Darum ging es auch in der Walzer-Said-Debatte. Edward Said transponierte den antagonistischen und politischen Diskurs in einen akademischen, postkolonialistischen Diskurs. Es ging dabei auch um ethische Fragen der Legitimität, des moralischen Anspruchs auf Solidarität der kollektiven Verantwortung für die Übel der Welt. Soll der Holocaust oder der Kolonialismus als Archetyp für das größte Verbrechen der Geschichte interpretiert werden?[3] Auch hier ist die Betrachtungsweise entscheidend. Welche Möglichkeiten gibt es, dieselbe Wirklichkeit zu beschreiben? Natürlich kann man den Holocaust als das ultimative Übel in der europäischen Erinnerung verstehen, denn es war in der Tat das schlimmste Verbrechen, das sich in der noch lebendigen Erinnerung in Europa ereignet hat. Dass es so nicht in der übrigen Welt erinnert wird, vor allen Dingen in der Welt, die Massensterben und Zwangsarbeit des Kolonialismus erlebt hat, liegt genauso nahe. Für jeden Blickwinkel war die Haupterfahrung des Leidens der anderen ein marginales Problem und hinterließ im jeweiligen Bewusstsein der anderen nur schwache Spuren. Wenn diese beiden Erzählungen aufeinandertreffen, brechen sie implizit das, was der andere als ein großes intellektuelles Tabu betrachtet, sie verringern nämlich die Bedeutung dessen, was der andere als das ultimative Verbrechen in der modernen Geschichte betrachtet, indem sie ungerechtfertigte Vergleiche verwenden. Jede Seite beschuldigt dann auch die andere Seite der Geschichtsverfälschung. Es sind andere Traumata, andere *Nie wieder*, die sich meist auf parallelen Wegen der Erinnerung bewegen, sich treffen können, aber nicht unbedingt treffen müssen. Mit der Globalisierung menschlicher Sensibilitäten werden nun die Verbrechen des Westens gegen den Süden, die ausbeuterische und mörderische Politik der weißen Europäer gegen Nichtweiße und Nichteuropäer Teil der Erinnerungen an erlittene Grausamkeiten. Erinnerungen können als konkurrierende »Entweder-oder«-Strukturen, also als Nullsummenspiel, sie können aber auch als »Sowohl-als-auch«-Strukturen verstanden werden, als Erinnerungen, die sich gegenseitig verstärken und gemeinsam gelesen werden, multidirektional also. Eine dritte Möglichkeit – die hier eingeführt wird – sind Fluchtpunktperspektiven des Erinnerns.

Die Linien der Erinnerung an Holocaust und Kolonialismus laufen parallel, sind scheinbar nah, und doch treffen sie sich vielleicht in der Wahrnehmung der Beobachter. Es sind parallele Beschreibungen aus bestimmten Perspektiven. Gemeinsame Beschreibungen von Holocaust und Kolonialismus sind daher möglich, können so artikuliert werden, um Zusammenhänge im Bewusstsein herzustellen, die tatsächlich existieren oder auch nicht. Kausalitäten können hier nur deklariert, aber sicher nicht bewiesen werden. Aus einer kolonialistischen Perspektive wird der Holocaust in einem anderen Geschichtszusammenhang verstanden, nicht mehr aus Sicht der jüdischen Geschichte und des Antisemitismus, sondern aus dem scheinbar größeren globalen historischen Zusammenhang der Übel der Moderne und des Westens.

Aus dieser Perspektive können dann weiterhin andere historische Schlüsse gezogen werden, die dann auch das jüdisch-zionistische Projekt als kolonialistisches darstellen. Damit wird dann auch die Legitimation Israels in Frage gestellt. Nicht um historische Wahrheit geht es hier, sondern um Zuschreibungen. Kolonialismus gilt als eines der historischen Übel des 19. Jahrhunderts und ist auch eng mit den rassistischen Ideologien des 19. Jahrhunderts verknüpft. Ob dann Kolonialismus als historischer Begriff für das Verständnis der jüdischen Geschichte des Holocaust und der Staatsgründung Israels passt oder nicht, ist nicht Teil der Debatte. Es geht eher um die moralischen Bewertungen historischer Traumata. Während die Zionisten die Eroberung des Landes als Rückkehr betrachteten, wird hier der Blickwinkel der Eroberten selbst angewendet, die mit dem Begriff der Rückkehr natürlich nicht viel anfangen können. Für sie war es in der Tat Eroberung, Unterdrückung, Flucht und Vertreibung. Diese sich gegenseitig ausschließenden Blickwinkel haben fatale politische Folgen und führten zu ständigen bewaffneten Auseinandersetzungen und Kriegen. Der Konflikt wurde nicht von verschiedenen Narrativen begleitet, sondern von ständig ausgeübter Gewalt, die die Narrative dann weiter verfestigte und legitimiert. Das ist einer der wesentlichen Unterschiede zu einem exilierten Minderheitsdenken, das ethisch argumentieren kann, weil sich zum Beispiel Juden in der Diaspora nie über Fragen der militärischen Gewaltausübung Gedanken machen mussten. Ohne Gewalt freilich keine Souveränität. Das Verhältnis von Juden und Arabern im Nahen Osten wird auch durch diese Gewalt konstituiert. Israel vergrößerte sein Territorium in den Kriegen von 1948 und 1967, die palästinensische Seite verlor mehr und mehr an Boden und Heimat, ein Großteil der palästinensischen Bevölkerung wurde zu Flüchtlingen und Staatenlosen, was wiederum auf ihrer Seite die Selbstwahrnehmung als Opfer des Kolonialismus verstärkte. Beide Seiten beschreiben diese Wirklichkeiten aus verschiedenen historischen Erfahrungen und verschiedenen Erinnerungsstrukturen, die sich nicht treffen und auch nicht treffen können. Es ist aber auch dieses Ausschließlichkeitsdenken der gegenseitigen Narrative, das im Widerspruch zur konkreten Politik der Verstrickung der ethnischen Gruppen steht. Das kolonialistische Narrativ muss als Ziel die Dekolonisierung haben. Auf der anderen Seite sehen sich die Juden in Israel als in ihrem Land lebende Nation, sind ihrer Selbsteinschätzung nach Autochthone, auch wenn sie zugewandert sind. Für sie ist der Begriff der Dekolonisierung eine Kampfansage an ihr Leben und ihre Lebenswelten. Mehr als das, das Kolonialismusargument ignoriert auch die Verknüpfung des europäischen Antisemitismus mit dem Zionismus, was dann wieder zum Antisemitismusvorwurf gegenüber denjenigen führt, die den Zionismus als Kolonialbewegung sehen.

Auch gibt es in der jüdischen Selbsteinschätzung kein

»Mutterland«, wohin man zurückkehren könnte. Das Mutterland ist gleichbedeutend mit dem besiedelten Land. Menschen, die nicht zum Selbstverständnis des jüdischen Staates gehören, aber dort innerhalb und außerhalb der anerkannten Grenzen Israels leben, beinhaltet die andere Seite der historischen Erzählung. Ein dialogisches oder multidirektionales Gedächtnis kann zwar moralisch eingefordert werden, ist aber durch den Konflikt so gut wie unmöglich gemacht. Hier steht die Politik der Moral im Weg. Auch deshalb können widersprüchliche historische Narrative nicht einfach durch scheinbare Multidirektionalität miteinander verknüpft werden, noch sollte man sie gegeneinander ausspielen. Beides steht historischer Urteilskraft im Weg.

Der Anfangspunkt der jüdischen Souveränität in Israel aus dem Jahre 1948 wird von einer großen Zahl der arabischen Bevölkerung in Israel als Tag der Katastrophe erinnert. Andererseits erinnert die Anwesenheit der arabischen Bevölkerung viele Juden Israels daran, dass die jüdische Souveränität nicht selbstverständlich ist und dass der »jüdische Staat« mit den Nichtjuden in seiner Mitte umgehen muss. Die Ikone »1948« steht für die widersprüchlichen Erinnerungen: Befreiung und Erlösung aus der Katastrophe des Holocaust, Rückkehr aus dem Exil und die Konstituierung der Ausübung jüdischer Souveränität mit eigener Sprache und Fähigkeit der Gewaltausübung auf der einen Seite, zerstörte palästinensische Dörfer, Vertreibung und ein Leben als Flüchtling oder Minderheit auf der anderen Seite. Diese Verstrickungen der Bilder von Geflüchteten auf beiden Seiten tragen in sich die verschiedenen Beschreibungen der Wirklichkeit. Für die Juden Israels ist das Bild des europäischen Kolonisators kaum zu ertragen, weil sie am meisten unter europäischer und rassistischer Politik gelitten haben und der Versuch unternommen wurde, sie als Kollektiv in Europa zu vernichten. Der aus seinem Dorf vertriebene palästinensische Bauer sieht eine andere Person, eine Person der israelischen Armee mit der Waffe in der Hand, die souverän und machtvoll Gewalt ausübt und ihn von Westen nach Osten treibt. Für die Juden ist das Land auch eine West-Ost-Bewegung, aber mit den Judenmördern im Rücken, die sie vor sich hertreiben.

Es ist daher für die Kritiker Israels wichtig, die Vernichtung der europäischen Juden aus dem jüdischen Kontext zu reißen, das Ereignis zu universalisieren und in einer komplexen Geschichte des Kolonialismus selbst einzuarbeiten, während die Juden Israels auf die Besonderheit des Ereignisses für ihr Kollektiv bestehen müssen, um, wenn nötig, ihrer Gewaltausübung die notwendige Legitimation zu garantieren. Dabei geht es um mehr als um die Universalisierung oder Partikularisierung eines historischen Ereignisses. Eine wissenschaftliche Einschätzung des Holocaust spielt hier keine Rolle, es geht um eine moralische Bewertung und deren politische Konsequenz. Oft trifft man dann auch auf Argumente, dass die Juden eigentlich keine Nation seien, sondern »nur« eine Religionsgemeinschaft, die von der zionistischen Ideologie als Nation konstruiert wird. Das ist ein interessantes »Konstruktionsargument«, denn wenn nach soziologischem Konsens Nationen in der Tat konstruiert und imaginiert werden, sollte das eigentlich auf alle Nationen zutreffen.[4]

Ein Beispiel dafür ist Joseph Massad, der Arabische Politik an der Columbia University in New York unterrichtet. Massad ist ein 1963 in Jordanien geborener Palästinenser. In seinen Büchern schreibt er über den rassistischen und kolonialistischen Charakter Israels.[5] Seine akademischen Veranstaltungen stoßen oft auf den Widerstand jüdischer und proisraelischer Gruppen, die behaupten, von Massad eingeschüchtert zu werden. Massad und seine Anhänger sprechen dann von McCarthyismus, was auf die antikommunistischen Verfolgungen amerikanischer Akademiker und Intellektueller zu Beginn der Fünfzigerjahre hinweisen soll. Es sind diese Behauptungen und Gegenbehauptungen, ja die aufgeladenen Stimmungen amerikanischer universitärer Identitätspolitik, die 2020 mit der Mbembe-Affäre in Deutschland angekommen sind. In ihrer Selbstwahrnehmung sind diese postkolonialistischen Theoretiker Kämpfer für eine alternative Beschreibung der Wirklichkeit im Nahen Osten, sie sehen sich als Kämpfer gegen ein jüdisch-israelisch hegemoniales Weltbild und verneinen daher, Israel als Befreiung eines unterdrückten Volkes zu verstehen. Dabei geht es ihnen nicht darum, intellektuelle Mauern einzureißen, sondern darum, neue aufzubauen. Jeder Widerspruch wird als Zensur oder Illiberalismus zurückgewiesen. Es ist eine Umkehrbewegung. Das zionistische Narrativ erklären sie zur Propaganda, die palästinensische Erzählung zur Wissenschaft. Dann ist Israel nicht die einzige Demokratie im Nahen Osten, wie das so oft von seinen Unterstützern betont wird, sondern eine grausame und gewaltbereite Siedlerkolonie, die beseitigt werden muss. Als politische Lösung wird dann der Begriff der Dekolonisierung benutzt, ohne jeden Hinweis darauf, wie man sich das eigentlich vorstellen solle. Ein weiteres Beispiel dafür ist der »Neo-Saidianer« Mahmood Mamdani, ein aus Indien stammender Anthropologe, der wie Said zuvor an der Columbia University in New York unterrichtete. Mamdani übernimmt Saids Argumente, um zu zeigen, dass die Juden in Israel sowohl Kolonialisten als auch Nationalisten seien. Ohne die musikalischen Zwischentöne und Kontrapunkte von Said behauptet Mamdani, dass die Juden aus dem arabischen Raum von den europäischen Zionisten auch kolonisiert wurden, ein klassisches postkoloniales Argument. Die von Albert Memmi erwähnten Probleme jüdischer Identitäten im arabischen Raum werden von ihm wohlweislich ignoriert. Es verwundert daher auch nicht, dass sein langes Kapitel über Zionismus und Israel mit einer wohlwollenden Billigung der Boykottbewegung BDS endet.[6] Mamdanis Buch wird dann zur deutlichen politischen Kampfschrift, und das, obwohl die BDS für Mamdani nicht weit genug geht. Ihm geht es um die Beendigung des zionistischen Projekts, eine Radikalisierung des Said'schen Arguments also, ohne dessen Ambivalenz aufzunehmen. Mit und nach Said wurde der politische Kampf nicht zuletzt von akademischen Zeitschriften in die Universitäten getragen und dabei sowohl akademisiert als auch politisiert. Said hat die Richtung vorgegeben, das postkolonialistische Augenmerk auf Israel zu richten.[7]

Aber auch dazu gibt es eine schon fast vergessene Vorgeschichte. 1967 war für den Nahen Osten ein Epochenjahr, in dem sich die Debatte um den israelischen Kolonialismus verschärfen sollte. Diesmal war der Schauplatz wieder Paris. Und wieder waren es Jean-Paul Sartre und Claude Lanzmann, diesmal in ihrer Funktion als Herausgeber der linken Pariser Zeitschrift *Les Temps Modernes*, die mit dem Ende der Kampfhandlungen Israels im Sommer 1967 eine Debatte initiierten, in der sich die Autoren mit der jüdischen und der arabischen Perspektive dieses Konflikts auseinandersetzen sollten.[8] Sartres Vorwort zu diesem Debattenband war allerdings sehr ambivalent verfasst, und diese Ambivalenz findet sich dann auch in den verschiedenen Beiträgen. In dieser Zeit verwandelte sich das Bild Israels nicht nur in Frankreich vom Zufluchtsland der verfolgten Juden zu einem Land mit kolonialistischem Charakter. Sartre selbst war sich in seiner Einschätzung der Lage nicht sicher, einige seiner Gedanken formulierte er vor dem Kriegsausbruch am 6. Juni, und wie auch Lanzmann fürchtete er die

Vernichtung Israels durch reaktionäre arabische Kräfte. Sartre war in diesem Dossier auch nicht bereit, zwischen Antisemitismus und Antizionismus zu unterscheiden. Jetzt hatte er die Judenvernichtung während des Zweiten Weltkriegs in seinem Bewusstsein. Das Heft war ein gutes Beispiel für die von Sartre und Lanzmann geforderte Debatte, bei der sich gegenseitig ausschließende Meinungen treffen konnten. Aber gewiss finden sich in den Essays auch parallele Argumentationen. Die Autoren gehörten durchaus dem moderaten Lager auf beiden Seiten an, sonst wären sie wahrscheinlich nicht bereit gewesen, sich an der Debatte zu beteiligen. Trotzdem blieb die Unüberbrückbarkeit der Anschauungen apodiktisch. Das gegenseitige Aufrechnen des erfahrenen Leides, das in solchen Auseinandersetzungen immer wieder aufbricht, war damals und ist auch noch heute wirksam. Das Jahr 1967 bildete eine Zäsur in der internationalen öffentlichen Wahrnehmung Israels: Der schwache Staat der Überlebenden verwandelte sich in einen grausamen Staat der Eroberung und Kolonisierung. Dieses Bild war nun einfacher zu vermitteln.

Die Debatte in dem von Sartre herausgegebenen Band wird mit einem Aufsatz des marxistischen Historikers und Orientalisten Maxime Rodinson, »Israël, fait colonial«?, eröffnet.[9] Rodinson, selbst jüdisch, wurde 1915 in Marseille geboren (wo er auch 2004 verstarb). Seine Eltern überlebten den Holocaust nicht. Er selbst widmete sich den arabischen und islamischen Studien und hatte das Glück, den Zweiten Weltkrieg in Damaskus als Student am Französischen Institut zu verbringen. Rodinson versucht in seinem Beitrag die Geschichte des Zionismus mit arabischen Augen zu lesen. Sein Essay ist sehr vorsichtig verfasst, er tastet sich durch das Thema, behauptet, dass der Begriff des Kolonialismus nicht essentialistisch gedacht werden solle, sondern vielmehr als Praxis, und lässt sich auch darauf ein, die zionistische Motivation nicht als kolonialistisch zu verstehen. Er versucht in der Tat die Unterschiede zwischen klassischen kolonialistischen Bewegungen und Zionismus auszuarbeiten und betont immer wieder den Ausnahmecharakter des zionistischen Projekts. Bezugspunkt bleibt bei ihm trotzdem immer Algerien.

Während Maxime Rodinson noch den nationalen Charakter des Zionismus erkennt und diesem auch deshalb zugesteht, eine nationale Befreiungsbewegung zu sein, wird das in neueren Studien zum israelischen Kolonialismus ausgeklammert. Sie arbeiten mit dem Begriff des Siedlerkolonialismus. Das neu entstandene wissenschaftliche Paradigma des Siedlerkolonialismus rückt Kanada, Australien, die USA und natürlich auch Israel in den Fokus der Betrachtungen. Im Paradigma des Siedlerkolonialismus werden dann indigene Bevölkerungsgruppen mit Palästinensern gleichgesetzt.[10] Es geht nicht um Ausbeutung, sondern um Vertreibung, Enteignung und sogar Völkermord. Ein charakteristisches Beispiel dafür ist ein aus dem Jahre 2006 stammender Aufsatz von Patrick Wolfe mit dem Titel »Siedlerkolonialismus und die Auslöschung des Eingeborenen«.[11] Wolfe schreibt hier auch, dass die Kolonisierung Palästinas ein Beispiel für Siedlerkolonialismus sei und in Bevölkerungsaustausch und Völkermord münde. Auch bemüht Wolfe direkt Anspielungen auf die Nazis wie »goyim-rein«.[12] Diese Art und Weise, über Zionismus zu schreiben, die Zionisten und daher Juden unmissverständlich in die Nähe von Nazis stellt (»goyim-rein«), sagt wohl mehr über die Agenda der Anhänger des Siedlerkolonialismus als über das Phänomenon selbst. Es geht hier unmissverständlich um das politische Projekt der Delegitimierung Israels als jüdischem Staat, die sich in akademischen Zeitschriften in die Aura der Wissenschaftlichkeit kleidet.[13]

So wurde auch zum Beispiel die Akademisierung des »Settler Colonialism« durch die Gründung der Fachzeitschrift *Settler Colonial Studies* im Jahre 2011 in Kanada abgesichert. Seit 2011 erscheinen darin immer wieder Beiträge, die Israel als »Settler Colonial« bezeichnen. Schon im zweiten Jahrgang gab es ein Sonderheft mit dem Titel *Past is Present: Settler Colonialism in Palestine*. In dieser Ausgabe wurde ein Auszug aus einer Studie veröffentlicht, die 1965 erschienen ist, zwei Jahre also vor dem Krieg und der Besetzung von 1967. Der Autor war Fayez Sayegh, der Gründer des Palestine Research Center, das im Umfeld der Palästinensischen Befreiungsfront 1965 in Beirut gegründet wurde. Noch im selben Jahr veröffentlichte Sayegh sein Buch *Zionist Colonialism in Palestine*.[14] Dass sie diesen Text von Sayegh publizierte, muss als klares Statement der Zeitschrift verstanden werden, bewusst die Grenzen des politischen Aktivismus und des wissenschaftlichen Arbeitens zu überschreiten. Es zeigt auch, dass die Rahmung des Kolonialismus für viele seiner Anhänger weniger mit den Eroberungen von 1967 zu tun hatte als mit dem zionistischen Projekt selbst. Zum politischen Kampf gegen Israels Gründung gehörte es, Israel als europäischen Fremdkörper zu beschreiben und das Land als europäisches Kolonialprojekt zu betrachten.

Mit dem Begriff des »Völkermords« wird dann auch eine der Legitimationsberechtigungen für die Existenz Israels, der Holocaust, verallgemeinert. Die Theorie des Siedlerkolonialismus kümmert sich weniger um die Frage, ob der Holocaust singulär sei oder nicht, aber sie geht natürlich davon aus, dass der Holocaust über den Begriff des Völkermords vergleichbar wird. Wenn man aber Israel »Völkermord« unterstellt, dann entzieht man ihm einen der Pfeiler seiner Legitimität. Der Siedlerkolonialismus setzt voraus, dass keine historische Formation einzigartig ist, was dann auch dazu führen soll, den Holocaust im

Vergleich zu anderen Übeln des Kolonialismus zu beurteilen. Viele der Autoren, die mit dem Paradigma des Siedlerkolonialismus arbeiten, sind auch Anhänger der BDS-Boykottbewegung, die sich wiederum in ihren Publikationen auf diese Studien beruft und somit eine Rückkopplung zwischen Wissenschaft und politischem Aktivismus schafft.[15]

Einerseits hatten die Motive des zionistischen Projekts so gut wie nichts mit dem klassischen Siedlerkolonialismus gemein, andererseits hat die Konstruktion des jüdischen Staates wohl auch nicht viel mit der klassischen postkolonialen Bewegung und Dekolonisierung zu tun.[16] Es ging der zionistischen Bewegung in erster Linie darum, aus Juden Israelis zu machen. Der arabische Blick jedoch sieht im Zionismus eher eine Erweiterung Europas nach Osten, auch weil das Land vor der Staatsgründung von Großbritannien verwaltet wurde, in einer Zeit also (1920–1948), in der die Juden in Palästina zwar keine staatliche Souveränität ausübten, aber jene Institutionen schufen, die den Übergang zur Souveränität erleichterten. Die zionistische Bewegung kann dann als Handlangerbewegung des britischen Imperialismus beschrieben werden oder gleichzeitig auch als emanzipatorische und antikolonialistische Bewegung, die sich gegen die Herrschaft Großbritanniens stemmte und die Unabhängigkeit anstrebte.

Israel als Staat und die Juden als Nation sind soziale und politische Tatsachen geworden. Der Staat ist militärisch gerüstet und bereit, Gewalt als Mittel zur Verteidigung seiner Souveränität auszuüben. Den Postkolonialisten bleibt daher nur die Anwendung akademischer und diskursiver Machtdefinitionen. Eine konstruierte Geschichte (des europäischen Kolonialismus) wird auf künftige Verstöße gegen das Gebot des *Nie wieder Kolonialismus!* übertragen und so in eine neue Art der Mobilisierungskraft verwandelt.

Geografisch liegt Israel sicher außerhalb Europas, gegründet wurde es aber in Europa. Und dort vor allen Dingen im Osten Europas. Die Kriterien seiner Staatsbürgerschaft sind osteuropäisch ethnisch geprägt. Israel definiert sich daher ethnisch, und die Kriterien für die Staatsbürgerschaft ebenso wie die Kriterien für sein kollektives Gedächtnis sind partikular, was auch so viel heißt, sich des Holocaust als eines Verbrechens gegen das jüdische Volk und nicht als eines Verbrechens gegen die Menschheit zu erinnern. Andere Vorstellungen von Staatsbürgerschaft und Gedächtnis würden verlangen, dass Israel die ethnische Grundlage aufgibt, nach der es seine Staatsangehörigen definiert. Der Vorwurf des Kolonialismus stellt diese Grundlagen des israelischen Staates in Frage. Trotzdem bleibt der Eindruck, dass es sich bei diesem Vorwurf doch eher um pädagogische Maßnahmen handelt, ein fast schon politisch hilfloses Gebaren der moralischen Überlegenheit, das dem politischen Widerstand den nötigen analytischen Rückhalt bieten soll. Dazu kommt, dass sich Israel als politische Antwort auf den Antisemitismus versteht, was auch heißt, dass das Infragestellen dieser Selbstdefinition automatisch als antisemitisch gedeutet werden kann. Das erschwert die ernsthafte politische Auseinandersetzung mit den Anhängern des Kolonialismusvorwurfes. Die beiden Beschreibungen, die Rückkehr des jüdischen Volkes in sein Land oder die europäische Invasion weißer Europäer in ein nichtweißes Land, sind Mythen, die die Identitäten der jeweiligen Anhänger bestimmen. Beide Beschreibungen betonen die Tatsachen, die ihre Ansichten bestärken, und ignorieren andere, die nicht in die Beschreibung passen. Die kolonialistische Beschreibung verkennt die jüdische Geschichte, universalisiert sie, indem sie Juden und Nichtjuden als weiße Europäer deklariert, die das Land von Grund auf veränderten und die Palästinenser zur Flucht zwangen. Das heißt aber auch, dass dieses durch das Kolonialismusbild hinterfragte israelische Narrativ der jüdischen Geschichte als Angriff auf den Zionismus selbst gesehen wird. Die zionistische Lesart betrachtet Israel als Zufluchtsstätte. Die meisten Juden dachten nach 1945, dass der Zionismus als die Ausübung jüdischer politischer Souveränität über ein gemeinsames Territorium die einzig noch lebbare politische Lösung bot. Aus einem staatenlosen Volk sollte ein Volk mit einem Staat und einer Heimat werden. Was per Definition heterogen war, nämlich jüdische Diaspora-Existenz, sollte nun homogen werden. Der Zionismus war die politische Antwort auf den Antisemitismus, deshalb sind für viele Israelis die beiden Begriffe miteinander verwoben. Es geht aber nicht nur um einen Fluchtpunkt, es geht vor allem auch um die Ausübung jüdischer politischer Souveränität, das eigene Schicksal selbst zu bestimmen, eine eigene an den Ort gebundene Kultur zu entwickeln, die eigene Sprache wieder zum Leben zu erwecken.

Hinter den oft rigiden ideologischen Bildern verbergen sich verschiedene und in der Argumentation zumeist einander entgegengesetzte historische Bilder und Beschreibungen. Das kolonialistische Narrativ beschränkt sich auf die palästinensischen Flüchtlinge von 1948, während das zionistische Narrativ sich auf die jüdischen Flüchtlinge des 19. und 20. Jahrhunderts konzentriert. Die kolonialistische Beschreibung muss natürlich auch den europäischen Antisemitismus verharmlosen, um damit auch die Verbindung zwischen Antisemitismus und Zionismus übergehen zu können. Antisemitismus und die Probleme der Assimilation machten die Juden zu Nichteuropäern. Die kolonialistische Beschreibung muss das ignorieren, weil sie sich sonst in Widersprüche verstrickt. Diese Betrachtungsweise sieht »Europa« nur als Abstraktum. Die postkolonialistische Analyse geht daher vom Nahen Osten aus.

In dieser eingeengten Sichtweise ist es dann auch möglich, den südafrikanischen Begriff der Apartheid auf Israels Politik im Nahen Osten anzuwenden. Sobald sich der Vergleich mit Südafrika festsetzt, können andere Vergleiche folgen.[17] Beide Beschreibungen bestehen auf ihren Sichtweisen, und das »richtige Sprechen« über den Konflikt ersetzt oft genug die Politik.[18]

Was nützt es also jenseits des moralischen und ästhetischen Urteils, den Zionismus entweder als kolonialistisch oder emanzipatorisch zu beschreiben? Diese sich gegenseitig ausschließenden Beschreibungen hängen auch damit zusammen, dass der israelische Staat nie eine neutrale Institution war und ist. Der israelische Staat ist für die Juden Israels die Verwirklichung eines großen Ideals der Heimat, einer Heimat, die man lange ersehnt hat und sich erobern musste – zurückgehend auch auf die europäischen Nationalbewegungen des 19. Jahrhunderts und das Prinzip des Selbstbestimmungsrechts der Völker. Das ist natürlich ambivalent, denn es gibt auch immer den anderen Ort, das Exil, die Diaspora. Und gerade postkolonialistische Denker feiern das Exil als Ideal. Die zionistische Bewegung wollte dieses Exil beenden. Judentum wurde in Israel neu gedacht und musste mit der Wirklichkeit von Territorialität und Nationalität in Einklang gebracht werden. Deshalb war die Wiederbelebung der hebräischen Sprache ein so wichtiges Instrument in der Heimatwerdung der Juden in Israel, mehr noch, es symbolisierte auch ihre Trennung von alten Heimaten, wo Juden nicht nur Jiddisch und Ladino, sondern auch die Sprachen ihrer Ursprungsländer sprachen, schrieben und dachten.[19] Es war eine Abkehr von der alten Welt in eine neue, eine Abkehr auch von den europäischen Sprachen und von der Sprache der neuen Heimat, des Arabischen. Auch die Juden, die aus den arabischen Ländern nach 1948 einwanderten, wurden angehalten, Hebräisch zu sprechen. Das war kein kolonialistisches Auftreten, sondern eher ein nationalistisches Gehabe.

In diesem Sinne kann man den Zionismus auch als dekolonisierende Bewegung verstehen. Dieses Doppelgesicht macht das Sprechen über Juden, Zionismus und Kolonialismus so komplex.[20] Der Postkolonialismus denkt oft in Dichotomien: in Kolonisierende und Kolonisierte, in Weiße und Nichtweiße, in diejenigen, die orientalisiert werden, und die, die orientalisieren, in Täter und Opfer, in moralisch Unterlegene, die politisch überlegen sind, gegenüber moralisch Überlegenen. Dagegen erzählen jüdische Erfahrungen eine andere Geschichte, nämlich die Geschichte des »Sowohl-als-auch«, eine Geschichte, die diese Dichotomien aufbricht, Geschichten, wie sie etwa von Hannah Arendt und von Albert Memmi erzählt wurden. Juden können orientalistisch und orientalisierend, Minderheit und Mehrheit zugleich sein. Das sind Geschichten, die eigentlich ein produktives Gespräch zwischen Postkolonialismus und jüdischen Erfahrungen ermöglichen könnten. Die jüdischen Erfahrungen des 19. und 20. Jahrhunderts, Minderheitenpolitik, Problematiken der Assimilation, Anerkennung, Antisemitismus, Strukturen der Exklusion und Inklusion, könnten auch postkolonialistische Erfahrungen sein. Das hängt auch damit zusammen, dass viele postkolonialistische Studien Israel gegenüber blind sind und deshalb auch die anscheinend jüdischen Erfahrungen nicht zur Kenntnis nehmen, die der postkolonialistischen Erfahrung ähneln. Diese Widersprüche erschweren einen Dialog. Aber auch die Gleichzeitigkeit des Dazugehörens und Fremdseins gehört zur jüdischen Problematik. Dass die jüdische Siedlungsbewegung zu Beginn des 20. Jahrhunderts den Charakter einer Kolonialbewegung hatte, aber gleichzeitig gegen die alten Kolonialmächte für seine Unabhängigkeit kämpfte, all das macht es für postkolonialistische

Denker und Denkerinnen fast unmöglich, Gemeinsamkeiten zu sehen. Oder lassen sich vielleicht doch Gemeinsamkeiten erkennen, wenn man die zionistische Bewegung aus der jüdischen Geschichte ausklammert, die »Juden« als Metapher für die »Verdammten dieser Erde« begriffen werden? Zionismus kann also jenseits eingefahrener Dichotomien im Kontext von Kolonialismus, Dekolonisierung und Postkolonialismus betrachtet werden, was die Sache freilich nicht einfacher macht. Dazu kommt die Besetzung von 1967, die in den 1967 eroberten Gebieten eine arabische Bevölkerung hervorbrachte, die keine staatsbürgerlichen Rechte genießt, anders als die arabische Minderheit innerhalb der Grenzen von 1967, die als israelische Staatsbürger vom aktiven und passiven Wahlrecht Gebrauch machen kann und auch macht.[21] Israel ist souveräner Staat und Besatzungsmacht zugleich, und während in der Selbstwahrnehmung vieler Israelis die 1967 besetzten Gebiete schon immer zum Land gehören, sehen auf der anderen Seite viele Palästinenser nicht erst 1967, sondern schon 1948 als den Beginn der Besatzung. Auch die Boykottbewegung gegen Israel ist sich nicht sicher, was mit dem Begriff der Besatzung genau gemeint ist. Und der politische Konflikt wird nicht gelöst werden, solange wechselseitig der »Kolonialisten«-Vorwurf erhoben wird.

Der Krieg von 1967 hat die Lage weiter verschärft. Er wurde an drei Fronten geführt: gegen Syrien im Norden, Ägypten im Süden und Jordanien im Osten. Am 10. Juni kontrollierte Israel die Golanhöhen im Norden, die Sinaihalbinsel und den Gazastreifen im Süden und das Westjordanland sowie Ostjerusalem im Osten. Aus Sicht Israels war das ein notwendiger Verteidigungskrieg, aus Sicht der »Verlierer« ein weiterer Beweis für die kolonialistischen Bestrebungen Israels. Damit stellt sich dann auch die Frage, ob 1967 als Bruch oder Konsequenz der zionistischen Idee zu verstehen ist. Für die einen signalisiert schon der Begriff der »besetzten Gebiete« einen Bruch, andere betonen die Kontinuität, die durch die Einverleibung Ostjerusalems und der Golanhöhen und die Benennung des südlichen Westjordanlands als »Judäa und Samaria« deutlich wird. Dadurch entsteht dann auch die Verwirrung mit dem Begriff »Besatzung«. Ist damit das gesamte Land gemeint (also auch die Gebiete, die 1948 erobert wurden) oder die 1967 eroberten Gebiete? Hier geht es nicht nur um den politischen Kampf zweier Nationen um dasselbe Stück Land, vielmehr rückt die Überlagerung von moralischen Kategorien in den Kolonialismusdebatten in den Mittelpunkt. Said hat von den USA aus diesen Diskurs als wissenschaftliche Frage behandelt und damit auch hermetisch abgeschirmt. Widersprüche dagegen wurden als Einschränkung akademischer Freiheiten zurückgewiesen. Diese Akademisierung einer politischen Beschreibung der nahöstlichen Wirklichkeiten hatte Vorgänger und Nachfolger. Zur gleichen Zeit, als der Kolonialismus die akademische Debatte über Israel und den Nahen Osten bestimmte, begann in Deutschland eine Debatte über den deutschen Kolonialismus.

HOLOCAUST UND VÖLKERMORD:
EIN UNMÖGLICHER PLATZ AN DER SONNE –
DEUTSCHLANDS (POST)KOLONIALES ERBE

Die postkolonialistische Debatte musste irgendwann auch in Deutschland ankommen. Gerade im Zeitalter der Globalisierung konnte die Erinnerung an die deutsche Vergangenheit nicht auf die Jahre des Nationalsozialismus beschränkt bleiben. In der globalen Welt bilden sich neue Formen des kollektiven Gedächtnisses. Die nationalsozialistische Vergangenheit bestimmte die Identitätspolitik der alten Bundesrepublik, nach der Wiedervereinigung kam auch die stalinistische Vergangenheit der DDR hinzu. Mit dem Wissen um die Rolle des Totalitarismus in den deutschen Vergangenheiten konnte nun auch der Weg für eine kollektive Erinnerung an Kolonialismus und Orientalismus frei werden.

Edward Said hat in seiner Gründungsstudie des Postkolonialismus nicht über Deutschland geschrieben. Seine Koordinaten waren England und Frankreich, auch als klassische kolonialistische Mächte. Aber diese Auslassung konnte auf Dauer mit dem fortschreitenden globalen Bewusstsein nicht aufrechterhalten bleiben. Kann Erinnerung überhaupt mit Globalisierung in Zusammenhang gebracht werden? Ist nicht gerade die »kollektive Erinnerung« bestimmend für das »Lokale«, das sich der Globalisierung Widersetzende? Sicher ist die Erinnerung an Deutschlands kolonialistische Vergangenheit Teil einer neuen Erinnerungskultur.[22] Dass der Holocaust gerade im

Zusammenhang mit Kolonialismus gedacht werden kann, war Teil der frankophonen Debatte der 1950er-Jahre, und auch Hannah Arendt hatte da schon einige Bezugspunkte gesetzt. Hier ging es aber nicht um spezifisch deutschen, eher um den französischen Kolonialismus und die Abrechnung mit Frankreich. Es war eine Fortsetzung der französischen Debatten während der Dreyfus-Affäre, in der sich das nationalistische und liberale Lager unversöhnlich gegenüberstanden. Arendt, Fanon und Césaire versuchten ebendazu Bezugspunkte zu schaffen. Sie führten diese Debatten während der Zeit des Zweiten Weltkriegs und setzten sie mit der Verstrickung Frankreichs mit den Nazis fort. Diese Bezugspunkte waren unter dem Schock der Ereignisse des Zweiten Weltkriegs gesetzt worden und damit auch der Versuch, sowohl die Judenvernichtung als auch den französischen Kolonialismus aus dem französischen Geist der Freiheit, Gleichheit und Brüderlichkeit begreifen zu wollen. Dabei ging es um eine Kritik der modernen Gesellschaft an sich, deren barbarischen Züge entlarvt werden sollten.

Ein halbes Jahrhundert später stellt sich die Lage anders dar. Es geht gerade in Deutschland um die Einbettung und Integration des Landes in einen europäischen Kontext, aber gleichzeitig ist da auch ein nationaler Diskurs, der die deutsche Schuld in einer noch nicht beleuchteten Geschichte entdeckt und Zusammenhänge mit dem konventionellen Schulddiskurs gegenüber dem Holocaust herzustellen versucht.[23] Nicht mehr um Judenhass allein geht es, sondern um rassistische und unmenschliche Gewalt generell, wie sie sich durch die Geschichte des Westens zieht. Das einschlägige Ereignis in der deutschen Erinnerungspolitik, das die beiden Diskurse zu Holocaust und Kolonialismus miteinander verbindet, ist der von der deutschen Kolonialmacht mit aller Brutalität niedergeschlagene Aufstand der Stämme der Herero und Nama zwischen 1904 und 1908 im damaligen Deutsch-Südwestafrika, dem heutigen Namibia. Er gilt rückblickend als der erste Völkermord des 20. Jahrhunderts, bei dem bis zu 80 000 Menschen gewaltsam den Tod fanden. Die Grausamkeit dieses Massenmords ist unumstritten, auch die Tatsache des Vernichtungswillens und der Existenz von Konzentrationslagern.[24] Ob es ein Vorläufer des Holocaust war oder nicht, ist bis heute in der Forschung äußerst umstritten.[25] Eine kausale Kette ließe sich konstruieren oder auch nicht. Die Erinnerung an das Ereignis war in der alten Bundesrepublik sehr vage und ist erst 2004, zum 100. Jahrestag des Massakers, stärker ins öffentliche Bewusstsein getreten.[26] Die damalige Entwicklungsministerin Heidemarie Wieczorek-Zeul (SPD) hatte an der Gedenkveranstaltung teilgenommen und bat um Entschuldigung für den von deutschen Soldaten begangenen Völkermord. Damit löste sie eine Debatte um Reparationsforderungen aus, die sich an den Wiedergutmachungszahlungen Deutschlands an die Opfer des Holocaust orientierten.[27]

Auch das ist Teil der Postkolonisierung des Holocaust. Reparationen werden aus moralischen Gründen gezahlt, denn das Verweigern der Zahlungen käme einem moralischen Bankrott gleich. Der Austausch zwischen Nationen und ehemaligen Opfern wird zum Austausch zwischen Geld und Vergebung.[28] Deutschland bezahlte nicht an die »Gewinner« des Krieges, sondern – und das ist das radikal Neue an der Wiedergutmachung – an die »Verlierer« – an die Opfer. Damit wurde auch ein fundamentaler Blickwechsel vollzogen. Der Raum öffnete sich für andere Opfergruppen, für die Ureinwohner Australiens, für die in den USA während des Zweiten Weltkriegs internierten Japaner, die Opfer der japanischen Aggression in großen Teilen Asiens und schließlich die Opfer deutscher Aggression in Afrika. Das Beispiel deutscher Reparationszahlungen in den Fünfzigerjahren ist also in vielerlei Hinsicht ein Präzedenzfall, an dem sich die Rhetorik und die Rechtsprechung heutiger so genannter Wiedergutmachungspolitik orientiert. Das ist nun Teil einer neuen postkolonialistischen und globalen Moralität geworden, die nicht nur durch die Anklage anderer, sondern vor allem durch die Bereitschaft von Staaten, ihre eigene Schuld anzuerkennen, gekennzeichnet ist. Man kann sich als Teil einer größeren (Welt-)Gemeinschaft sehen.

Damit wird auch die partikulare Katastrophe des Holocaust aus ihrem historischen Kontext herausgerissen und unter postkolonialistischen Voraussetzungen neu gesehen und beschrieben. Wenn heute Nachfahren von Opfern die Schuld der Täter einfordern und diese Schuld durch materielle Sühne anerkannt wird, dann liefern der Holocaust und die Wiedergutmachung, die jüdischen und deutschen Erinnerungen die Vorlagen für einen institutionellen Umgang mit der kolonialistischen Vergangenheit. Dieser postkolonialistische Rahmen wird also erst durch partikulare Beschreibung geschaffen. So kann man auch die Universalisierung des Konzeptes des Völkermords verstehen, das ja in sich selbst die Universalisierung des Holocaust beinhaltet. Der Begriff des Völkermords, wie er heute verstanden wird, ist vor allem aus der jüdischen osteuropäischen Erfahrung entstanden und wurde von dem polnischen Juden Raphael Lemkin geprägt, der ungefähr zur gleichen Zeit wie Hannah Arendt nach New York kam und von dort aus aktiv versuchte, Völkermord als internationales Verbrechen zu definieren.[29] Raphael Lemkin, sechs Jahre älter als Arendt, wurde 1900 in einem kleinen Ort im heutigen Belarus geboren, zu jener Zeit noch russisches, nach dem Ersten Weltkrieg polnisches Gebiet. Er verwendete den Begriff erstmals in einer 1943 veröffentlichten Studie, um einen neuen Rechtsrahmen zur Verhinderung von Völkermord zu schaffen.[30] Der erste Schritt dazu war die am 9. Dezember 1948 verabschiedete UN-Resolution gegen den Völkermord.[31] Lemkins Begriff des Völkermords sollte dann auch in späteren Debatten über den Holocaust sehr bedeutsam werden. Sein Argument löste eine bis heute andauernde Debatte darüber aus, ob der Holocaust ein einzigartiges Ereignis über die jüdische Geschichte hinaus sei. Die Beziehung zwischen dem Begriff des Holocaust und dem Begriff des Völkermords ist auch die Beziehung zwischen einem einzigartigen Ereignis und einem allgemeineren Verbrechen, was auch Arendt in ihrer Studie über Totalitarismus hervorhob.[32] Der Begriff des Völkermords wird nun in den letzten Jahren aus seinem jüdischen Kontext gelöst, trifft auf den postkolonialistischen Diskurs und führt seitdem, erweitert auch auf kolonialistische Verbrechen, ein gespenstisches Eigenleben. In diesem Zusammenhang wird dann Polen als das Algerien Deutschlands bezeichnet und der Holocaust als die Fortsetzung deutscher Verbrechen. Man sucht nach Gemeinsamkeiten, findet sie in Rassismus, Rassengesetzen und Vernichtungswillen, postuliert eine Kontinuität von 1904 bis 1941 und rückt den europäischen Kolonialismus in den deutschen Kontext. Dabei geht es nicht um Geschichtsschreibung, sondern um den Versuch, ein postkolonialistisches Deutschland zu konstruieren, das gleichzeitig national, aber auch europäischer zu werden scheint. Denn wenn der Nationalsozialismus kolonialistisch beschrieben werden kann, dann kann auch das europäische Deutschland postkolonialistisch beschrieben werden. Kein deutscher Sonderweg mehr, sondern universalisierte Schuld im europäischen Kontext.[33]

Gleichzeitig geht es hier natürlich auch um mehr als um Thesen historischer Kontinuität. Da ist zuerst der »kleine« Rahmen von Europa. Seit den 2000er-Jahren entwickelt sich die Beziehung zwischen Europa und dem Nationalen meist (mehr oder weniger unausgesprochen) über ein gemeinsames europäisches Gedächtnis und eine entsprechende Identität. Im Kern wird also stillschweigend unterstellt, dass sich Europäisierung nach dem Modell der vergrößerten Nationalstaatsbildung im 19. Jahrhundert vollzieht. Daher scheint es wichtig zu sein, die kolonialistische Vergangenheit Deutschlands zu betonen.[34] Hier geht es nicht um das eigentlich Geschehene, sondern um die politischen Konsequenzen des möglichen Geschehenen. Hier öffnet sich ein neuer Raum, ja vielleicht sogar eine Metaebene nationaler Erinnerungslandschaften innerhalb und außerhalb Europas. Dabei will ich gar nicht die kontinuierliche Relevanz nationaler Orientierungen oder Erinnerungen in Frage stellen. Vielmehr liegt die Bedeutung länderspezifischer Erfahrungen nicht darin, warum und wie das Nationale dominant bleibt, sondern darin, wie europäische Referenzen Identifikationen in das politisch-kulturelle Skript der Nationen inkorporieren und wie auf diese Weise das Nationale transformiert wird. Europäische Identifikationsmerkmale – wie die kolonialistische Vergangenheit – werden zu integralen Bestandteilen nationaler Diskurse und problematisieren und definieren damit aufs Neue die Sinngehalte des Nationalen. Das kann natürlich nicht unwidersprochen bleiben und provoziert erheblichen politischen Widerstand, der dann auch oft als wissenschaftliche Kontroverse getarnt wird.[35] Deutsche Schuld und Erinnerung sollen in nationales und europäisches Denken eingeflochten werden. Das bedeutet, sich aus der Fixierung auf das Jahr 1933 zu lösen, sich aus der deutsch-jüdischen Geschichte zu entfernen und deutsche Schuld so zu formulieren, dass sich auch andere Minderheiten in Deutschland damit identifizieren können. Am Ende gilt es, in diesem neuen Diskurs die Ähnlichkeiten zwischen Antisemitismus und Islamophobie zu entdecken.[36]

Diese Identitätslandschaften werden von weltkulturellen Gedächtnisimperativen geprägt. Sie unterscheiden sich in spezifischen politischen und normativen Erwartungen, die dazu auffordern, sich mit den dramatischen Ungerechtigkeiten und Verletzungen der Vergangenheit auseinanderzusetzen. Das ist ein europäisches Phänomen, das aus moralischen Belastungen des Zweiten Weltkriegs und des Holocaust hervorgeht. Nun kommt auch der deutsche Kolonialismus dazu. Während eine Seite der Debatte behauptet, der Holocaust sei singulär und sollte so verstanden werden, behauptet die andere Seite, dass er durchaus in übergreifenden Zusammenhängen wie Völkermord und Kolonialismus verortet werden kann. Beide Seiten berufen sich auf historische Verantwortung und Schuld. Beide Behauptungen schließen sich natürlich nicht aus. Der Holocaust kann durchaus ein singuläres Ereignis sein und gleichzeitig mit anderen historischen Ereignissen verglichen werden. Die Einzigartigkeit eines historischen Ereignisses kann ja nur durch Vergleich bestimmt werden. Warum also die Schärfe der Debatte, als ob es dabei um die Zukunft des deutschen Selbstverständnisses ginge? Für die eine Seite haben sich die Erinnerungen an den Holocaust verallgemeinert und damit in einen universalen Code gewandelt, was gleichbedeutend ist mit einem Imperativ, vergangenes Unrecht – sowohl legal als auch in Formen und Normen des Erinnerns – immer aufs Neue ins Gedächtnis zu rufen und wachzuhalten. Diese Prozesse werden durch die Verallgemeinerung der Begriffe wie Völkermord und Reparationen vorangetrieben.

So weit aber ist diese Ansicht gar nicht von der anderen Seite entfernt, die auf die Einzigartigkeit des Ereignisses pocht. Es ist gerade dieser neue »Gedächtnis-Imperativ«, der aus dem Primat der Holocaust-Erinnerungen während der Neunzigerjahre hervorging und ohne diesen gar nicht denkbar wäre. Gerade die Ungeheuerlichkeit des singulären Verbrechens macht den kognitiven Raum frei für einen aus dem Kontext gelösten Code, der dann ganz allgemein für Menschenrechtsverletzungen steht. Die beiden Beschreibungen des Holocaust konstituieren sich daher gegenseitig. Die Folge: Europäische Staaten fühlen sich zu einer kritischen Auseinandersetzung mit ihrer eigenen Geschichte aufgefordert. Während traditionale Gedächtnisnarrative geschichtliche Ereignisse im Lichte eines nationalen Gründungsmythos beleuchten und organisieren, rücken skeptische Geschichtsnarrative vergangenes Unrecht ins Zentrum.[37] Die Erinnerung an den Holocaust hat sich in Deutschland, abgesehen von gesellschaftlichen Randgruppen, als routinisierte und institutionalisierte Gedenkveranstaltung etabliert, über die breiter Konsens herrscht. Auschwitz wurde zur Verlustgeschichte der deutschen Erinnerung, wie an allen Gedenktagen betont wird. Aber die Erinnerung an deutschen Kolonialismus geht tiefer und ist kontroverser. Erinnerungen funktionieren hier wie Dämonen, Zwischenwesen, die sich in einem Bereich zwischen Geschichte und Gegenwart, Zeit und Raum, zwischen dem Unwirklichen und dem Wirklichen, im Raum zwischen Leben und Tod bewegen. Diese Dämonen können auch »unbestimmt« handeln, neu beginnen, unerwartet auftauchen und damit eine neue Politik erzeugen. In der Erinnerung können mehrere Geschichten und damit auch Universalismus und Partikularismus, das Allgemeine und das Besondere gleichzeitig existieren. Man sehe sich nur die fast überall entstehenden Gegendenkmäler an, während anderswo Denkmäler gestürzt werden. Mit diesen Strukturen dockt die kolonialistische Vergangenheit an die deutsche Erinnerung an. Die konkreten und abstrakten Geister, die durch die Erinnerung geweckt und gerufen werden, sind weder menschlich noch heilig und verwahren sich jeglicher Form von Abschließung. Diese Geister sind ständig im Fluss, werden permanent verhandelt, verändert und verändern sich im Gegenzug selbst. Diese neuen Erinnerungen sind nicht zufällig Teil einer sich globalisierenden postkolonialistischen akademischen Kultur, sie sind auch Teil der politischen Verhandlungen und der Unterhaltung. Zu fragen wäre allerdings hier, ob solche postkolonialistischen Ansätze nicht auch ungewollte Nebenfolgen hervorrufen, so dass faktisch die Wirkung der Schlussfolgerungen der Ansätze in ihr Gegenteil verkehrt werden würde. Ein Beispiel für solche ungewollten Nebenfolgen ist daher auch, dass die postkolonialistischen Argumente, die sich gegen Israel und seine Politik richten, von rechtsradikalen Argumenten infiziert werden. Wenn der postkolonialistische Diskurs fordert, von der Holocaust-Erinnerung unbeeindruckt, die Solidarität mit dem jüdischen Staat Israel aufzukündigen, dürfte dann auch Beifall aus jenen Ecken kommen, die sonst mit Postkolonialisten wenig zu tun haben. Am Ende begegnen sich damit geschichtsrevisionistische Diskurse, die sich von verschiedenen Beschreibungen der Wirklichkeit aus aufeinander zubewegen.

Erinnerungen können in Frage gestellt oder unterdrückt werden. Diese Geister bewohnen dann einen Raum, der postkolonialistisch »thirdspace« (Dritter Raum) genannt wird, wo Raum, Kultur und Geschichte miteinander verschmelzen, ein schon klassischer postkolonialistischer Begriff.[38] Sie sind gleichzeitig am Ort und nicht am Ort. Hier handelt es sich nicht um lokal gebundene Geschichte, sondern um die ständige Ambivalenz von Ort und Zeit. Hier laufen alltägliche Erfahrungen und die unendliche Geschichte zusammen. Die Erinnerung gehört niemandem und allen. Aber auch diese Geister müssen sich einer rituellen Ordnung unterwerfen, wie sie von Museen, Denk- und Gegendenkmälern, politischen Debatten, Gerichtsverhandlungen und Büchern wie diesem gestiftet wird. Es ist daher auch nicht verwunderlich, dass der Großteil der Auseinandersetzungen in Museen, Ausstellungen und auch im Feuilleton stattfindet. Das sind die Orte, wo die »richtige« Beschreibung der historischen Wirklichkeiten ausgetragen wird.

Ein Beispiel dafür sind die Debatten um die Exponate des Humboldt Forums in Berlin. Das dort angesiedelte Ethnologische Museum sollte viele Exponate aus der nichtwestlichen Welt zeigen, wie sich das für ein hauptstädtisches, »metropolitisches« Museum in der Größenordnung des British Museum in London oder des Louvre in Paris gehört. Aber das Selbstbewusstsein einer Metropole im Kreis der großen Hauptstädte Europas kostet den Preis, sich seiner kolonialistischen Vergangenheit zu stellen. So rief dieses Projekt auch (post)kolonialistische Geister wach. Noch vor der Eröffnung wurde die Forderung laut, das Museum müsse sich dem kolonialistischen Unrecht stellen und eine Vielzahl von Objekten seiner Sammlungen an die Herkunftsländer restituieren. Nicht nur Besitz wird hier neu definiert, auch der Begriff der Vergangenheitsbewältigung erscheint in einem neuen Kontext. Das gehört zu den Ambitionen eines solchen Großprojekts.[39] Die Initiativen für die Aufarbeitung des deutschen Kolonialismus implizieren häufig eine Europäisierung deutscher Empfindlichkeiten, was auch dem neuen Status der Bundeshauptstadt Berlin als neues Zentrum Europas entspricht.

Diese europäische Stimmenpluralität ist integraler Bestandteil der Erinnerungspolitik, und diese Stimmen machen uns ständig Angebote, die miteinander verbinden, die gegenseitig trennen, die national und transnational, die sowohl Teil der Hoch- als auch der populären Kultur sein können. Diese Geister fordern auch ihren Tribut. Sie sind auch Erinnyen oder Furien, die gegen das Vergessen wettern, die die Toten nicht ruhen lassen, ob diese Toten nun Juden, Herero oder Nama, lateinamerikanische Verschwundene, Opfer Francos oder kommunistischer Säuberungen sind. Diese Geister stehen für die gleiche Botschaft: *Nie wieder!*[40] Damit wird auch eine neue Politik eingefordert, was erst einmal voraussetzt, solche transnationalen Debatten historisch einzubetten und zu verankern. Das gilt insbesondere auch für Diskussionen über transnationale Gerechtigkeit, die über europäische Ansätze hinausgehen wollen und in denen es auch um die »Tradition der Unterdrückten« geht. So will der postkolonialistische Diskurs die Wirklichkeiten beschreiben. In diesen Diskurs sind nun auch die Jüdinnen und Juden in Deutschland eingebunden und verlieren damit die exklusive Aufmerksamkeit als Minderheit. Migrationsprozesse haben den postkolonialistischen Diskurs nach Berlin gebracht.

Und dieser Diskurs arbeitet auch daran, dass die Berufung auf partikulare Traditionen den Blick auf Katastrophen lenkt. In der postkolonialistischen Beschreibung gibt es die »gemeinsame abendländische Welt«, den *West-östlichen Divan*, nicht mehr, es gibt keinen gemeinsamen Gott, kein verbindliches Menschenbild und kein verbindliches Weltbild. Das heute gemeinsame Bewusstsein lässt sich nur durch Negationen charakterisieren: den Zerfall der geschichtlichen Erinnerung, den Mangel eines verbindlichen Wissens, die Ratlosigkeit in Bezug auf die absolute Ungewissheit der Zukunft. Aber keine historisch-pragmatische Politik ist die Folge, sondern eher ein Beharren auf den richtigen Befund und Befindlichkeiten.[41] Das ist auch der Grund für die Schärfe der Auseinandersetzungen. *Nie wieder Auschwitz* war das Grundparadigma einer Politik einer Bundesrepublik, die auch ethnisch homogener war. Hier wurde also die Politik des »Nie wieder« auf die Erwartung der Zukunft angewendet, und zwar einer sich selbst erfüllenden Prophezeiung. Und dieses *Nie wieder* hallt bis heute nach, ob nun über militärische Interventionen außerhalb Europas oder über die Aufnahme von Flüchtlingen entschieden wird. Aber mit Globalisierungsprozessen und der Heterogenisierung der Bevölkerung verändern sich diese Begrifflichkeiten. Andere Geschichten breiten sich aus und kämpfen um Anerkennung.

Postkoloniale Erinnerung als Reaktion auf den Gedächtnisimperativ *Nie wieder* fordert, Geschichte und Erinnerungen der »Anderen« anzuerkennen. Aber der »Andere« muss Minderheit sein. Dieses postkolonialistische Moment und die Forderung, die eigene Geschichte mit den Augen der anderen zu sehen, sind zu wichtigen Quellen der inneren und äußeren Legitimation intellektuellen Selbstverständnisses geworden. In diesem Selbstverständnis steht Europa nicht mehr im Mittelpunkt. Ganz im Gegenteil, Europa wird aus außereuropäischer Perspektive betrachtet.[42] Postkoloniales Denken überwindet den Eurozentrismus und macht auch vor dem Holocaust nicht halt. Der postkolonialistische Diskurs wendet sich gegen einen einheitlichen europäischen Erinnerungsdiskurs, fordert vielmehr, die darin widerstreitenden Elemente und Momente in spezifischen Formen des Sowohl-als-auch nebeneinander zu praktizieren und miteinander zu verbinden: daher auch die kolonialistische Beschreibung des Holocaust. Die kolonialistischen Beschreibungen des Holocaust schaffen die Grundlagen für neue Formationen und Erinnerungen, die über ethnische und nationale Grenzen hinausgehen. Die nationalstaatliche Zeit, die ethnische Zeit, ja das Gedächtnis schlechthin verlieren durch globale Prozesse rasender Vergangenheit, Gegenwart und Zukunft ihre ordnende Kraft. Migration und globale Kommunikation sorgen dafür, dass »unsere« Vergangenheit plötzlich auch »deren« Zukunft wird. Wie erinnern sich Einwanderer in Deutschland, israelische Araber, schwarze Amerikaner nicht nur an den Holocaust, sondern an anderes historisches Unrecht? Selbstbestimmung und Unterdrückung, Sklaverei und Erlösung, einst religiös besetzte Begriffe für Nationalstaaten, Juden, schwarze Amerikaner und viele andere, kursieren immer schneller durch immer größere Räume. Geografische Distanzen schrumpfen. Ereignisse am einen Ende des Globus betreffen die Menschen an dessen anderem Ende und lösen mitunter auch dort Reaktionen aus.[43] Erinnerungen an den Kampf um Menschenrechte oder deren Verletzung schweben frei über die Grenzen, die Welt wird als Leidenszusammenhang erfahren. Daran beteiligen sich Historiker, Menschenrechtler, Aktivisten, aber auch die Öffentlichkeit insgesamt. Im Übergang von der Welt der klassischen Souveränität zu einer neuen Welt der Interdependenz werden diese Erinnerungen für die postkolonialistischen Dreyfusarden zentral. Diese Intellektuellen werden zu zentralen Trägern moralischer Gewissheiten. Der kolonisierte Holocaust wird zum Symbol für das politische Böse schlechthin, weil er es ermöglicht, die großen moralischen Narrative des 20. Jahrhunderts gemeinsam zu lesen. Daraus entsteht allerdings keine Erinnerung, aus der vergangenheitsbezogene, formative Gründungsmythen geschaffen werden, es geht hier vor allem um Erinnerungen, die in die Zukunft weisen sollen. All diese Entwicklungen entfernen sich von den jüdischen Opfern des Holocaust, die in dieser postkolonialistischen Perspektive im Namen der »Menschheit« aufgehen. Dieses postkolonialistische Erinnerungsmodell ist daher eine radikale Vereinnahmung der jüdischen Katastrophe, die sich aber gleichzeitig als fortschrittlich und frei von ethnischen Bindungen versteht.

Das ruft natürlich Widerspruch hervor, und die Auseinandersetzungen sind daher auch nicht nur akademischer, sondern politischer Natur. Es gehört auch zum postkolonialistischen

Verständnis, dass Widerspruch gegen postkolonialistische Weltanschauungen als Mikro- oder Makrogewalt zurückgewiesen wird, weil jeder von sich glaubt, im Namen der Unterdrückten und Nichtgehörten zu sprechen. Auf den ersten Blick erscheint es rätselhaft, warum diese Debatten so viel Aufsehen erregen. Sicher ist die nationalsozialistische Herrschaft nicht vom Himmel gefallen. Warum also nicht verschiedene historische Wege erkunden, die Licht auf das Verständnis des Holocaust werfen können? Die Frage nach Einzigartigkeit und Vergleichbarkeit mag zunächst banal erscheinen. Jedes historische Ereignis ist einzigartig, was nur durch den Vergleich mit anderen Ereignissen bestimmt werden kann. Es geht bei dieser Debatte also um mehr. Abgesehen von der historischen Wahrheit gibt es auch die öffentliche Wahrheit, die nicht allein durch rationalen Diskurs bestimmt wird. Es geht den Autoren dieser historischen Kontinuitäten sicher auch nicht darum, verschiedene Opfergruppen gegeneinander auszuspielen, und sie erklären ja auch ausdrücklich, dass es ihnen um Inklusion geht. Aber die Thesen wie etwa von A. Dirk Moses und Jürgen Zimmerer sind nicht nur Geschichtsbücher, sie finden auch öffentliche Resonanz über die akademische Wahrheit hinaus. Für eine breitere Öffentlichkeit, die diese Debatten verfolgt, sind das keine Geschichtsbücher, sondern Nebelwände, hinter denen sich noch weitere Argumente verbergen. Wenn es nur darum ginge, ob es Verbindungslinien zwischen dem deutschen Kolonialismus und dem Holocaust gibt, würde das außerhalb historischer Seminare wohl nur wenige Menschen interessieren. Auch widersprechen die behaupteten Verbindungslinien nicht der Einzigartigkeit des Holocaust. Warum wird dann aber überhaupt öffentlich darüber debattiert? Die deutschen Täter werden ja durch die »Kolonialismustheorie« nicht freigesprochen, sie sind höchstens eines allgemeiner verstandenen

Rassismus und nicht nur des Antisemitismus schuldig. Das kann man kaum als Befreiung von Schuld bezeichnen. Trotzdem verbirgt sich eine andere Schuld hinter der These, nicht mehr die ausschließliche Schuld der Deutschen als Deutsche, also kein deutscher Sonderweg, sondern Deutschland als »normales« europäisches Land, das durch seine Einbettung in Europa des europäischen Kolonialismus schuldig geworden ist. Deutschland ist daher ein »normales« europäisches Land, und wer vom Kolonialismus nicht sprechen will, soll dann auch vom Faschismus schweigen. Damit folgt Deutschland der Logik anderer postkolonialistischer Staaten.

Wer den Antisemitismus der allgemeinen Kategorie des Rassismus zuordnet, verfolgt nicht unbedingt böse Absichten, er folgt dem Zeitgeist eines deutschen Universalismus, die Welt so zu beschreiben, und empfindet diese Beschreibung als Fortschritt. Die Anhänger einer partikularen Beschreibung der Welt fühlen sich da freilich zum Widerspruch herausgefordert. So beschuldigen sich beide Seiten, die Geschichte zu verfälschen, und unterstellen der anderen Seite finstere ideologische Absichten, während man selbst mutig die Wahrheit spricht und weltoffen gegen angeblich verbindliche Katechismen ankämpft. Für die andere Seite der Debatte ist die Vorstellung, dass Nazideutschland nicht rassistischer als jedes andere kolonialistische Land war, absurd. Und wer glaubt, dass Antisemitismus und nicht allgemeiner Rassismus eine konstituierende Rolle im Holocaust gespielt hat, findet in diesen Thesen kein Argument, das diese Überzeugung in Frage stellt. Die Erfahrung, dass die Nationalsozialisten Juden nicht nur als Untermenschen, sondern als »Nichtmenschen« betrachteten, ist eine Erfahrung, die jeden Vergleich mit anderen Formen der Diskriminierung als relativierend empfinden muss. Das ist von anderen wiederum oft nicht nachvollziehbar, der Versuch freilich, sich in die historische Erfahrungswelt anderer zu versetzen, trifft hier auf klare Grenzen. Sicher schließen sich Rassismus und Antisemitismus nicht gegenseitig aus, sicher kann es Ähnlichkeiten zwischen Kolonialismus und Holocaust geben, sicher kann man den Holocaust als eine Form des Völkermords bezeichnen, aber wenn diese Überlegungen das akademische Terrain verlassen und öffentliche Wahrheit werden wollen, stoßen sie gerade bei den Opfern und ihren Nachfahren oft auch auf taube Ohren. Wer und wie man urteilt und urteilen darf, hängt dann letztendlich von den Grenzen der Solidargemeinschaft ab, zu der man sich zählen will. Im postkolonialistischen und auch im »provinziellen« Europa wird die Erinnerung an den Holocaust zu einem Mahnmal an die allgegenwärtige Modernisierung der Barbarei und nicht zum institutionalisierten Hass gegen die Juden. Auch hier stellt sich die Frage, ob es sich dabei wirklich um ein »Entweder-oder« handelt. Und es geht um fast schon das Gegenteil von partikularen jüdischen Erinnerungen an den Holocaust und der politischen Konsequenz daraus, der Gründung des Staates Israel. Dort liest sich diese europäische Geschichte anders. Für Israel ist Europa oft auch Synonym für die Vernichtung der europäischen Juden. Gerade in Israel ist die Unterscheidung zwischen der Tätererinnerung und der Opfererinnerung ein wichtiger Aspekt und diente auch der Abgrenzung von Europa. Die postkolonialistische Moderne wiederum sucht nach einem Kompromiss, der von der gegenseitigen Anerkennung der Geschichte des Anderen getragen wird. Dieser Akt der Versöhnung wird zum zentralen Erinnerungserlebnis. So geht es auch in vielerlei Beziehung nicht mehr nur um die eigentlichen Unrechtstaten (sind doch die Betroffenen oft schon der biologischen Zeit zum Opfer gefallen), sondern darum, wie deren Nachkommen sich mit diesen Geschichten und Erinnerungen auseinandersetzen. Die

Einbeziehung des Anderen entschärft die Unterscheidung zwischen den Erinnerungen der Täter und der Opfer. Was bleibt, ist die Erinnerung an eine scheinbar gemeinsame Geschichte, die nicht geteilt werden kann.

Neu sind die Fluchtpunktperspektiven des Erinnerns. Diese funktionieren unabhängig von Territorien und müssen nicht mehr durch einheitliche Kultur, ethnische Herkunft, Religion oder Klasse beschrieben werden. Dies steht aber nicht im Widerspruch zu der Tatsache, dass Erinnerung immer in bestimmte Zeitlichkeiten und räumliche Kontexte eingebettet ist. Zu Beginn des 21. Jahrhunderts kennzeichnet die Erinnerung an den Holocaust die Vielfältigkeit und Gleichzeitigkeit von Bedeutungen. Da liegt es nahe, den Holocaust im Kontext von Rassismus, Unterdrückung und Kolonialismus zu verstehen. Das entspricht einem globalen Konsens des allgemeinen Mitgefühls. Damit stellt sich die Frage nach der Konkurrenz der Ereignisse einerseits und einer Relativierung derselben Ereignisse andererseits. Rassismus und Antisemitismus bilden einen Zusammenhang, da stellt sich die Frage nach der Möglichkeit eines Dialogs. Jüdische Intellektuelle haben Wege zu einem universalen Verständnis ihrer Situation aufgezeigt. Steht wirklich nur die Gründung des Staates Israel diesem Dialog im Weg? Kann es Gemeinsamkeiten in diesen Grabenkriegen geben, oder war der Eklat um Achille Mbembe im Frühjahr 2020 unvermeidbar?

DAS DOPPELTE BEWUSSTSEIN:
RASSISMUS UND ANTISEMITISMUS

In ihrem berühmten Interview mit Günter Gaus erinnerte sich Hannah Arendt daran, wie sie sich fühlte, als sie zum ersten Mal von den Gräueln in Auschwitz hörte[44]:
> »Vorher hat man sich gesagt: Nun ja, man hat halt Feinde. Das ist doch ganz natürlich. Warum soll ein Volk keine Feinde haben? Aber dies ist anders gewesen. Das war wirklich, als ob der Abgrund sich öffnet. Weil man die Vorstellung gehabt hat, alles andere hätte irgendwie noch einmal gutgemacht werden können, wie in der Politik ja alles einmal wieder gutgemacht werden können muss. Dies nicht. Dies hätte nie geschehen dürfen.«

Arendt konnte mit Auschwitz nicht fertigwerden. Es war für sie ein singuläres Ereignis, und es war das singuläre Ereignis, das ihr Leben erschütterte. Und trotzdem machte sie sich Gedanken über zulässige und begründete Vergleiche mit anderen Verbrechen. Aber gerade dieses gründliche und fundierte Abwägen von Parallelen führte sie immer wieder zur Singularität zurück. Das ständige Abwägen zwischen Singularität und Gemeinsamkeiten, zwischen Partikularität und Universalismus prägte ihr Denken. Diese vertiefte Auseinandersetzung mit Rassismus und Antisemitismus, mit Kolonialismus und Holocaust, mit Verknüpfungen von historischen Gewaltakten und der Solidarität der Unterdrückten und Ausgeschlossenen führt uns wieder zurück ins Europa am Ende des 19. Jahrhunderts.

Ein schwarzer Student aus den USA, W.E.B. Du Bois, verbrachte zwei Jahre in Deutschland, studierte dort zwischen 1892 und 1894 in Berlin und Heidelberg, lernte Max Weber und Georg Simmel kennen, konnte aber auch im wahrsten Sinne des Wortes am eigenen Leib spüren, was Rassismus und Antisemitismus bedeuten.[45] Die theoretische Bedeutung von Du Bois liegt in seinem Konzept des schwarzen doppelten Bewusstseins, des Zweigeteiltseins der schwarzen Menschen in einer weißen Welt.[46] In Berlin lernte Du Bois auch die Antwort auf den Rassismus oder Antisemitismus kennen, nämlich einen stolzen Nationalismus. In den Vorlesungen, die er in Berlin hörte, erfuhr er auch von den Ideen Herders. Dessen Kritik des Universalismus, die These nämlich, dass gemeinsame Sprache auch gemeinsames Denken und Fühlen erzeugt und dass universale menschliche Werte in einzigartiger Weise ausgedrückt werden, beeindruckten ihn tief.[47] Für Schwarze und Juden bedeutete es viel, im Gegensatz zu universalistischen Positionen die tatsächliche Unterschiedenheit der Menschen wichtiger zu nehmen als ihre eigentliche Gleichheit.

Du Bois wollte, wie Fanon auch, die Sichtbarkeit der Hautfarbe als eine Grundkategorie des schwarzen Bewusstseins beschreiben. Auch beschäftigte ihn die Frage, ob man gleichzeitig schwarz und amerikanisch sein könne. Der strenge, sich stets von außen beobachtende Blick, dieses ständige Zweigeteiltsein, ist auch Kennzeichen des jüdischen Assimilationsdilemmas, das Du Bois genau beobachten konnte. Die Verhandlungen zwischen dem Besonderen und dem Allgemeinen waren und sind Teil dieser jüdischen Lebenswelten. Du Bois lernte von diesen Verhandlungen und dachte darüber nach, wie sie sich auf schwarze Lebenswelten anwenden ließen. Die Dilemmata der Juden des 19. Jahrhunderts übertrugen sich auf die Schwarzen. Antisemitismus und Rassismus konnten trotz der großen Unterschiede hinsichtlich der Sichtbarkeit und Unsichtbarkeit von Schwarzen und Juden gemeinsam gedacht werden. Aber es stand auch mehr auf dem Spiel. Doppelte Identität kann auch verschiedene Orientierungen und Beschreibungen, ja eine unterschiedliche Epistemologie bedeuten, einmal die der Nation, zu der man gehört, aber auch einer größeren Diaspora-Gruppe, einer globalen schwarzen oder jüdischen Erfahrung, des so genannten »Schwarzen Atlantiks« oder der jüdischen Diaspora. Hier bedeuten doppelte Erfahrung und das doppelte Bewusstsein (wie bei den jüdischen Soziologen Georg Simmel oder Karl Mannheim, aber auch bei dem schwarzen Soziologen Du Bois) nicht nur Entfremdung, sondern auch die Chance, die Welt distanzierter zu betrachten. Es gibt nicht nur die Bürde, sondern auch die Würde der Minderheitenexistenz. Und wenn die Welt aus der Distanz betrachtet wird, dann lassen sich parallele Linien der Erfahrung erkennen, Fluchtpunkte, ohne den partikularen oder universellen Standpunkt aufzugeben oder das eine in das andere aufzulösen. Das waren die Positionen von Georg Simmel, W.E.B. Du Bois, Karl Mannheim, Hannah Arendt und nun auch die von Paul Gilroy, Laudator Achille Mbembes beim Geschwister-Scholl-Preis von 2015, der in seinem Klassiker der postkolonialistischen Literatur *The Black Atlantic: Modernity and Double Consciousness* auf die Ähnlichkeiten zwischen schwarzer und jüdischer Diaspora-Erfahrung hinwies. Gilroy ist ein führender Vertreter der britischen »Cultural Studies«, eine aus einem britischen Neomarxismus entstandene Forschungsrichtung kultureller Praktiken. Er sieht bei Du Bois daher auch Hinweise für die Universalisierung von Diaspora-Erfahrungen, während Rothberg in ihm eher einen Vertreter der multidirektionalen Erinnerung erkennt. Sicher ist das auch eine Idealisierung von Minderheitspositionen, die idealistischen

Vorstellungen des 19. Jahrhunderts geschuldet sein mögen. Juden und Schwarze werden dabei aber nicht in eine diffuse und unerkennbare Masse des »Anderen« oder der Minderheit verwandelt. Du Bois wusste von der Dreyfus-Affäre und verknüpfte sie in seiner Autobiografie mit dem Lynchen von Schwarzen im amerikanischen Süden. Er verstand sehr gut, dass Assimilation nicht die einzige Option sein kann.

Die postkolonialistische Debatte war historisch gesehen eine Debatte über Rassismus und Antisemitismus und gleichzeitig – wie in der Dreyfus-Affäre – eine Debatte über Aktivismus. Aktivismus verbindet die gesellschaftliche Analyse mit einer Theorie, wie die zu beobachtende Gesellschaft sich ändern sollte. Da geht es nicht um den inklusiven Blick auf die Verbrechen und Gräuel der Welt, auch nicht um die Relativierung der Übel, sondern eher um eine historische Einbettung. Mehr als ein Jahrhundert später, nach Holocaust und Dekolonisierung, erscheint diese Verknüpfung eigentlich nur noch theoretisch sinnvoll, was noch an Émile Durkheim erinnert, der angesichts der Dreyfus-Affäre noch über einen transzendentalen (also körperlosen) Individualismus schreiben konnte. Die Dreyfus-Affäre hatte die Soziologen Durkheim und Du Bois in Aktivisten verwandelt.[48] Der Kampf gegen den Antisemitismus schuf den heutigen Typus des öffentlichen Intellektuellen, die akademischen Karrieren Durkheims in Frankeich und Du Bois' in den Vereinigten Staaten waren nur möglich, weil Juden und Schwarze emanzipiert waren und in demokratischen Ländern arbeiteten. Ohne diese Emanzipation, auch wenn sie ständig ausgehandelt werden musste, wäre die Kritik an der Emanzipation gar nicht möglich. Als solche waren sie und andere in der Tat in einem doppelten Bewusstsein gefangen, als emanzipierte und demokratische Denker und Denkerinnen dachten und handelten sie universell, als Schwarze und

Juden war für sie dieser Universalismus immer wieder eingeschränkt und nicht immer zugänglich. Aber nur aus einer universalen Position heraus konnten sie die Blicke auf sich als Schwarze und Juden als entwürdigend empfinden. Das ist auch das intellektuelle Dilemma des Postkolonialismus, dessen Kritik an der Aufklärung erst durch die Aufklärung möglich wurde. Es ist daher auch nicht verwunderlich, dass Du Bois zu den Gründern der Pan-Afrikanischen Kongresse gehörte, die sich nach dem Ersten Weltkrieg für eine Dekolonisation Afrikas einsetzten. Nicht nur zufällig fielen diese Kongresse auch mit der Institutionalisierung der zionistischen Bewegung zusammen und wurden daher auch »Black Zionism« genannt.[49] Diese Emanzipationsbewegung reagierte auf ähnliche Verhältnisse der Diskriminierung und Sklaverei. Wie der jüdische Zionismus erstand der Black Zionism aus der Enttäuschung über die Emanzipation. Gerade in diesen Bewegungen blieb das Jüdische jüdisch und das Schwarze schwarz. Du Bois war für eine bestimmte Zeit davon überzeugt, dass Israel ein Symbol für Dekolonisierung und Befreiung ist, und schrieb anlässlich der Staatsgründung einen enthusiastischen Aufsatz über Israel.[50] Du Bois identifizierte sich mit dem Zionismus, sah ihn als Modell für die Belange der Schwarzen und glaubte, wie die zionistische Bewegung den Nahen Osten, auch die Schwarzen Afrikas zivilisieren zu können. Das ist nicht gerade ein postkolonialistischer Text, eher ein Manifest für die Vorzüge des Kolonialismus. Du Bois kämpfte damals mehr um die Bildung und Wohlfahrt der Schwarzen als um die Einbettung amerikanischer Schwarzer in den antikolonialistischen Befreiungskampf. Schwarze Organisationen sahen in der Gründung Israels ein Modell für die Befreiung unterdrückter Völker. Auch ging es im schwarzen Zionismus um Heimat und um afrikanische Souveränität, aber mehr noch um Wurzeln, Identität und die Ablehnung von Assimilation und Universalismus. Und bevor Edward Said das Buch Exodus als Unterdrückungsgeschichte weißer Menschen interpretierte, wurde es von schwarzen Aktivisten als die Geschichte ihrer eigenen und der jüdischen Befreiung aus der Sklaverei gelesen, eine Geschichte, mit der sie sich identifizieren konnten. Wie beim jüdischen Zionismus, der aus den verschiedensten jüdischen Menschen eine Nation schaffen wollte, sah der schwarze Zionismus in allen schwarzen Menschen eine große einheitliche Gruppe: ein kurzer Moment der Gemeinsamkeiten. Bald darauf schrieb Du Bois nach einem Besuch im Warschauer Ghetto einen Essay, in dem er über den Holocaust und den amerikanischen Rassismus nachdachte. Dabei ging es freilich weniger um postkolonialistische Sensibilitäten als um die Annährung an universalistische sozialistische Ideen.[51] Aber diese gemeinsamen Beschreibungen der Geschichte konnten sich nicht mehr lange halten. Nach 1945 gelang es den Juden in den USA mehr und mehr, sich zu assimilieren, sie blieben nicht länger »Fremde«. Sie wurden dadurch – wie Hannah Arendt – zu Weißen.[52] Zwar gab es noch hier und da Gemeinsamkeiten, aber der 1969 von Arendt veröffentlichte Essay über schwarze radikale Politik beinhaltet auch schon Unterscheidungen. Der schwarze Zionismus wandelte sich langsam in einen Antizionismus, der die Wurzeln für die späteren Entwicklungen legte.

1955 fand in Bandung in Indonesien die erste asiatisch-afrikanische Konferenz von 29 afrikanischen und asiatischen so genannten »blockfreien« Staaten statt. Israel wurde nicht eingeladen, weil sonst die Vertreter der arabischen Staaten nicht gekommen wären: die ersten Anzeichen eines Boykotts. Mehr noch, Israel wurde auf der Konferenz als Handlanger des Imperialismus verurteilt. Der ägyptische Präsident Gamal Abdel Nasser stieg zu einer neuen Schlüsselfigur des Nahen Ostens auf. Ein Jahr später verstaatlichte Nasser den Suezkanal, was wiederum einen gemeinsamen Krieg Israels, Frankreichs und Englands gegen Ägypten auslöste.[53] Das hatte Folgen für den Status der Juden in den USA. Die schwarze Bewegung distanzierte sich von Israel, sympathisierte mit der arabischen Sache, und Israel wurde schon ein Jahrzehnt vor dem Krieg 1967 als imperialistische Macht kritisiert. Du Bois veröffentlichte im November 1956 das Gedicht »Suez«, in dem Israel als Staat bezeichnet wird, der die dunklen Menschen beraubt, und als integraler Teil des imperialistischen Projekts verurteilt wird.[54] Aus einer antikolonialistischen Befreiungsbewegung einer in Europa diskriminierten, unterdrückten, verfolgten und ermordeten Nation wurde eine westliche, europäische imperialistische Bewegung, die es darauf abgesehen hat, die autochthone nichtwestliche und nichtweiße Bevölkerung zu unterdrücken. An dieser Frontstellung hat sich bis heute nichts geändert. Du Bois starb 1963 in Ghana, wo er die letzten Jahre seines Lebens verbrachte. Der politische Erfolg der jüdischen zionistischen Bewegung, die Kriege und die bis heute andauernde Besatzung der 1967 eroberten Gebiete machen es schwarzen Nationalisten bis heute unmöglich, sich mit dem jüdischen Projekt zu solidarisieren. Diese Entkoppelung führt auch dazu, dass Antisemitismus und Rassismus nicht mehr gemeinsam gedacht werden und, darüber hinaus, der israelische Staat als rassistisch verurteilt wird. Die Juden gehören nicht länger zur Gruppe der unterdrückten Minderheiten. Dabei geht es nicht um Universalismus gegen Partikularismus, sondern um das Austauschen von verschiedenen Partikularismen. Wie wir bei Jean Améry sahen, kann man die Situation des Lagerinsassen durchaus auf dem Hintergrund der kolonialistischen Erfahrung lesen, aber auch Améry konnte diese gemeinsame Beschreibung nicht aufrechterhalten, betonte dann die Einzigartigkeit des Holocaust und die daraus entstehende Solidarität mit Israel.

Diese verschiedenen Befindlichkeiten kamen im März 2021 noch einmal zum Tragen. Inmitten der Debatten um Kolonialismus und Postkolonialismus gab eine Gruppe von jüdischen und nichtjüdischen Wissenschaftlern eine Erklärung ab, in der sie Antisemitismus so definieren, dass diese Neudefinition mit ihrem Verständnis progressiver Politik übereinstimmt. Da die Initiative dieser Erklärung vom Jerusalemer Van-Leer-Institut ausging, wurde sie die Jerusalemer Erklärung zum Antisemitismus genannt.[55] Wie die Autoren und Autorinnen betonen, ist sie im Geist der Allgemeinen Erklärung der Menschenrechte geschrieben, also ein Versuch, das Phänomen des Antisemitismus allgemein und nicht partikular zu erklären. Gleich im ersten Artikel wird dann auch der Antisemitismus dem Rassismus untergeordnet, in einem späteren Teil wird auch klar zwischen Antisemitismus und Antizionismus unterschieden und Boykott als legitimer Widerstand beschrieben, der nicht unbedingt antisemitisch sein muss. Und wörtlich heißt es in Artikel 13:

»Daher ist der, wenngleich umstrittene, Vergleich Israels mit historischen Beispielen einschließlich Siedlerkolonialismus oder Apartheid nicht per se antisemitisch.«

Damit unterwerfen sich die Verfasser einer bestimmten politischen Ansicht über Antisemitismus, Rassismus und (Anti-)Zionismus. Obwohl die Erklärung betont, dass sie von einer großen Gruppe von Wissenschaftlern ausgearbeitet wurde, liefert sie natürlich keine wissenschaftliche Definition von Antisemitismus, was sie auch gar nicht beansprucht. Sie dient als politische Gegenrede zu einer Definition des Antisemitismus, der so genannten IHRA (International Holocaust Remembrance Alliance, einer 1998 gegründeten zwischenstaatlichen

Einrichtung) von 2016, das eigentliche Feindbild der »Jerusalemer Erklärung«.[56] Auch diese Definition ist natürlich nicht wissenschaftlich, sondern eine politische Erklärung. Die so genannte IHRA-Arbeitsdefinition ist sehr israelbezogen, sieht Antisemitismus und Israelfeindschaft als sich gegenseitig konstituierende Phänomene. Sieben ihrer elf Beispiele für Antisemitismus beziehen sich direkt auf Israel. Diese Arbeitsdefinition wird dann auch zur Grundlage für die Antisemitismusdefinition vieler Staaten. So setzte sich auch der Beauftragte der Bundesregierung für jüdisches Leben in Deutschland und den Kampf gegen Antisemitismus in einer offiziellen Erklärung dafür ein, die IHRA zur Grundlage staatlichen Handelns in Fragen des Antisemitismus zu machen.[57]

Wir erkennen also in den verschiedenen Definitionen eine schon in der Mbembe-Debatte geführte Auseinandersetzung mit der gleichen Aufteilung der Akteure. Mbembes Kritiker sehen sich der eher proisraelischen IHRA-Definition verpflichtet, seine Anhänger finden sich in der »Jerusalemer Erklärung« wieder. In der Auseinandersetzung zwischen diesen beiden Definitionen trifft ein innerjüdischer Diskurs zwischen denjenigen, die sich eher distanziert und kritisch zum Staat Israel positionieren, und denen, für die Israel eine Heimat geworden ist, auch wenn sie nicht dort leben, auf deutsche Befindlichkeiten, die dann mit historischer Verantwortung zu tun haben. Eine der Konsequenzen der Mbembe-Debatte könnte darin liegen, dass von offizieller Seite die Solidarität mit Israel für Zugewanderte eingefordert wird. Wenn diese Zugewanderten nun selbst aus dem Nahen Osten kommen, ist diese Forderung natürlich nicht unproblematisch. So stehen hier nicht nur deutsche Befindlichkeiten auf dem Spiel, sondern auch Befindlichkeiten, die von außerhalb Europas stammen und nicht nur deutsch, sondern auch innerjüdisch, amerikanisch und israelisch sein können.

Wenn sich also Achille Mbembe 2020 auf jüdische Autoren berufen kann und zugleich die israelische Souveränität ablehnt, steht er in einer langen Tradition des Denkens über Kolonialismus und Postkolonialismus. Mbembe nennt sein Engagement für die Welt durchaus bewusst »Die Welt reparieren«, ein Begriff aus dem rabbinischen Judentum (Tikkun Olam), der die Wiederherstellung der beschädigten Welt beschreibt.[58] Dieser jüdische Begriff hat gerade durch den Prozess der Amerikanisierung der Juden in den USA einen Universalisierungsprozess durchlaufen und meint breiter gedacht nun soziale Gerechtigkeit, an der alle teilnehmen können.[59] Aber »Welt reparieren« kann gleichzeitig ein ausschließlich jüdischer Begriff sein.[60] Auch Paul Gilroy beruft sich in seinen späteren Werken auf einen »strategischen Universalismus«, der einerseits Rassismus überwinden kann und andererseits jüdische Denker und Ideen als universal einstuft. Er nennt diese Einstellung einen »radikalen Humanismus«, der sich sowohl auf jüdische als auch auf schwarze Unterdrückungserfahrungen stützt. Gilroy sieht die Verwundbarkeit des Körpers als Schlüssel. In seiner Analyse werden Holocaust und Kolonialismus durch die Folter miteinander verbunden. Gilroy löst Améry auch aus der Holocaust-Überlebens-Literatur und analysiert ihn als radikalen Humanisten. Améry selbst schreibt über die Folter just im Jahre 1965, als in Frankreich eine Debatte über Kolonialismus und Folter geführt wurde.[61] Der »radikale Humanismus« ist eine unverkennbar universelle Einstellung zur Welt, Schwarz-Sein und Judentum werden aufgehoben, der Nationalstaat wird abgelehnt und auch gleich mit dem Faschismus in eins gesetzt.[62] Damit werden zwei Diskurse, Holocaust und Kolonialismus, parallel beschrieben. Diese können, aber müssen nicht miteinander in Konkurrenz stehen. Es ist dieser Übergang vom schwarzen Partikularismus zum »strategischen Universalismus«, der dann auch Israel von Juden und Judentum »strategisch« abtrennen kann. Dass solche Ideen auf Widerstand stoßen müssen, ist gerade im deutschen Kontext nicht schwer nachzuvollziehen. Doch es geht um unterschiedliche Sichtweisen: Sehen Mbembe und seine Anhänger im Boykott des Staates Israel einen Teil eines universalen Kampfes für Gerechtigkeit, dann haben sie als Gegenposition in diesem Kampf nicht das nationalsozialistische Deutschland vor Augen, sondern das Apartheidsystem Südafrikas. Dagegen ist für viele partikular denkende Juden und deren Anhänger diese Boykottbewegung antisemitisch, weil sie den souveränen politischen Ausdruck des jüdischen Befreiungskampfes, also die Souveränität Israels, verneint. So stehen sich verschiedene Traditionen antikolonialistischen Kampfes eigentlich unüberbrückbar gegenüber. Auch in den Büchern von Achille Mbembe ist das nachzulesen. Bei ihm stehen universale Traumata, die Erfahrungen von Schwarzen, im Vordergrund dem von ihm so eingeschätzten rassistischen Partikularismus von Israel gegenüber. Mbembe gebraucht in seinen Büchern das Wort »Nègre«, geht aber damit weiter als Césaire und andere, die über »Négritude« schrieben. Césaire zelebrierte mit »Négritude« noch partikularistische Ideen. Aber über Gilroy und Mbembe nutzt der neue postkolonialistische Diskurs einen strategischen Universalismus, der ohne Weiteres an einem universalen Selbstverständnis einer sich global verstehenden intellektuellen Klasse andocken kann, wo alle Traumata gleich bewertet werden können. Gewalt löst sich aus den spezifischen Kontexten und ist allgegenwärtig. Jeder und jede kann sich mit »Nègre« identifizieren. Mehr noch: »Nègre« ist eine Substitution für Juden geworden.

Der Universalismus verbindet alle Opfergruppen. Der Völkermord an den Herero 1905, die Vernichtung der Juden in

Europa, die Apartheidpolitik Südafrikas und die israelische Besatzungspolitik müssen zwar nicht unbedingt im kausalen Zusammenhang stehen, aber sie sind alle miteinander durch Kolonialismus und Ausbeutung verflochten. Zugleich sind Mbembes Werke Kritiken der Aufklärung und des westlichen Universalismus. Hier können durchaus Verbindungslinien mit der jüdischen Kondition gesehen werden, und so knüpft Mbembes Aufruf, die Welt zu reparieren, in der Tat bewusst an jüdische Endzeitgedanken an, aber die diesseitige Politik der zionistischen Erlösung, die für Du Bois bis zu einem Punkt nachvollziehbar war, ist nun völlig jenseits des Legitimen verschwunden. Israels Politik ist daher für Mbembe in dieser Tradition eine Politik der Ab- und Ausgrenzung und Apartheid geworden, die für ihn unter den universalen Begriff der Rassentrennung fällt.[63] Mbembes Vision überwindet den Nationalstaat, weil er den Nationalstaat als Teil der kolonialistischen Unterdrückung versteht. Die Emanzipation Afrikas sieht er transnational, ja diasporisch. Solchen Gedanken sind wir schon bei Frantz Fanon begegnet. Deshalb kann sich Mbembe mit bestimmten Formen jüdischen diasporischen Denkens identifizieren, während er gleichzeitig Israel und die zionistische Bewegung als gegenwärtigen Ausdruck von Unterdrückungsmechanismen ablehnt. Möglicherweise öffnet die Universalisierung des Rassismus neue Perspektiven, aber sie stärkt natürlich auch den Widerstand jener, die diese Öffnungen als skandalös empfinden, während die Nichtanerkennung »selbstverständlicher« globaler Sichtweisen ebenso als skandalös eingeschätzt werden kann. Bezeichnenderweise gewinnt dieser Prozess gerade in dem Augenblick an Zuspruch, da einzelne europäische Staaten nicht mehr umhinkönnen, sich mit ihrer eigenen Geschichte auseinanderzusetzen. Sicher entfernen sich diese Entwicklungen von der Spezifik der jüdischen Opfer des Holocaust, die in dieser strategisch universellen Perspektive im Namen der »Menschheit« verallgemeinert werden. Dieses postkolonialistische Modell ist daher eine radikale Vereinnahmung der jüdischen Katastrophe, die sich aber gleichzeitig als fortschrittlich und frei von ethnischen Bindungen präsentiert. Der Holocaust wird dadurch nicht relativiert oder abgeschwächt, sondern in einer Jahrhunderte dauernden Kontinuität der Unterdrückung Afrikas durch Europa gesehen, die Europa überhaupt erst hervorgebracht hat. Deutschlands Rückkehr zum Westen nach dem Zweiten Weltkrieg war nach dieser Auffassung keine Rückkehr. Die Westanbindung Deutschlands ist aus afrikanischer Perspektive keine Läuterung. Im Zentrum dieses Denkens steht Frankreich als der Ausgangsort von Freiheit, Gleichheit und Brüderlichkeit.

Diese unterschiedlichen, aber nicht immer artikulierten Sichtweisen können nur zu gegenseitigem Misstrauen und wechselseitigen Vorwürfen führen, zu Auseinandersetzungen, die dann schon lange nicht mehr auf wissenschaftlicher, sondern auf politischer und moralischer Ebene geführt werden. Das hängt auch mit der Psychologisierung der politischen Sprache zusammen. Der Begriff des Traumas spielt hier eine große Rolle. In vielerlei Hinsicht hat das Konzept Trauma das Konzept einer Politik ersetzt, die sich mit der Vergangenheit auseinandersetzt. Das psychologische Konzept des Traumas kommt ins Spiel, wenn es darum geht, Politik zu erklären. Es ist nicht selbstverständlich, dass verheerende historische Ereignisse für Einzelne und Kollektive mit dem Begriff des Traumas operieren, um diese Ereignisse begreiflich zu machen. Trauma steht stellvertretend für Wunden der Seele, der Kultur, der Gesellschaft und der Politik und ist zu einer Metapher geworden, die erklärt, wie man mit Gewalterfahrungen der Vergangenheit umzugehen hat. Der psychologische Ansatz der

Traumaforschung behauptet dann auch, dass schreckliche Erinnerungen unterdrückt werden und dass nur die Wahrheit uns befreien wird. Zu diesem Wissen gehört dann auch der Gedanke, dass alle Traumata gleich beschaffen sind, ob wir nun eine unglückliche Kindheit erlitten oder die Erfahrung eines Konzentrationslagers hinter uns haben. Das Konzept Trauma, so angewendet, verflacht Erfahrung, ja muss Erfahrung verflachen, um sie kommunikativ zu machen.[64] Einerseits wird es damit möglich, jenseits der spezifischen Erfahrungen das zugefügte Leid allgemein zu kommunizieren. Andererseits wird damit aber die individuelle Erinnerung fragmentiert und mittels eines gemeinsamen Filters gelesen. Doch weil es letztlich unerträglich ist, die eigene Erfahrung einem so allgemeinen Begriff unterzuordnen, geht die Verwendung des Traumabegriffs mit der kontinuierlichen Abwägung konkurrierender Opfervorstellungen einher, auch wenn dies natürlich bestritten wird. Nationale und ethnische Erinnerungen neigen dazu, die eigenen Opfer zu privilegieren. Im Vergleich dazu erschweren postkoloniale Erinnerungen das nationale Selbstverständnis, indem sie zu einer ständigen Dualität beitragen, da sich Nationen mit ihrem Status als Täter auseinandersetzen müssen. Die postkolonialistische Erinnerung behauptet dann auch von sich selbst, dass zwischen dem einzelnen Leiden nicht unterschieden werden kann. Und auch die Erinnerung an den Holocaust bewegt sich zwischen der besonderen jüdischen Geschichte und einem allgemeineren Begriff des Bösen, was dann die eigene Geschichte der Vertreibung sein kann, die Geschichte des Stalinismus und nun die Geschichte des Kolonialismus. Der Holocaust kann durchaus aus kolonialistischen Strukturen verstanden werden, aber gleichzeitig auch singulär sein. Das ist kein Widerspruch, sondern ein Versuch, sich aus der Binarität des Denkens zu befreien. Der Zionismus kann in Theorie und Praxis kolonial, antikolonial und postkolonial sein, und auch hier sind das keine Widersprüche. Das Humboldt Forum kann sowohl anti- oder auch postkolonial sein, und der Postkolonialismus kann identitär und antijüdisch daherkommen oder auch nicht.

Aber all diese Debatten erlauben es Deutschland, nicht länger als Ausnahmefall einer europäischen Entwicklung zu gelten und so zu einem weiteren Beispiel einer von Europa geteilten Moderne zu werden. Der Zweite Weltkrieg und der Holocaust sind dann auch nicht mehr allein von Deutschland zu verantworten. Es war eine gesamteuropäische Katastrophe, die ganz Europa getroffen hat und die von ganz Europa in der Zeit davor vorbereitet wurde. Damit treten Deutschland und Europa in eine neue Phase ein, die Geschichte der EU und der Phase nach dem Kalten Krieg mit seinen internen Schuld- und Unschuldsvorstellungen. Möglicherweise bildete die Geschichte Deutschlands vom Zweiten Weltkrieg bis zu seiner Vereinigung 1990 eine Ausnahme, die Ausnahme, die heute Kalter Krieg heißt. Vielleicht erscheint es im Nachhinein als ein Ausnahmezustand, in dem Deutschland die große Ausnahme war, ein geteiltes Land, das von zwei Supermächten regiert wurde und seinen Impetus von diesen erhalten hat. Doch mit dem Ende dieser Welt und dem Ende der Teilung ist Deutschland wieder zur »Normalität« bestimmt. Und das heißt dann auch, dass nach der Wiedervereinigung Deutschlands der konzeptuelle Raum für verschiedene moralische Narrative eröffnet wurde, darunter der Umgang mit der deutschen Kolonialvergangenheit, die wiederum Debatten über den Kolonialismus im Allgemeinen als konkurrierende moralische Erzählung zum Holocaust eröffnete. Deutschland als sowohl ethnisch-nationale als auch geografische Einheit verliert diesen geschlossenen nationalstaatlichen Anker und wird mit einem transnationalen Gegenüber konfrontiert. Das hat auch geschichtspolitische Konsequenzen. So versuchen diverse Genozid-Studien den Holocaust in einer vergleichenden Perspektive zu beschreiben und auch einen Ort für die deutschen Opfer der alliierten Bombenangriffe zu schaffen.[65] In einer pluralistischen Gesellschaft, das steht außer Frage, kann von Staats wegen keine monolithische Erinnerungskultur verordnet werden. Das trägt auch zur Schärfe der Debatte bei. Die Beteiligten der Debatte täten gut daran, zu erkennen, dass ihre Standpunkte als partikular zu akzeptieren und keine universalen Wahrheiten zu beanspruchen sind. Solidaritäten und kollektive Verantwortungen sind komplizierte Felder des Mitfühlens mit anderen, besonders wenn es sich um Taten handelt, die man selbst nicht begangen hat. In Deutschland hat das besondere Bedeutung, da die nationalsozialistische und kolonialistische Vergangenheit miteinander konkurrieren und gemeinsam beschrieben werden. Die Täter beider Verbrechen sind nicht mehr unter uns. Für wen und warum sich verantwortlich zu fühlen ist eine politische Entscheidung, die jeder und jede für sich selbst treffen muss, oder um wieder mit Max Weber zu sprechen und zu fragen: Was heißt es *in persona* für mich, gewissens- oder verantwortungsethisch zu handeln? Sind Europäer für alle Taten verantwortlich, die von Europa ausgingen?

Haften Deutsche für die Taten, die vor 115 Jahren oder vor achtzig Jahren von Menschen deutscher Staatsbürgerschaft begangen wurden? Schließt die Verantwortung auch die Nachfahren der Opfer ein? Diese Fragen sind natürlich absurd, da weder die Kinder und Enkel von Juden, die in Deutschland leben, in eine Verantwortung der Deutschen fallen können, weil deren Vorfahren Verbrechen an Juden begingen, noch haben Deutsche Verantwortung für Kinder, Enkel und Enkel von Enkeln von Menschen aus Afrika, die heute in Deutschland leben, weil es die deutschen und europäischen Kolonialverbrechen gab. Sie alle teilen denselben politischen Raum mit den Kindern und Enkeln und Enkeln von Enkeln der Täter selbst. Nicht um Dialog geht es, nicht um Versöhnung, denn die Taten sind geschehen und können nicht mehr gutgemacht werden, sondern um die gemeinsame Verantwortung für den öffentlichen Raum, auch wenn der durch unüberbrückbare Gegensätze gekennzeichnet ist.

Ich möchte mit einer beunruhigenden Frage schließen. Können Staaten und Gesellschaften durch einen therapeutischen Prozess geheilt werden genauso wie traumatisierte Menschen? Können wir davon ausgehen, dass Menschen, die als Gruppen oder Kollektive handeln, denselben Prozess durchlaufen wie Menschen, die als Individuen handeln? Die Erinnerung an geschichtliches Unheil ist gegenwärtig. Menschen erinnern sich und das sich vorwärtsbewegende Vergessen schaut immer zurück. Die Erinnerung an den Holocaust spielt auch heute eine große Rolle im Selbstverständnis Europas. Sie vereint Europa auf zweierlei Weise. Sie vereint von innen, als das Verbrechen, das Europa begangen hat, das Europa tyrannisiert hat und das Europa aus sich heraus überwinden muss. Und sie vereint von innen gegen den einzigen gemeinsamen Feind, der kein anderes Land ist – gegen die Negation der Zivilisation selbst, das heißt gegen all jene, die »Verbrechen gegen die Menschheit« begehen würden. Und dennoch ist es nicht immer einfach, beide Aspekte voneinander zu trennen. Die Vernichtung des europäischen Judentums wurde über nationale Grenzen hinweg als globales Symbol des ultimativen Übels akzeptiert, und *Nie wieder* ist ein allgegenwärtiger moralischer Imperativ geworden, sogar ein universeller Aufruf zum konkreten Handeln. Aber die Lehren des Holocaust, die in seiner Erinnerung enthalten sind, sind vielfältig und umstritten. Das

Holocaust-Gedächtnis entstand aus nationalen Erinnerungen auf die gleiche Weise, wie die EU aus Nationalstaaten geschaffen wurde. In ähnlicher Weise hat es sich von diesen nationalen Erinnerungen gelöst, ohne sie vollständig zu ersetzen. Es hat das gleiche Verhältnis zur EU wie nationale kollektive Erinnerungen: Das Holocaust-Gedächtnis kann eine kollektive Identität schaffen, ein Wir/Sie-Verhältnis, an dem alle Menschen in Europa teilnehmen können, um Teil des Wir zu werden. Das war ursprünglich nicht der Fall. Es dauerte Jahrzehnte, bis sich dieses Phänomen zu seiner heutigen Form entwickelte. Die Erinnerung an den Holocaust kann nun eine verbindende und transformative Kraft sein. Die jüngsten internationalen Reaktionen gegen Kolonialismus und Menschenrechtsverletzungen stellen einen qualitativen Wandel der politischen Werte dar, der einer Veränderung der Struktur der Weltpolitik entspricht. Nun, während die Souveränität der Staaten intakt bleibt, wurde ihre Autonomie, die Ausdrucksformen der Solidaritäten rein national zu bestimmen, schrittweise verringert. Das hat den Raum und die Notwendigkeit hervorgebracht, neue transnationale Solidaritäten und Verantwortungen zu schaffen. Die deterritorialisierte Erinnerung an den Holocaust hat dieses Bedürfnis erfüllt. Es geht also nicht mehr um den Holocaust, sondern auch um eine Gedenkmatrix mit ihren Ikonen und interpretativen Rahmen, die sich an anderen Ereignissen wie eben dem Kolonialismus festklammert. Gedenkdiskurse und -praktiken sind weltweit stark vom Standard und Richtmaß zum Gedenken an den Holocaust abhängig.

Ich wollte zeigen, dass sich die Globalisierung der Erinnerung nicht unbedingt auf die Entstehung einer gemeinsamen Meta-Erzählung auswirkt. Das Erinnern muss sich aber auch mit der unangenehmen Frage seiner eigenen Grenzen auseinandersetzen. Die Anerkennung des anderen steht im Mittelpunkt seiner Auffassung von Gesellschaft und Politik, aber es produziert auch Gegenbewegungen. Die wachsende ethnische und religiöse Vielfalt ist eine der Hauptursachen für diese Angst. In der Verzweiflung gibt es viele, die sich an das Vertraute klammern, in dem festen Glauben, dass nur dort Sicherheit in einer gefährlichen Welt zu finden ist. Die Ablehnung der Aufklärung, wie sie der Postkolonialismus am Ende einfordert, kann nicht der Weisheit letzter Schluss sein. Es geht auch darum, das eigene Denken zu erweitern und nicht nur die subjektiven eigenen Bedingungen unseres Lebens zu beachten. Unser Denken ist in der Vielzahl von Bedeutungen eingeschlossen: weder westlich noch nichtwestlich, sondern beides. Nicht Kolonialismus oder Holocaust, sondern beides. Das ist die Aufgabe der Ethik des *Nie wieder*. Diese Ethik opfert weder die Besonderheit, noch geht sie von einer Illusion universeller Gleichheit aus. Universalismus und Partikularismus müssen gemeinsam gedacht und reflektiert werden. Am Ende erkennt man, dass aus ethischer Perspektive die Unterscheidungen zwischen dem Westen und dem Nichtwesten wirklich gar nicht so viel Sinn ergeben. Vielleicht zollen wir solchen Dichotomien zu viel Anerkennung, und unsere Kritik an ihnen wird Teil des Problems, das wir untersuchen.

Die Jüdin und Amerikanerin Hannah Arendt hat diese Zusammenhänge schon 1948 gesehen und verstanden. Zur Zeit der Staatsgründung Israels schrieb sie in einem Aufsatz über innerjüdische Konflikte angesichts von Zionismus und der Gründung des Staates Israel:

»Einhellige Meinungen sind eine bedrohliche Erscheinung und gehören zu den Kennzeichen unseres modernen Massenzeitalters. Sie zerstören das gesellschaftliche wie das persönliche Leben, das auf der Tatsache beruht, dass wir von Natur aus und von unseren Überzeugungen her verschieden sind. Denn dass wir unterschiedliche Ansichten vertreten und uns bewusst sind, dass andere Leute über dieselbe Sache anders denken als wir, bewahrt uns vor jener gottähnlichen Gewissheit, welche allen Auseinandersetzungen ein Ende bereitet und die gesellschaftlichen Verhältnisse auf die eines Ameisenhaufens reduziert. Jede Einhelligkeit in öffentlichen Meinungen tendiert dazu, Andersdenkende physisch zu beseitigen, denn massenhafte Übereinstimmung ist nicht das Ergebnis einer Übereinkunft, sondern ein Ausdruck von Fanatismus und Hysterie. Im Gegensatz zur Übereinkunft bleibt eine vereinheitlichte Meinung nicht bei irgendwelchen genau definierten Zielen stehen, sondern breitet sich wie eine Infektion auf alle benachbarten Angelegenheiten aus.«[66]

ANHANG

BIBLIOGRAFIE

Abendroth, Wolfgang (1956): »Die völkerrechtliche Bedeutung der Bandung-Konferenz«, in: *Archiv des Völkerrechts* 6(1): S. 55–61

Améry, Jean (1969): »Der ehrbare Antisemitismus: Die Barrikade vereint mit dem Spießerstammtisch gegen den Staat der Juden«, in: *Die Zeit* vom 25. Juli 1969

Améry, Jean (1997): »Die Tortur«, in: ders.: *Jenseits von Schuld und Sühne. Bewältigungsversuche eines Überwältigten.* Stuttgart: Klett-Cotta Verlag, S. 46–73

Améry, Jean (2012a): »Die Geburt des Menschen aus dem Geiste der Violenz. Der Revolutionär Frantz Fanon (1968)« und »Der Warteraum des Todes (1969)«, in: ders.: *Werke, Band 7.* Stuttgart: Klett-Cotta Verlag, S. 428–449 und 450–474

Améry, Jean (2012b): *Jenseits von Schuld und Sühne. Werke, Band 2.* Stuttgart: Klett-Cotta Verlag

Améry, Jean (2012c): *Werke, Band 1–9.* Stuttgart: Klett-Cotta Verlag

Appiah, Kwame Anthony (2014): *Lines of Descent: W. E. B. Du Bois and the Emergence of Identity.* Cambridge, MA: Harvard University Press

Arendt, Hannah (1933): »Originale Assimilation. Ein Nachwort zu Rahel Varnhagens 100. Todestag«, in: *Jüdische Rundschau* 38, Nr. 28/29 vom 7. April 1933

Arendt, Hannah (1942): »From the Dreyfus Affair to France Today«, in: *Jewish Social Studies* 4(3): S. 195–240

Arendt, Hannah (1943): »We Refugees«, in: *The Menorah Journal* 31(1): S. 69–77

Arendt, Hannah (1946): »Über den Imperialismus«, in: *Die Wandlung – Eine Monatsschrift*, Erster Jahrgang 1945/46, Heft 8, S. 650–666

Arendt, Hannah (1948): »Konzentrationsläger«, in: *Die Wandlung – Eine Monatsschrift* 3(4): S. 309–330

Arendt, Hannah (1951): *The Origins of Totalitarianism.* New York: Harcourt, Brace and Company

Arendt, Hannah (1957): *Rahel Varnhagen: The Life of a Jewess.* London: East and West Library, The Leo Baeck Institute

Arendt, Hannah (1959a): *Rahel Varnhagen. Lebensgeschichte einer deutschen Jüdin aus der Romantik*. München: Piper

Arendt, Hannah (1959b): »Reflections on Little Rock«, in: *Dissent* 6(1): S. 45–56

Arendt, Hannah (1964): »Günter Gaus im Gespräch mit Hannah Arendt. Sendung vom 28.10.1964« – https://www.rbb-online.de/zurperson/interview_archiv/arendt_hannah.html

Arendt, Hannah (1965 [1963]): *Über die Revolution*, München: Piper

Arendt, Hannah (1970): *Macht und Gewalt*. München/Zürich: Piper

Arendt, Hannah (1972): *The Crisis in the Republic: Lying in Politics, Civil Disobedience, On Violence, Thoughts on Politics and Revolution*. New York: Harcourt Brace Jovanovich

Arendt, Hannah (1986 [1955]): *Elemente und Ursprünge totaler Herrschaft*. München/Zürich: Piper

Arendt, Hannah (2000a): »Für Ehre und Ruhm des jüdischen Volkes«, in dies.: *Vor Antisemitismus ist man nur noch auf dem Monde sicher. Beiträge für die deutsch-jüdische Emigrantenzeitschrift »Aufbau« 1941-1945*. München: Piper, S. 129–132

Arendt, Hannah (2000b): »Keinen Kaddisch wird man sagen«, in: dies.: *Vor Antisemitismus ist man nur noch auf dem Monde sicher. Beiträge für die deutsch-jüdische Emigrantenzeitschrift »Aufbau« 1941-1945*. München: Piper, S. 66–68

Arendt, Hannah (2006): »Walter Benjamin«, in: Detlev Schöttker und Erdmut Wiziska (Hrsg.): *Arendt und Benjamin. Texte, Briefe, Dokumente*. Frankfurt am Main: Suhrkamp, S. 45–97

Arendt, Hannah (2016a): »Franz Kafka: Der Mensch mit dem guten Willen«, in: dies.: *Die verborgene Tradition. Acht Essays*. Berlin: Suhrkamp, S. 62–71

Arendt, Hannah (2016b): »Franz Kafka«, in: dies.: *Die verborgene Tradition. Acht Essays*. Berlin: Suhrkamp, S. 88–107

Arendt, Hannah (2019a): »Wir Flüchtlinge (1943)«, in: Marie Luise Knott und Ursula Ludz (Hrsg.): *Wir Juden. Schriften 1932-1966*. München: Piper, S. 37–52

Arendt, Hannah (2019b): »Aufklärung und Judenfrage (1932)«, in: Marie Luise Knott und Ursula Ludz (Hrsg.): *Wir Juden. Schriften 1932-1966*. München: Piper, S. 11–29

Arendt, Hannah (2019c): »Franz Kafka (1944/48)«, in: Marie Luise Knott und Ursula Ludz (Hrsg.): *Wir Juden. Schriften 1932-1966*. München: Piper, S. 67–86

Arendt, Hannah (2019d): »Die verborgene Tradition (1944/48)«, in: Marie

Luise Knott und Ursula Ludz (Hrsg.): *Wir Juden. Schriften 1932–1966.* München: Piper, S. 126–153

Arendt, Hannah (2019e): »Der Judenstaat – Fünfzig Jahre danach (1946)«, in: Marie Luise Knott und Ursula Ludz (Hrsg.): *Wir Juden. Schriften 1932–1966.* München: Piper, S. 217–233

Arendt, Hannah (2019f): »Zur Rettung der jüdischen Heimstätte ist es noch nicht zu spät (1948)«, in: Marie Luise Knott und Ursula Ludz (Hrsg.): *Wir Juden. Schriften 1932–1966.* München: Piper, S. 240–258

Arendt, Hannah (2019g): »Über den Imperialismus«, in: Barbara Hahn, unter Mitarbeit von Barbara Breysach und Christian Pischel (Hrsg.): *Kritische Gesamtausgabe. Hannah Arendt – Sechs Essays. Die verborgene Tradition.* Druck und digital herausgegeben von Barbara Hahn, Hermann Kappelhoff, Patchen Markell, Ingeborg Nordmann und Thomas Wild, Band 3. Göttingen: Wallstein Verlag

Arendt, Hannah (2019h): »Zueignung an Karl Jaspers (1948)«, in: Barbara Hahn, unter Mitarbeit von Barbara Breysach und Christian Pischel (Hrsg.): *Kritische Gesamtausgabe. Hannah Arendt – Sechs Essays. Die verborgene Tradition.* Druck und digital herausgegeben von Barbara Hahn, Hermann Kappelhoff, Patchen Markell, Ingeborg Nordmann und Thomas Wild, Band 3. Göttingen: Wallstein Verlag

Arendt, Hannah und Reif, Adelbert (1970): »Interview mit Hannah Arendt. Von Adelbert Reif«, in: Hannah Arendt (2019): *Macht und Gewalt.* München: Piper, S. 107–132

Ashcroft, Bill; Griffiths, Gareth und Tiffin, Helen (2013): *Post-Colonial Studies: The Key Concepts.* London: Routledge

Baer, Alejandro und Sznaider, Natan (2017): *Memory and Forgetting in the Post-Holocaust Era: The Ethics of Never Again.* London: Routledge

Baldwin, James (1953): »Stranger in the Village«, in: *Harper's Magazine,* Oktober 1953

Barboza, Amalia (2005): *Kunst und Wissen. Die Stilanalyse in der Soziologie Karl Mannheims.* Konstanz: UVK Verlagsgesellschaft

Barghouti, Omar (2012): *Boykott-Desinvestment-Sanktionen. Die weltweite Kampagne gegen Israels Apartheid und die völkerrechtswidrige Besatzung Palästinas.* Köln: Neuer ISP Verlag

Bashir, Bashir und Goldberg, Amos (Hrsg.) (2019): *The Holocaust and the Nakba: A New Grammar of Trauma and History.* New York: Columbia University Press

Benz, Wolfgang (Hrsg.) (2020): *Streitfall Antisemitismus. Anspruch auf Deutungsmacht und politische Interessen.* Berlin: Metropol Verlag

Bhabha, Homi (1984): »Of Mimicry and Man: The Ambivalence of Colonial Discourse«, in: *October*, 28/1984, S. 125–133

Bhabha, Homi (2000): *Die Verortung der Kultur*. Tübingen: Stauffenburg-Verlag

Blatman, Daniel (2015): »Holocaust Scholarship: Toward a Post-Uniqueness Era«, in: *Journal of Genocide Research* 17(1): S. 21–43

Brennan, Timothy (2021): *Places of Mind: A Life of Edward Said*. London: Bloomsbury

Brod, Max (Hrsg.) (1958): *Franz Kafka. Briefe 1902–1924*. Frankfurt am Main: S. Fischer Verlag

Brodkin, Karen (1998): *How Jews Became White Folks And What That Says About Race in America*. New Brunswick, NJ: Rutgers University Press

Brozgal, Lia Nicole (2018): *Against Autobiography: Albert Memmi and the Production of Theory*. Lincoln: University of Nebraska Press

Bruckner, Pascal (2020): *Der eingebildete Rassismus. Islamophobie und Schuld*. Berlin: Edition Tiamat

Brudholm, Thomas (2008): *Resentment's Virtue: Jean Améry and the Refusal to Forgive*. Philadelphia: Temple University Press

Brumlik, Micha (2021): *Postkolonialer Antisemitismus? Achille Mbembe, die palästinensische BDS-Bewegung und andere Aufreger. Bestandsaufnahme einer Diskussion*. Hamburg: VSA Verlag

Bude, Heinz (2014): »Die existentielle Geste. Jean Amérys Begriff des Politischen«, in: Ulrich Bielefeld und Yfaat Weiss (Hrsg.): *Jean Améry. »… als Gelegenheitsgast ohne jedes Engagement«*. Paderborn: Wilhelm Fink Verlag, S. 95–103

Bürger, Christiane (2017): *Deutsche Kolonialgeschichte(n). Der Genozid in Namibia und die Geschichtsschreibung der BRD und DDR*. Bielefeld: transcript Verlag

Butler, Judith (2019): »Antisemitismus und Rassismus: Für eine Allianz der Gerechtigkeit«, in: Christian Heilbronn, Doron Rabinovici und Natan Sznaider (Hrsg.): *Neuer Antisemitismus? Fortsetzung einer globalen Debatte*. Berlin: Suhrkamp, S. 73–91

Castro Varela, María do Mar und Dhawan, Nikita (2015): *Postkoloniale Theorie. Eine kritische Einführung*. Bielefeld: transcript Verlag

Césaire, Aimé (2017): *Über den Kolonialismus*. Berlin: Alexander Verlag [1950: *Discours sur le colonialisme*. Paris: Présence Africaine]

Chakrabarty, Dipesh (2007): *Provincializing Europe*. Princeton: Princeton University Press [Deutsch: *Europa als Provinz*. Frankfurt am Main: Campus Verlag, 2010]

Cheyette, Bryan (2014): *Diasporas of the Mind: Jewish and Postcolonial*

Writing and the Nightmare of History. New Haven: Yale University Press
Clifford, James (1994): »Diasporas«, in: *Cultural Anthropology* 9(3): S. 302–338
Conrad, Joseph (1933): *Das Herz der Finsternis*. Berlin: S. Fischer Verlag
Conrad, Sebastian (2008): *Deutsche Kolonialgeschichte*. München: C. H. Beck Verlag
Curthoys, Ann und Docker, John (2008): »Defining Genocide«, in: Dan Stone (Hrsg.): *The Historiography of Genocide*. Houndmills: Palgrave Macmillan, S. 9–41
Dachs, Gisela (2000): »Wächter der Wunde«, in: *Die Zeit* vom 7. September 2000 – https://www.zeit.de/2000/37/200037_jerusalem.xml/komplettansicht
Deleuze, Gilles und Guattari, Felix (1976): *Kafka. Für eine kleine Literatur*. Frankfurt am Main: Suhrkamp
Di-Capua, Yoav (2018): *No Exit: Arab Existentialism, Jean-Paul Sartre and Decolonization*. Chicago: University of Chicago Press
Diner, Dan (2003): »Kumulative Kontingenz – Jüdische Erfahrung und israelische Legitimität«, in: ders.: *Gedächtniszeiten: Über jüdische und andere Geschichten*. München: C. H. Beck Verlag, S. 201–227
Diner, Dan (2007): *Gegenläufige Gedächtnisse. Über Geltung und Wirkung des Holocaust*. Göttingen: Vandenhoeck & Ruprecht
Diner, Dan (2014): »Verschobene Erinnerung. Jean Amérys ›Die Tortur‹ wiedergelesen«, in: Ulrich Bielefeld und Yfaat Weiss (Hrsg.): *Jean Améry. »… als Gelegenheitsgast, ohne jedes Engagement«*. Paderborn: Wilhelm Fink Verlag, S. 73–78
von Dohm, Christian Konrad Wilhelm (1781): *Über die bürgerliche Verbesserung der Juden*. Berlin/Stettin: Nicolai
Du Bois, William E. B. (1903): *The Souls of Black Folk: Essays and Sketches*. Alexandria, VA: Alexander Street Press [Deutsch: *Die Seelen der Schwarzen*. Freiburg (Breisgau): Orange Press, 2003]
Du Bois, W. E. B. (1952): »The Negro and the Warsaw Ghetto«, in: *Jewish Life* 6(7): S. 1, S. 14–15
Du Bois, William E. B. (1968): *The Autobiography of W. E. B. Du Bois: A Soliloquy on Viewing My Life from the Last Decade of Its First Century*. New York: International Publishers, S. 162–165
Du Bois, W. E. B. (1982): »The Case for the Jews (1948)«, in: Herbert Aptheker (Hrsg.): *The Writings of W. E. B. Du Bois in Non-Periodical Literature Edited by Others*. Millwood, NY: Kraus-Thomson, S. 56–58

Du Bois, W. E. B. (1985): *Creative Writings by W. E. B. Du Bois: A Pageant, Poems, Short Stories, and Playlets*. New York: Kraus-Thomson

Durkheim, Émile (1986 [1898]): »Der Individualismus und die Intellektuellen«, in: Hans Bertram (Hrsg.): *Gesellschaftlicher Zwang und moralische Autonomie*. Frankfurt am Main: Suhrkamp, S. 54–70

Elias, Norbert (1939): Über den Prozess der Zivilisation. Basel: Verlag Haus zum Falken

Elias, Norbert (2002): »Soziologie des deutschen Antisemitismus«, in: ders.: *Gesammelte Schriften, Bd. 1, Frühschriften*. Frankfurt am Main: Suhrkamp, S. 117–126 [»Soziologie des deutschen Antisemitismus«, in: *Israelitisches Gemeindeblatt der Gemeinden Mannheim und Ludwigshafen* vom 13. Dezember 1929]

Endreß, Martin und Srubar, Ilja (Hrsg.) (2000): *Karl Mannheims Analyse der Moderne. Mannheims erste Frankfurter Vorlesung von 1930*. Opladen: Leske + Budrich

Erll, Astrid (2011): »Travelling Memory«, in: *Parallax* 17(4): S. 4–18

Fackenheim, Emil L. (1982): *To Mend the World: Foundations of Future Jewish Thought*. New York: Schocken Books

Fanon, Frantz (1981): *Die Verdammten dieser Erde*. Frankfurt am Main: Suhrkamp

Fanon, Frantz (2015 [1952]): *Schwarze Haut, weiße Masken*. Wien/Berlin: Verlag Turia + Kant

Felman, Shoshana (2000): »In an Era of Testimony: Claude Lanzmann's Shoah«, in: *Yale French Studies* 97/2000, S. 103–150

Fiedler, Lutz (2017): »Schicksalsverwandtschaft? Jean Amérys Fanon-Lektüren über Gewalt, Gegengewalt und Tod«, in: *Naharaim* 11(1–2): S. 133–165

Foucault, Michel (2010): *Der Mut zur Wahrheit. Die Regierung des Selbst und der anderen. Band II. Vorlesung am Collège de France 1983/84*. Berlin: Suhrkamp

Fraenkel, Ernst (1984): *Der Doppelstaat. Recht und Justiz im »Dritten Reich«*. Frankfurt am Main: Fischer Taschenbuch Verlag

Frei, Norbert (2008): *1968. Jugendrevolte und globaler Protest*. München: DTV

Friedrich, Jörg (2004): *Der Brand. Deutschland im Bombenkrieg 1940–1945*. Berlin: List Verlag

Gerwarth, Robert und Malinowski, Stefan (2007): »Der Holocaust als kolonialer Genozid? Europäische Kolonialgewalt und nationalsozialistischer Vernichtungskrieg«, in: *Geschichte und Gesellschaft* 33 (2007), S. 439–466

Gilman, Sander L. (1995): *Franz Kafka: The Jewish Patient*. New York: Routledge

Gilroy, Paul (1993): *Black Atlantic: Modernity and Double Consciousness*. Cambridge, MA: Harvard University Press

Gilroy, Paul (2001): *Between Camps: Nations, Culture and the Allure of Race*. New York: Penguin Books

Gilroy, Paul (2010): »Fanon and Améry: Theory, Torture and the Prospect of Humanism«, in: *Theory, Culture & Society* 27(7–8): S. 16–32

Gines, Kathryn T. (2014): *Hannah Arendt and the Negro Question*. Bloomington, Indiana: Indiana University Press

Hahn, Barbara unter Mitarbeit von Barbara Breysach und Christian Pischel (Hrsg.) (2019): *Kritische Gesamtausgabe. Hannah Arendt – Sechs Essays. Die verborgene Tradition*. Druck und digital herausgegeben von Barbara Hahn, Hermann Kappelhoff, Patchen Markell, Ingeborg Nordmann und Thomas Wild, Band 3. Göttingen: Wallstein Verlag

Harris, Ruth (2010): *Dreyfus: Politics, Emotion and the Scandal of the Century*. New York: Metropolitan Books

Heilbronn, Christian; Rabinovici, Doron und Sznaider, Natan (Hrsg.) (2019): *Neuer Antisemitismus? Fortsetzung einer globalen Debatte*. Berlin: Suhrkamp

Herzl, Theodor (1968 [1896]): *Der Judenstaat. Versuch einer modernen Lösung der Judenfrage*. Osnabrück: O. Zeller

Herzl, Theodor (1985): *Wenn ihr wollt, ist es kein Märchen*. Königstein/Ts.: Jüdischer Verlag bei Athenäum

Hey, Katharina (2019): »Vom Colonisé zum Juif. Zur maghrebinischen Antisemitismuserfahrung unter französischer Kolonialherrschaft im Œuvre von Albert Memmi«, in: Raul Cârstocea und Éva Kovács (Hrsg.): *Modern Antisemitisms in the Peripheries Europe and Its Colonies 1880–1945*. Wien: New Academic Press, S. 205–222

Hilberg, Raul (1996): *Täter, Opfer, Zuschauer. Die Vernichtung der Juden 1933–1945*. Frankfurt am Main: Fischer Taschenbuch Verlag

Hochberg, Gil Z. (2007): *In Spite of Partition: Jews, Arabs, and the Limits of Separatist Imagination*. Princeton, NJ: Princeton University Press

Hoeges, Dirk (1994): *Kontroverse am Abgrund. Ernst Curtius und Karl Mannheim. Intellektuelle und freischwebende Intelligenz in der Weimarer Republik*. Frankfurt am Main: Fischer Taschenbuch Verlag

Horne, Alistair (2006): *A Savage War of Peace: Algeria 1954–1962*. New York: New York Review Books

Jaspers, Karl (1931): *Die geistige Situation der Zeit*. Berlin: De Gruyter

Journal of Genocide Research (2005), Special Issue 7(5) – *Lemkin Redux: In Quest of a Word*

Judaken, Jonathan (2006): *Jean-Paul Sartre and the Jewish Question: Anti-Antisemitism and the Politics of the French Intellectual*. Lincoln: University of Nebraska Press

Kafka, Franz (1919): »Ein Bericht für eine Akademie«, in: *Der Jude* 2(8): S. 559–565

Kafka, Franz (1994 [1925]): *Der Proceß*. Frankfurt am Main: Fischer Taschenbuch Verlag

Kafka, Franz (1994 [1926]): *Das Schloß*. Frankfurt am Main: Fischer Taschenbuch Verlag

Kafka, Franz (2002): »In der Strafkolonie«, in: Roger Hermes (Hrsg.): *Franz Kafka. Die Erzählungen und andere ausgewählte Prosa*. Frankfurt am Main: Fischer Taschenbuch Verlag, S. 164–198

Kansteiner, Wulf (2004): »Genealogy of a Category Mistake: A Critical Intellectual History of the Cultural Trauma Metaphor«, in: *Rethinking History* 8(2): S. 193–221

Karádi, Éva und Vezér, Erzsébet (Hrsg.) (1985): *Georg Lukács, Karl Mannheim und der Sonntagskreis*. Frankfurt am Main: Sendler Verlag

Katz, Ethan B.; Moses Leff, Lisa und Mandel, Maud S. (Hrsg.) (2017): *Colonialism and the Jews*. Bloomington: Indiana University Press

Katz, Jacob (1935): *Entstehung der Judenassimilation in Deutschland und deren Ideologie*. Johann Wolfgang Goethe-Universität Frankfurt am Main

Katz, Jacob (1986): *Aus dem Ghetto in die bürgerliche Gesellschaft: Jüdische Emanzipation 1770–1870*. Frankfurt am Main: Jüdischer Verlag bei Athenäum

Katz, Jacob (1995): *With My Own Eyes: The Autobiography of an Historian*. Hanover/London: Brandeis University Press

Kennedy, Valerie (2000): *Edward Said: A Critical Introduction*. Cambridge: Polity Press

Kettler, David und Meja, Volker (2004): »Karl Mannheim's Jewish Question: History, Sociology, and the Epistemics of Reflexivity«, in: Dan Diner (Hrsg.): *Simon Dubnow Institute Yearbook 3*. Göttingen: Vandenhoeck & Ruprecht, S. 325–347

Khalidi, Rashid (2020): *The Hundred Years' War on Palestine: A History of Settler Colonialism and Resistance, 1917–2017*. New York: Metropolitan Books

King, Richard H. und Stone, Dan (Hrsg.) (2007): *Hannah Arendt and the*

Uses of History: Imperialism, Nation, Race, and Genocide. New York/Oxford: Berghahn Books

Klarsfeld, Serge (2007): *Vichy – Auschwitz. Die Zusammenarbeit der deutschen und französischen Behörden bei der »Endlösung der Judenfrage« in Frankreich.* Darmstadt: Wissenschaftliche Buchgesellschaft

Klävers, Steffen (2019): *Decolonizing Auschwitz? Komparativ-postkoloniale Ansätze in der Holocaustforschung.* Berlin: De Gruyter

Knott, Marie-Luise (Hrsg.) (2010): *Hannah Arendt – Gershom Scholem. Der Briefwechsel.* Berlin: Jüdischer Verlag im Suhrkamp Verlag

Köhler, Lotte und Saner, Hans (Hrsg.) (1985): *Hannah Arendt/Karl Jaspers – Briefwechsel 1926–1969.* München: Piper

Kössler, Reinhart (2021): »Research in Solidarity? Investigating Namibian-German Memory Politics in the Aftermath of Colonial Genocide«, in: David Kim (Hrsg.): *Reframing Postcolonial Studies: Concepts, Methodologies, Scholarly Activisms.* Cham: Palgrave MacMillan, S. 191–213

Kranz, Mendel (2019): »Postcolonial Zionism: Theological-Political Paradigms in Levinas and Memmi«, in: *Hebrew Studies* 60/2019, S. 293–321

Kühne, Thomas (2013): »Colonialism and the Holocaust: Continuities, Causations, and Complexities«, in: *Journal of Genocide Research* 15(3): S. 339–363

Lanzmann, Claude (1973): Film – *Warum Israel*

Lanzmann, Claude (1981): »From the Holocaust to ›Holocaust‹«, in: *Dissent* 28(2): S. 188–194, wieder abgedruckt 2007 in: *Claude Lanzmann's Shoah. Key Essays* (hrsg. v. Stuart Liebman). New York: Oxford University Press, S. 27–36 [Deutsch: »Vom Holocaust zu *Holocaust* oder wie man sich seiner entledigt«, in: Claude Lanzmann (2015): *Das Grab des göttlichen Tauchers.* Reinbek: Rowohlt, S. 459–473]

Lanzmann, Claude (1985): Dokumentarfilm – *Shoah*

Lanzmann, Claude (1994): Dokumentarfilm – *Tsahal*

Lanzmann, Claude (2010a): »Der Friseur von Treblinka«, in: *Der Spiegel* 36/2010, S. 151–153

Lanzmann, Claude (2010b): *Der patagonische Hase: Erinnerungen.* Reinbek: Rowohlt

Lemkin, Raphael (1944): *Axis Rule in Occupied Europe: Laws of Occupation, Analysis of Government, Proposals for Redress.* Washington: Carnegie Endowment for International Peace

Lévy, Clara (2014): »Salzsäule«, in: Dan Diner (Hrsg.): *Enzyklopädie jüdischer Geschichte und Kultur (EJGK). Band 5: Pr–Sy.* Stuttgart/Weimar: Metzler, S. 311–315

Levy, Daniel und Sznaider, Natan (2001): *Erinnerung im globalen Zeitalter. Der Holocaust*. Frankfurt am Main: Suhrkamp

Macey, David (2012): *Frantz Fanon: A Biography*. London: Verso

Maffeis, Stefanie (2019): *Transnationale Philosophie. Hannah Arendt und die Zirkulation des Politischen*. Frankfurt am Main/New York: Campus Verlag, insbes. S. 276–284

Maier, Charles S. (2000): »Consigning the Twentieth Century to History: Alternate Narratives for the Modern Era«, in: *American Historical Review* 105(3): S. 807–831

Mamdani, Mahmood (2020): *Neither Settler nor Native: The Making and Unmaking of Permanent Minorities*. Cambridge, MA: The Belknap Press of Harvard University Press

Mannheim, Karl (1929): *Ideologie und Utopie*. Bonn: Cohen

Mannheim, Karl (1929): »Die Bedeutung der Konkurrenz im Gebiete des Geistigen«, in: *Verhandlungen des 6. Deutschen Soziologentages vom 17. bis 19. September 1928 in Zürich*. Tübingen: Mohr Siebeck, S. 35–83

Mannheim, Karl (1964): »Das Problem der Generationen«, in: Kurt H. Wolff (Hrsg.): *Karl Mannheim: Wissenssoziologie: Auswahl aus dem Werk*. Neuwied/Berlin: Luchterhand, S. 509–565 [»Das Problem der Generationen«, in: *Kölner Vierteljahreshefte für Soziologie* 7 (1928), S. 157–185, und (1929), S. 309–330]

Mannheim, Karl (1984 [1925]): *Konservatismus. Ein Beitrag zur Soziologie des Wissens* (veröffentl. Fassung der Habilitationsschrift von 1925). Frankfurt am Main: Suhrkamp

Mannheim, Karl (1985 [1921 u. 1922]): »Heidelberger Briefe«, in: Éva Karádi und Erzsébet Vezér (Hrsg.): *Georg Lukács, Karl Mannheim und der Sonntagskreis*. Frankfurt am Main: Sendler Verlag

Massad, Joseph Andoni (2006): *The Persistence of the Palestinian Question: Essays on Zionism and the Palestinians*. London: Routledge

Mbembe, Achille (2012): »Metamorphic Thought: The Works of Frantz Fanon«, in: *African Studies* 71(1): S. 19–28

Mbembe, Achille (2013): *Critique de la raison nègre*. Paris: La Découverte

Mbembe, Achille (2014): *Kritik der schwarzen Vernunft*. Berlin: Suhrkamp

Mbembe, Achille (2016): *Ausgang aus der langen Nacht. Versuch über ein entkolonisiertes Afrika*. Berlin: Suhrkamp

Mbembe, Achille (2017): *Politik der Feindschaft*. Berlin: Suhrkamp

Mbembe, Achille (2020): »Die Welt reparieren«, in: *Die Zeit* vom 23. April 2020, Nr. 18/2020

Memmi, Albert (1962): *Portrait d'un Juif*. Paris: Gallimard

Memmi, Albert (1962): »Suis-je un traître?«, in: *L'Arche* 61/1962, S. 30–33
Memmi, Albert (1963): *Die Salzsäule*. Roman. Köln/Berlin: Kiepenheuer & Witsch
Memmi, Albert (1966): *La Libération du Juif*. Paris: Gallimard
Memmi, Albert (1968): »Négritude et Judéité«, in: *African Arts* 1(4): S. 26–29 + S. 96–101 + S. 122–123
Memmi, Albert (1971): »La Vie Impossible de Frantz Fanon«, in: *Esprit* 406(9): S. 248–273
Memmi, Albert (1974): *Juifs et Arabes*. Paris: Gallimard
Memmi, Albert (1980 [1957]): *Der Kolonisator und der Kolonisierte: Zwei Porträts*. Frankfurt am Main: Syndikat
Memmi, Albert (2000): *Die Fremde*. Roman. Frankfurt am Main: Suhrkamp
Memmi, Albert (2004): *Portrait du décolonisé arabo-musulman et de quelques autres*. Paris: Gallimard
Morat, Daniel (2019): »Katalysator wider Willen. Das Humboldt Forum in Berlin und die deutsche Kolonialvergangenheit«, in: *Zeithistorische Forschungen / Studies in Contemporary History* 16 (2019), S. 140–153
Moses, A. Dirk (2011): »Hannah Arendt, Imperialisms, and the Holocaust«, in: Volker Max Langbehn (Hrsg.): *German Colonialism: Race, the Holocaust, and Postwar Germany*. New York: Columbia University Press, S. 72–92
Moses, A. Dirk (2012): »The Canadian Museum for Human Rights: The ›Uniqueness of the Holocaust‹ and the Question of Genocide«, in: *Journal of Genocide Research* 14(2): S. 215–238
Moses, A. Dirk (2013): »Das römische Gespräch in a New Key: Hannah Arendt, Genocide, and the Defense of Republican Civilization«, in: *The Journal of Modern History* 85(4): S. 867–913
Moses, A. Dirk (2017): »Empire, Resistance, and Security: International Law and the Transformative Occupation of Palestine«, in: *Humanity: An International Journal of Human Rights, Humanitarianism, and Development* 8(2): S. 379–409
Moses, A. Dirk (2021a): *The Problem of Genocide: Permanent Security and the Language of Transgression*. New York: Oxford University Press
Moses, A. Dirk (2021b): »Der Katechismus der Deutschen«, in: *Geschichte der Gegenwart* – https://geschichtedergegenwart.ch/der-katechismus-der-deutschen/ – Mai 2021
Nordau, Max (1903): »Achad-Hamm über ›Altneuland‹«, in: *Die Welt*, Nr. 11, 13. März 1903

Nordau, Max (2018): *Reden und Schriften zum Zionismus*. Oldenbourg: De Gruyter

Norton, Anne (1995): »Heart of Darkness: Africa and African Americans in the Writings of Hannah Arendt«, in: Bonnie Honig (Hrsg.): *Feminist Interpretations of Hannah Arendt*. University Park, Pennsylvania: Pennsylvania State University Press, S. 247–261

Owens, Patricia (2017): »Racism in the Theory Canon: Hannah Arendt and ›the One Great Crime in Which America Was Never Involved‹«, in: *Millenium: Journal of International Studies* 45(3): S. 403–424

Pape, Ilan (2006): *The Ethnic Cleansing of Palestine*. Oxford: Oneworld Publications [Deutsch: *Die Ethnische Säuberung Palästinas*. Frankfurt am Main: Zweitausendeins, 2007]

Penslar, Derek (2001): »Zionism, Colonialism and Postcolonialism«, in: *Journal of Israeli History* 20(2–3): S. 84–98

Pontecorvo, Gillo (1966): Film – *Die Schlacht von Algerien*

Power, Samantha (2002): *A Problem from Hell: America and the Age of Genocide*. New York: Basic Books

Rodinson, Maxime (1967): »Israël, fait colonial?«, in: *Les Temps Modernes*, n° 253 [Englisch: *Israel: A Colonial-Settler State?* New York: Monad Press, 1973]

Rothberg, Michael (2021): *Multidirektionale Erinnerung. Holocaustgedenken im Zeitalter der Dekolonisierung*. Berlin: Metropol Verlag

Said, Edward W. (1979): *The Question of Palestine*. London: Routledge & Kegan Paul

Said, Edward W. (1981): *Orientalismus*. Frankfurt am Main: Ullstein Verlag

Said, Edward W. (1986a): »Michael Walzer's ›Exodus and Revolution‹: A Canaanite Reading«, in: *Grand Street* 5(2): S. 86–106

Said, Edward W. (1986b): *After the Last Sky: Palestinian Lives*. New York: Columbia University Press

Said, Edward W. (1994): *Kultur und Imperialismus. Einbildungskraft und Politik im Zeitalter der Macht*. Frankfurt am Main: S. Fischer Verlag

Said, Edward W. (1995): *The Politics of Dispossession: The Struggle for Palestinian Self-Determination 1969-1994*. New York: Vintage Books

Said, Edward W. (2000): »My Encounter with Sartre«, in: *London Review of Books* 22(11): S. 42–43

Said, Edward W. (2001): »The Palestinian Right to Return«, in: *Raritan* 20(3): S. 34–52

Said, Edward W. (2002): *Das Ende des Friedensprozesses. Oslo und danach*. Berlin: Berlin Verlag

Said, Edward W. und Barenboim, Daniel (2004): *Parallels and Paradoxes: Explorations in Music and Society*. New York: Vintage Books

Sand, Shlomo (2011): *Die Erfindung des jüdischen Volkes. Israels Gründungsmythos auf dem Prüfstand*. Berlin: Ullstein Verlag

Sartre, Jean-Paul (1967): »Le Conflit israélo-arabe. Dossier«, in: *Les Temps Modernes*, n° 253, Paris: Gallimard

Sartre, Jean-Paul (1972): »About Munich«, in: *La Cause du peuple – J'accuse*, Nr. 29, Oktober 1972

Sayegh, Fayez (2012): »Zionist Colonialism in Palestine«, in: *Settler Colonial Studies* 2(1): S. 206–225 [Sayegh, Fayez (1965): *Zionist Colonialism in Palestine*. Beirut, Lebanon: Research Center / Palestine Liberation Organization]

Schmitz, Markus (2015): *Kulturkritik ohne Zentrum. Edward W. Said und die Kontrapunkte kritischer Dekolonisation*. Bielefeld: transcript Verlag

Shafir, Gershon (1996): *Land, Labor and the Origins of the Israeli-Palestinian Conflict 1892–1914*. Cambridge: Cambridge University Press

Shenhav, Yehouda (2008): *The Arab Jews: A Postcolonial Reading of Nationalism, Religion, and Ethnicity*. Stanford, CA: Stanford University Press

Shohat, Ella (2010): *Israeli Cinema: East/West and the Politics of Representation*. London: Tauris

Simmel, Georg (1908): »Exkurs über den Fremden«, in: ders.: *Soziologie. Untersuchungen über die Formen der Vergesellschaftung*. Berlin: Duncker & Humblot, S. 509–512

Soja, Edward W. (1996): *Thirdspace: Journeys to Los Angeles and Other Real-and-Imagined Places*. Oxford: Blackwell

Steiner, Franz Baermann (2008): »Brief an Herrn Gandhi«, in: ders.: *Zivilisation und Gefahr: Wissenschaftliche Schriften*. Göttingen: Wallstein Verlag, S. 60–81

Stone, Dan (2010): *Histories of the Holocaust*. Oxford: Oxford University Press

Sundquist, Eric J. (2009): *Strangers in the Land: Blacks, Jews, Post-Holocaust America*. Cambridge: Harvard University Press

Sznaider, Natan (2008): *Gedächtnisraum Europa. Die Visionen des europäischen Kosmopolitismus: Eine jüdische Perspektive*. Bielefeld: transcript Verlag

Sznaider, Natan (2011): *Jewish Memory and the Cosmopolitan Order: Hannah Arendt and the Jewish Condition*. Cambridge: Polity Press

Sznaider, Natan (2017): *Gesellschaften in Israel. Eine Einführung in zehn Bildern*. Berlin: Suhrkamp

Sznaider, Natan (2019a): »Israel und der ›neue‹ Antisemitismus. Eine politische Analyse«, in: *Europäische Rundschau: Vierteljahreszeitschrift für Politik, Wirtschaft und Zeitgeschichte* 47(2): S. 19–25

Sznaider, Natan (2019b): »The Other Frankfurt School«, in: *Distinktion: Journal of Social Theory* 20(2): S. 222–230

Sznaider, Natan (2020): »Antisemitismus zwischen Schwertern und Pflugscharen«, in: *Aus Politik und Zeitgeschichte* 26–27/2020: S. 15–19

Sznaider, Natan (2021a): *Politik des Mitgefühls. Die Vermarktung der Gefühle in der Demokratie.* Weinheim: Beltz Juventa

Sznaider, Natan (2021b): »The Summer of Discontent: Achille Mbembe in Germany«, in: *Journal of Genocide Research* 23(3): S. 412–419

Veracini, Lorenzo (2013): »The Other Shift: Settler Colonialism, Israel, and the Occupation«, in: *Journal of Palestine Studies* 42(2): S. 26–42

Verein Jüdischer Hochschüler (Bar Kochba) in Prag (1914): *Vom Judentum. Ein Sammelbuch.* Leipzig: Kurt Wolff Verlag

Vowinckel, Annette (2004): »Der kurze Weg nach Entebbe oder die Verlängerung der deutschen Geschichte in den Nahen Osten«, in: *Zeithistorische Forschungen* 1(2): S. 236–254

Walzer, Michael (1965): *The Revolution of the Saints: A Study in the Origins of Radical Politics.* Cambridge: Harvard University Press

Walzer, Michael (1995): *Exodus und Revolution.* Frankfurt am Main: Fischer Taschenbuch Verlag

Walzer, Michael; Lorberbaum, Menachem; Zohar, Noam J.; Lorberbaum, Yair; Ackerman, Ari und Kochen, Madeline (Hrsg.) (2000–2018): *The Jewish Political Tradition.* Bde. 1–3. New Haven/London: Yale University Press

Walzer, Michael und Said, Edward W. (1986): »An Exchange: Exodus and Revolution«, in: *Grand Street* 5(4): S. 246–259

Weber, Heloise und Weber, Martin (2020): »Colonialism, Genocide and International Relations: The Namibian-German Case and Struggles for Restorative Relations«, in: *European Journal of International Relations* 26 (1_suppl): S. 91–115

Weber, Max (1992 [1917]): »Wissenschaft als Beruf«, in: Wolfgang J. Mommsen und Wolfgang Schluchter in Zusammenarbeit mit Birgitt Morgenbrod (Hrsg.): *Max Weber Gesamtausgabe.* Band 17. Tübingen: J. C. B. Mohr (Paul Siebeck)

Weiss, Yfaat (2006): »Jean Améry Reads Frantz Fanon: The Post-Colonial Jew«, in: Moshe Zimmermann (Hrsg.): *On Germans and Jews under the Nazi Regime.* Jerusalem: Hebrew University Press, S. 161–171

Wiehn, Erhard R. (Hrsg.) (1989): *Juden in der Soziologie – Eine öffentliche Vortragsreihe an der Universität Konstanz 1989*. Konstanz: Hartung-Gorre

Wiese, Leopold von (1948a): »Karl Mannheim«, in: *Kölner Zeitschrift für Soziologie*, Bd. 1, S. 98–100

Wiese, Leopold von (1948b): »Die gegenwärtige Situation, soziologisch betrachtet«, in: Deutsche Gesellschaft für Soziologie (Hrsg.): *Verhandlungen des Achten Deutschen Soziologentages vom 19. bis 21. September 1946 in Frankfurt am Main*. Tübingen: Mohr, S. 20–39

Wieviorka, Michel (2019): »Der Antisemitismus im Frankreich der Gegenwart«, in: Christian Heilbronn, Doron Rabinovici und Natan Sznaider (Hrsg.): *Neuer Antisemitismus? Fortsetzung einer globalen Debatte*. Berlin: Suhrkamp, S. 159–181

Wilder, Gary (2015): *Freedom Time: Negritude, Decolonization, and the Future of the World*. Durham: University of Nebraska Press

Wilder, Gary und Memmi, Albert (1996): »Irreconcilable Differences«, in: *Transition* 71/1996, S. 158–177

Wolfe, Patrick (1999): *Settler Colonialism and the Transformation of Anthropology: The Politics and Poetics of an Ethnographic Event*. London: Cassell

Wolfe, Patrick (2006): »Settler Colonialism and the Elimination of the Native«, in: *Journal of Genocide Research* 8(4): S. 387–409

Young, Robert J. C. (2004): *White Mythologies: Writing History and the West*. London: Routledge

Young-Bruehl, Elisabeth (1991): *Hannah Arendt. Leben, Werk und Zeit*. Frankfurt am Main: Fischer Taschenbuch Verlag, insbes. S. 562–576

Young-Bruehl, Elisabeth und Kohn, Jerome (2007): »Truth, Lies, and Politics: A Conversation«, in: *Social Research* 74(4): S. 1045–1070

Zimmerer, Jürgen (2009): »Nationalsozialismus postkolonial. Plädoyer zur Globalisierung der deutschen Gewaltgeschichte«, in: *Zeitschrift für Geschichtswissenschaft* 57(6): S. 529–548

Zimmerer, Jürgen (2011): *Von Windhuk nach Auschwitz? Beiträge zum Verhältnis von Kolonialismus und Holocaust*. Berlin/Münster: LIT Verlag

Zweig, Arnold (1917): »Jude und Europäer«, in: *Der Jude. Eine Monatsschrift*, 2, 1917/18, S. 21–29

ANMERKUNGEN

EINLEITUNG
DIE FOLGEN EINER PREISVERLEIHUNG:
ACHILLE MBEMBE IN DEUTSCHLAND

1 https://www.muenchen.de/rathaus/Stadtverwaltung/Kulturreferat/Literatur/Preise-Literatur/Geschwister_Scholl.html.
2 Hannah Arendt (2019a: 51–52).
3 Für den Wortlaut der Rede: https://www.bundesregierung.de/breg-de/aktuelles/pressekonferenzen/sommerpressekonferenz-von-bundeskanzlerin-merkel-848300.
4 Für den Wortlaut des offenen Briefes siehe: https://www.scribd.com/document/459345514/Call-on-German-Minister-Seehofer.
5 Hier nur einige Beispiele: Gegen Mbembe schrieben unter anderen: Michael Wolffsohn, »Der Israel Vergleich von Achille Mbembe bestätigte das verbreitete antisemitisch-antizionistische Weltbild der Linken«, in: *Neue Zürcher Zeitung*, 28.4.2020. Patrick Bahners, »Wie erkennt man wissenschaftlichen Antisemitismus?«, in: *Frankfurter Allgemeine Zeitung*, 24.4.2020. Alan Posner, »Es reicht mit dem steuerfinanzierten Antisemitismus«, in: *Die Welt*, 18.4.2020. Saba Nur Cheema und Meron Mendel, »Leerstelle Antisemitismus«, in: *taz*, 25.4.2020. Für Mbembe schrieben unter anderen: Amos Goldberg und Alon Confino, »Die andere Seite der Gleichung«, in: *taz*, 1.5.2020. Aleida Assmann und Susan Neiman zur Causa Mbembe, »Die Welt reparieren, ohne zu relativieren«, in: *Deutschlandfunk Kultur*, 26.4.2020. Für eine engagierte Zusammenfassung der Debatte siehe Micha Brumlik (2021).
6 www.un.org/Depts/german/gruendungsres/grunddok/ar217a3.html.
7 https://embassies.gov.il/berlin/AboutIsrael/Dokumente%20Land%20und%20Leute/Die_Unabhaengigkeitserklaerung_des_Staates_Israel.pdf.

8 https://www.bundestag.de/dokumente/textarchiv/2019/kw20-de-bds-642892.
9 https://dserver.bundestag.de/btd/19/101/1910191.pdf.
10 Das Plädoyer ist hier nachzulesen: https://www.humboldtforum.org/wp-content/uploads/2020/12/201210_PlaedoyerFuer Weltoffenheit.pdf.

LEBEN IN UND MIT DER UNMÖGLICHKEIT

1 Erhard R. Wiehn (Hrsg.) (1989).
2 Siehe vor allen Dingen Éva Karádi und Erzsébet Vezér (Hrsg.) (1985).
3 Siehe dazu Karl Mannheim (1984 [1925]).
4 Leopold von Wiese (1948a: 99).
5 Leopold von Wiese (1948b: 29).
6 Georg Simmel (1908: 509).
7 Ein Beispiel dafür ist der schwarze Schriftsteller James Baldwin, den es 1951 in das Schweizer Dorf seines damaligen Partners nach Leukerbad verschlagen hat. In seinem Essay (1953) »Ein Fremder in einem Dorf« beschrieb er, dass die Menschen in Leukerbad noch nie einen schwarzen Mann gesehen hatten und sich ihm näherten, als wäre er vom Himmel gefallen. Er war in der Tat ein Bewohner von Sirius, eine von Simmel benutzte Metapher für nicht dazugehörendes Fremdsein, für diejenigen, die jenseits von nah und fern stehen.
8 Für diesen Konflikt siehe Dirk Hoeges (1994).
9 Norbert Elias (2002).
10 Das klassische Statement von Karl Mannheim ist sein 1928 veröffentlichter Aufsatz »Das Problem der Generationen«, in: »Karl Mannheim« (1964).
11 Über Jacob Katz und seine Frankfurter Lehrjahre siehe seine Autobiografie (1995). Katz, der nach Israel auswanderte, wurde in Israel zum Begründer einer jüdischen Sozialgeschichte. Über Mannheim und die jüdische Frage siehe David Kettler und Volker Meja (2004).
12 Siehe sein ins Deutsche übersetzte Standardwerk: Jacob Katz (1986): *Aus dem Ghetto in die bürgerliche Gesellschaft*.
13 Hannah Arendt (1959a).
14 Siehe dazu typisch Christian Konrad Wilhelm von Dohm (1781).
15 Siehe dazu Amalia Barboza.
16 Max Weber (1992).

17 Ebd.: 111.
18 Ebd.: 101.
19 Ebd.: 111.
20 Hannah Arendt (1933). Theoretisch hat sie das schon vorher verstanden (Hannah Arendt 2019b [1932]).
21 Lotte Köhler und Hans Sahner (Hrsg.) (1985: 184).
22 Ebd.: 186.
23 Ebd.: 52.
24 Ebd.: 53.
25 Émile Durkheim (1986).
26 Für die verschiedenen Sichtweisen der Dreyfus-Affäre siehe Ruth Harris (2010).
27 Hannah Arendt (1942).
28 Für eine Kopie ihrer Vorlesung über Dreyfus am Brooklyn College siehe https://memory.loc.gov/cgi-bin/ampage?collId=mharendt&fileName=05/051190/051190page.db&recNum=0&itemLink=/ammem/arendthtml/mharendtFolderP05.html&linkText=7.
29 Siehe dazu Sander L. Gilman (1995).
30 Für diese Lesart von Kafka siehe vor allem Gilles Deleuze und Felix Guattari (1976).
31 Hannah Arendt (2019c: 75).
32 Hannah Arendt (2019d: 145).
33 Ebd.: 151.
34 Ebd.: 152–153.
35 Für mehr Einzelheiten siehe Natan Sznaider (2008).
36 Das Inventar wurde hier veröffentlicht: *Jewish Social Studies* VIII (1), 1946, Supplement, S. 1–103. In den folgenden Jahren wurden weitere Listen veröffentlicht: »Tentative List of Jewish Educational Institutions in Axis-Occupied Countries«, *Jewish Social Studies* VIII (3), Supplement, S. 5–95; »Tentative List of Jewish Periodicals in Axis-Occupied Countries«, *Jewish Social Studies* IX (5), 1947, S. 7–44; »Addenda and Corrigenda to Tentative List of Jewish Cultural Treasures in Axis-Occupied Countries«, *Jewish Social Studies* 10 (1) 1948, S. 3–16; und »Tentative List of Jewish Publishers of Judaica and Hebraica in Axis-Occupied Countries«, *Jewish Social Studies* X (2), 1948, S. 5–50. Die Fragebögen, mit denen Arendt arbeitete, liegen im Salo Baron Archiv an der Stanford University: »The Salo Baron Papers«, M0580, Stanford University.
37 Hannah Arendt (2019e: 231–232).
38 Wiederabgedruckt in Max Nordau (2018, Zitat S. 247).

39 Franz Baermann Steiner (2008: 75).
40 Ausführlicher dazu siehe Natan Sznaider (2011).
41 Hannah Arendt (2000a).
42 Ebd.: 132.
43 Ebd.: 130.
44 Hannah Arendt (2000b).
45 Hannah Arendt (1986: 11).
46 Hannah Arendt (1986: 333–335).
47 Ebd.: 356.
48 Siehe dazu eine der ersten Studien über diesen Zusammenhang: Richard H. King und Dan Stone (2007).
49 Siehe auf Deutsch: Ernst Fraenkel (2012).
50 Das Interview kann hier nachgelesen werden: https://www.rbb-online.de/zurperson/interview_archiv/arendt_hannah.html.
51 Hannah Arendt (1986: 309).
52 Kathryn T. Gines (2014).
53 Hannah Arendt (1959b).
54 Michael Rothberg (2021).
55 So die deutsche Bundeskanzlerin Angela Merkel in ihrer Rede im israelischen Parlament am 18. März 2008: »Gerade an dieser Stelle sage ich ausdrücklich: Jede Bundesregierung und jeder Bundeskanzler vor mir waren der besonderen historischen Verantwortung Deutschlands für die Sicherheit Israels verpflichtet. Diese historische Verantwortung Deutschlands ist Teil der Staatsräson meines Landes. Das heißt, die Sicherheit Israels ist für mich als deutsche Bundeskanzlerin niemals verhandelbar.«
Diese eindeutig politische Einstellung wird in der Sprache der moralischen Verpflichtung geäußert, die den Holocaust als ein einzigartiges Verbrechen der Deutschen gegen die Juden versteht. Es hat nichts mit Wissenschaftlichkeit zu tun. Für den Wortlaut der Rede: https://www.bundesregierung.de/breg-de/service/bulletin/rede-von-bundeskanzlerin-dr-angela-merkel-796170.
56 Wie zum Beispiel A. Dirk Moses (2011, 2013).
57 Diese Essays sind 2019 im Rahmen der Gesamtausgabe von Arendts Schriften neu veröffentlicht worden: Hannah Arendt, *Sechs Essays. Die Verborgene Tradition*. Reihe: *Hannah Arendt, Kritische Gesamtausgabe. Druck und Digital Complete Works. Critical Edition. Print und digital* herausgegeben von/edited by Barbara Hahn, Hermann Kappelhoff, Patchen Markell, Ingeborg Nordmann und Thomas Wild; Bd. 3.
58 Hannah Arendt (2019g: 4).

59 Hannah Arendt (2019h: 1). Und etwas weiter schreibt sie: »Aber die Fabrikation von Leichen hat mit Feindschaft nichts mehr zu tun und ist mit politischen Kategorien nicht mehr zu fassen. In Auschwitz hat sich der Boden der Tatsachen in einen Abgrund verwandelt, in den jeder hineingezogen werden wird, der nachträglich versucht, sich auf ihn zu stellen.« (S. 3).
60 Jürgen Zimmerer (2011).
61 Daniel Levy und Natan Sznaider (2001).
62 Astrid Erll (2011).
63 Michael Rothberg (2021).
64 Beide Frankreich laufen in den Unruhen von Sétif zusammen. Am 8. Mai feierten die Algerier in dieser Stadt das Ende des Zweiten Weltkriegs, aber auch ihre anscheinend bevorstehende Unabhängigkeit von Frankreich. Der Aufstand wurde von den französischen Sicherheitskräften blutig niedergeschlagen. Für die erinnerungspolitischen Zusammenhänge des 8. Mai in Sétif siehe Dan Diner (2007: 64 ff).
65 Lanzmann folgt damit den Kategorien des Holocaust-Forschers Raul Hilberg (1996), den er auch im Film interviewt.
66 Siehe dazu Shoshana Felman (2000).
67 Claude Lanzmann (2010a: 153).
68 Wichtige Zusammenfassungen dieser Verknüpfungen in: Dan Stone (2010). Im Zentrum der Debatte damals wie auch in der Debatte um den Kolonialismus steht die Frage der Singularität des Holocaust.
69 Claude Lanzmann (1981), »From the Holocaust to ›Holocaust‹«, in: *Dissent*, wiederabgedruckt 2007 in: *Claude Lanzmann's Shoah. Key Essays* (hrsg. von Stuart Liebman). In deutscher Übersetzung 2015 veröffentlicht.
70 Claude Lanzmann (2015: 460).
71 Ebd.: 466.
72 Ebd.: 496.
73 Siehe die biografische Studie von David Macey (2010).
74 Für den Kontrast zwischen den »beiden« Fanons siehe Bryan Cheyette (2014).
75 Der Begriff »Dritte Welt« wurde Anfang der 1950er-Jahre geläufiger.
76 Ein gutes Dokument für diese Zeit ist der italienisch-algerische Dokumentarfilm *Die Schlacht von Algerien* von Gillo Pontecorvo aus dem Jahre 1966. Dieser beschreibt sehr gut die eingeforderte Legitimität des gewaltvollen Widerstands. Für die historische Beschreibung des Krieges in Algerien siehe Alistair Horne (2006).
77 Ein gutes Beispiel für die Beschreibung dieser Kategorien ist der fran-

zösische und jüdische Historiker Pierre Vidal-Naquet, der sich gegen die Foltermethoden der französischen Streitkräfte in Algerien einsetzte und dazu einige Schriften in den 1950er-Jahren veröffentlichte. In den 1990er-Jahren schrieb er gegen die Holocaust-Leugnung in Frankreich.

78 Über die Geschichte und Aufarbeitung der Erinnerung an den 17. Oktober 1961 siehe: Jean-Luc Enaudi (2011); Jim House und Neil Macmaster (2006) für die Vergangenheitspolitik Frankreichs in diesem Zusammenhang.

79 Serge Klarsfeld (2007).

80 36 Jahre nach der Produktion des Films wurde eine der Aufführungen in einem Hamburger Kino im Oktober 2009 von linken Protesten verhindert. Lanzmann nannte diese Aktion 2009 Antisemitismus und nicht Antizionismus. Siehe den *Spiegel*-Artikel https://www.spiegel.de/kultur/gesellschaft/antisemitismus-in-hamburg-regisseur-lanzmann-schockiert-ueber-krawalle-bei-israel-film-a-661980.html vom 19.11.2009.

81 In Achille Mbembes *Kritik der schwarzen Vernunft* spielt Fanon die Rolle eines Wegweisers für das ganze Buch. In einem Aufsatz über Frantz Fanon rekonstruiert Mbembe (2012) die Wut Fanons auf den Rassismus.

82 Für den Text des Manifests und die Unterzeichner siehe https://www.monde-diplomatique.fr/2000/09/A/2392.

83 Über die verschiedenen Lesarten des Buches siehe Jonathan Judaken (2006).

84 Claude Lanzmann (2010b: 442).

85 Für die theoretische Verknüpfung von Sartre und Fanon siehe Robert C. Young (2004). Young argumentiert auch, dass die poststrukturalistische Theorie über die algerische Wirklichkeit verstanden werden sollte.

86 In aktuellen Diskussionen wird der palästinensische Widerstand durch den BDS als gewaltlos gekennzeichnet.

87 Frantz Fanon (1981: 18).

88 Jean-Paul Sartre, »About Munich«, in: *La Cause du peuple, J'accuse*, No. 29, du 15 (October 1972).

89 Die Gesamtausgabe von Amérys Werken gibt es in einer neunbändigen Ausgabe: Jean Améry (2012), *Werke, Bde.* 1–9.

90 Siehe vor allem zu dieser Frage Thomas Brudholm (2008). Améry (2012) schreibt ausführlich darüber in: »Ressentiments«, in: *Jenseits von Schuld und Sühne*, Band 2, Gesammelte Werke.

91 Jean Améry, »Die Geburt des Menschen aus dem Geiste der Violenz. Der Revolutionär Frantz Fanon« (1968) und »Der Warteraum des Todes« (1969), in: *Werke, Band 7*, 2012. Für eine Analyse, wie Améry Fanon liest, siehe Yfaat Weiss (2006). Siehe auch den Essay von Paul Gilroy, den Laudator von Achille Mbembe, der die Gewalterfahrungen von Fanon und Améry gemeinsam liest (Paul Gilroy 2010).
92 Jean Améry (2012: 433).
93 Sechs Jahre nach Veröffentlichung dieses Textes war Améry im November 1974 Gast im »Internationalen Frühschoppen«, der populärsten politischen Talkshow dieser Zeit, die sonntags um 12 Uhr gesendet wurde. In dieser Sendung ging es um den Hungerstreiktod von Holger Meins aus der ersten Generation der RAF. Die Teilnehmer sollten ein letztes Wort an Ulrike Meinhof richten, die auch im Hungerstreik war. Améry beendete seine Bemerkung mit: »Nicht aufgeben.« Für die Einbettung dieser Bemerkung und den Skandal, die sie auslöste, siehe Heinz Bude (2014).
94 Für eine vergleichende Analyse dieser beiden Améry-Essays siehe Lutz Fiedler (2017). Fiedler argumentiert, dass die beiden Essays die beiden Grunderfahrungen Amérys bezeugen, die des politischen Widerstandskämpfers und die des jüdischen Lagerhäftlings.
95 Für diese Lesart von Améry siehe Bryan Cheyette (2013). Für Améry siehe S. 78–113.
96 Jean Améry (1969).
97 Ebd.
98 Mehr als zwanzig Jahre später kehrte sie in ihrem Interview mit Günter Gaus zu diesem Punkt zurück: »Wenn man als Jude angegriffen ist, muß man sich als Jude verteidigen. Nicht als Deutscher oder als Bürger der Welt oder der Menschenrechte oder so. Sondern: Was kann ich ganz konkret als Jude machen?« https://www.rbb-online.de/zurperson/interview_archiv/arendt_hannah.html.
99 Hannah Arendt (1970 [1969]).
100 Für eine vergleichende Geschichte der Bewegung siehe Norbert Frei (2008).
101 Für eine Beschreibung des Seminars von einem der Teilnehmer siehe Elisabeth Young-Bruehl und Jerome Kohn (2007). Es war ein Seminar über politische Erfahrung, wo Arendt biografische Literatur unterrichtete.
102 Anlässlich der deutschen Übersetzung von »On Violence« gab Arendt dem Journalisten Adelbert Reif ein längeres Interview, das in der deutschen Ausgabe *Macht und Gewalt* (2019 [1970]) abgedruckt

ist. Dieses Interview ist eine gute Zusammenfassung des Textes und diskutiert kontrovers auch strittige Missverständnisse.
103 Für den größeren amerikanischen Zusammenhang der Black-Power-Bewegung und Arendts Kritik siehe Stefanie Maffeis (2019). Dort berichtet Maffeis über die Diskussionen, die Arendt mit ihren eher links stehenden Zeitgenossen über die Frage der Gewalt führte. Für die Bedeutung Fanons für die Black-Power-Bewegung siehe den Essay von Stokey Carmichael, einen der Gründer,»Black Power« aus dem Jahre 1966: http://www.edchange.org/multicultural/speeches/stokely_carmichael_blackpower.html. Auch die Biografin Arendts, Elisabeth Young-Bruehl (1991), schreibt über den größeren Zusammenhang und Arendts Beobachtungen der Studentenbewegung.
104 Knapp fünfzig Jahre später sollte die Black-Lives-Matter-Bewegung in den USA davon inspiriert werden. Auch hier geht es um die Wiedererlangung der Würde.
105 Hannah Arendt und Adelbert Reif (2019 [1970]: 116).
106 Ebd.: 117.
107 Ebd.: 115.
108 Es sind natürlich auch diese Arendt'schen Beobachtungen, die sie anfällig für Angriffe auf sie als Rassistin machen – siehe dazu Anne Norton (1995).
109 Sehr deutlich zu sehen in ihrer 1972 veröffentlichten Essaysammlung über amerikanische Politik: *The Crisis in the Republic*, New York 1972, die neben dem Essay über Gewalt auch Gedanken über Lügen und Politik und zivilen Ungehorsam und eine Zusammenfassung ihres Revolutionsessays enthält. Es sind wohl ihre amerikanischsten Essays.
110 Memmi bewegte sich immer zwischen den verschiedenen Formen der intellektuellen Darstellung. Er denkt in mehreren Genres über sein Leben nach. In seinem autobiografischen Roman *Die Salzsäule*, der 1953 auf Französisch veröffentlicht wurde, erzählt Memmi von Alexandre Mordechaï Benillouche, einem Juden, der zwischen den Welten der Juden, Araber und Franzosen steht. Die drei Namen des Helden beinhalten diese Welten. Das Vorwort schrieb Albert Camus, der sich im Gegensatz zu Sartre in seinen Schriften gegen die Gewalt als Mittel im antikolonialistischen Kampf positionierte. Siehe: Albert Memmi, *Le statue du sel*, 1953. Deutsch: *Die Salzsäule*, 1995.
111 Neben dem Roman Die *Salzsäule* war seine wichtigste theoretische Schrift aus den 1950er-Jahren *Portrait du colonisé; précédé du portrait du colonisateur*, 1957 (das Buch erschien 1980 auf Deutsch: *Der*

Kolonisator und der Kolonisierte: Zwei Porträts). Das Vorwort zu seiner theoretischen Schrift schrieb, wie bei Fanon, Jean-Paul Sartre, der auch hier in der revolutionären Gewalt die Erlösung sucht.

112 Albert Memmi (1971).
113 Zur Négritude-Bewegung: Gary Wilder (2015).
114 Für den Versuch einer neuen Theorie jenseits des Biografischen siehe Lia Nicole Brozgal (2018).
115 Ein knappes halbes Jahrhundert später sollte Memmi seine Abrechnung mit der Entkolonisierungsbewegung veröffentlichen: *Portrait du décolonisé arabo-musulman et de quelques autres*, 2004.
116 Arendt wurde 1940 im französischen Lager Gurs interniert. Sowohl Arendt als auch Memmi waren Opfer der antijüdischen Vichy-Maßnahmen in Frankreich auf beiden Seiten des Mittelmeers. Über Memmis Erlebnisse im Lager siehe seinen Roman *Die Salzsäule* (S. 298–312).
117 Albert Memmi (1962).
118 Albert Camus schreibt in seinem Vorwort zum Buch *Die Salzsäule*: »Hier ist ein Schriftsteller aus Tunesien, der weder Franzose noch Tunesier ist. Eigentlich ist er nicht einmal Jude, denn in gewissem Sinne möchte er keiner sein.« (S. 11) Es ist durchaus möglich, dass Memmi mit 33 Jahren, als er das Buch schrieb, das auch so sah. Später wohl nicht mehr.
119 Albert Memmi (1968).
120 Siehe zum Vergleich den Brief, den Hannah Arendt am 20. Juli 1963 an Gershom Scholem schrieb: »Jude sein gehört für mich zu den unbezweifelbaren Gegebenheiten meines Lebens und ich habe an solchen Faktizitäten niemals etwas ändern wollen. Eine solche Gesinnung grundsätzlicher Dankbarkeit für das, was ist, wie es ist, gegeben und nicht gemacht, physei und nicht nomoi, ist präpolitisch.« (Marie-Luise Knott [Hrsg.] [2010: 439]).
121 Césaire wurde 1913 auf Martinique geboren und wird in unserem Zusammenhang für die Verknüpfung des Holocaust mit Kolonialismus wichtig werden. Er starb 2008 auch in Martinique. Er war einer der Lehrer von Fanon. Er prägte den Begriff schon als junger Student 1935 in einer französischen Zeitschrift. Die Négritude-Bewegung war auch von der so genannten »Harlem Renaissance« in den USA der 1920er- und 1930er-Jahre inspiriert. Auch dort ging es um positive Selbstbestimmung des Schwarz-Seins. Siehe auch die Vorbemerkung von Heribert Becker in der deutschen Übersetzung von Césaires Buch *Über den Kolonialismus*, 2017.

122 Im Original heißt das Buch von Achille Mbembe *Critique de la raison nègre*. Im Französischen konnte es so heißen, da der Begriff Négritude anders konnotiert ist als im Deutschen.
123 In der postkolonialistischen Literatur wird das »strategischer Essentialismus« genannt. Siehe Bill Ashcroft (2013).
124 Für diesen Punkt siehe die wichtige Intervention von Paul Gilroy (1993).
125 Aimé Césaire (1950), *Discours sur le colonialism*, und Albert Memmi (1957), *Portrait du colonisé. Précédé du Portrait du colonisateur*. Auch bei Memmi wird das Buch von Sartre eingeführt.
126 Es ist vor allen Dingen Michael Rothberg in seinem Buch über multidirektionale Erinnerung, der dort ein ausführliches Kapitel über Césaire schreibt.
127 Aimé Césaire (2017: 29).
128 Zum Forschungsstand siehe Steffen Klävers (2019).
129 Siehe das erhellende Gespräch zwischen Gary Wilder und Albert Memmi (1996).
130 Albert Memmi (1955), *Agar*, 2000 auf Deutsch als *Die Fremde* erschienen. Hagar ist der Name der nichtjüdischen Frau Abrahams in der Bibel.
131 Das insbesondere in seinen beiden Büchern aus den 1960er-Jahren: *Portrait d'un Juif* (1962) und *La Libération du Juif* (1966), beide Bücher sind nicht auf Deutsch erhältlich. Siehe auch *Juifs et Arabes* (1974).
132 Dazu auch Derek Penslar (2001).
133 Siehe dazu Mendel Kranz (2019).
134 Linke orientalische Intellektuelle innerhalb und außerhalb Israels wollten in den 1990er-Jahren im Zuge des Postkolonialismus den Begriff »arabische Juden« positiv konnotieren, aber diese Versuche konnten oft die Mauern der Universitäten in Israel und den USA nicht übersteigen. Eine wichtige Stimme für diesen Ansatz ist Ella Shohat (2017).
135 Für die spezifisch jüdische Erfahrung bei Memmi siehe Katharina Hey (2019), dazu auch Clara Lévy (2014).
136 Für diese Einschätzung siehe Gil Z. Hochberg (2007).
137 Siehe dazu sein Vorwort zu einer Anthologie schwarzer Poesie aus dem Jahre 1948: *Schwarzer Orpheus*.
138 Für das Gesetz siehe hier: https://www.knesset.gov.il/laws/special/eng/return.htm. Gerade in den ersten beiden Jahrzehnten des 21. Jahrhunderts fanden viele französische Juden, also die Kinder und Enkel der in den 1950er- und 1960er-Jahren aus Nordafrika nach

Frankreich gekommenen Juden, ihren Weg nach Israel. Grund dafür ist der ansteigende Antisemitismus in Frankreich, ausgehend von den Kindern und Enkeln der aus Nordafrika stammenden Muslime in Frankreich. Siehe dazu auch Michel Wieviorka (2019).

139 Wichtigste Darstellung der innerjüdischen postkolonialistischen Beschreibungen sind Yehouda Shenhav (2008) und Ella Shohat (2010). Beide Bücher stehen unter dem intellektuellen Einfluss von Edward Said und sehen die Orientalisierung der Juden aus dem Orient durch die aus Europa stammende Hegemonie.

140 Albert Memmi (2004), *Portrait du décolonisé arabo-musulman et de quelques autres*, der Titel spielt natürlich auf den Titel seines Buches von 1957 an.

141 Ähnlich argumentiert Pascal Bruckner (2020). Diese Einstellung trifft dann frontal auf die politischen Haltungen wie in den Werken von Achille Mbembe, dass Frankreich sich nie zu dem systematischen Rassismus und seiner kolonialen Vergangenheit bekannte.

142 Für den Wortlaut siehe: https://unispal.un.org/UNISPAL.NSF/0/761C1063530766A7052566A2005B74D1.

143 Der Begriff der Apartheid für die Beschreibung der israelischen Wirklichkeit ist natürlich ein politischer Kampfbegriff. Auch israelische Menschenrechtsorganisationen benutzen diesen Begriff. Siehe B'Tselem – The Israeli Information Center for Human Rights in the Occupied Territories veröffentlichte im Januar 2021 einen Bericht: *A regime of Jewish supremacy from the Jordan River to the Mediterranean Sea: This is apartheid:* https://www.btselem.org/publications/fulltext/202101_this_is_apartheid. Siehe auch den im April 2021 veröffentlichten Bericht der Menschenrechtsorganisation »Human Rights Watch«: *A Threshold Crossed Israeli Authorities and the Crimes of Apartheid and Persecution.* Der Begriff Apartheid wird auch hier aus dem südafrikanischen Kontext genommen und als »institutionalisierte Diskriminierung« definiert. https://www.hrw.org/sites/default/files/media_2021/04/israel_palestine0421_web_0.pdf.

144 Für eine grundlegende Biografie von Edward Said siehe Timothy Brennan (2021).

145 Siehe dazu den Klassiker der postkolonialen Studien: Robert Young (1990). Das Buch Saids, *Orientalism*, ist 1981 beim Ullstein Verlag in deutscher Übersetzung erschienen.

146 Edward Said (1979). Said hat bis zu seinem Tod 2003 immer wieder leidenschaftlich über Israel und den Nahostkonflikt geschrieben.

Dort lag seine wahre Leidenschaft. Siehe auch die Essaysammlung Saids über den Nahostkonflikt, die Palästinafrage und Israel: Edward Said (1995). Für spätere Essays in deutscher Übersetzung siehe Edward Said (2002). Diese Essays enthalten auch Saids Kritik an der palästinensischen Politik.

147 Für Einführungen siehe Valerie Kennedy (2000), María do Mar Castro Varela und Nikita Dhawan (2015), Markus Schmitz (2015).

148 Am 23. April 2020 entgegnete Achille Mbembe seinen Kritikern in der ZEIT, dass es ihm um die so genannte »Reparatur der Welt« geht, ein jüdisch-messianischer Begriff, der universalisiert wurde. Das ist durchaus ein strategischer Universalismus, seine Wurzeln lassen sich auch bei Edward Said finden.

149 Edward Said (1994).

150 So schreibt er: »But the elision is so complete that one forgets that the relationship between Israelis and Arabs is not a fact of nature but the result of a specific, continuing process of dispossession, displacement, and colonial de facto apartheid. Moreover, one tends to forget that Zionists were arrivals in Palestine from Europe.« (Edward Said 1979: 37)

151 »I do sympathize with, I understand as profoundly as I can. The fear felt by most Jews that Israel's security is a genuine protection against future genocidal attempts on the Jewish people. But it is necessary to remark that there can be no way of satisfactorily conducting a life whose main concern is to prevent the past from recurring. For Zionism, the Palestinians have now become the equivalent of a past experience reincarnated in the form of a present threat. The result is that the Palestinians' future as a people is mortgaged to that fear, which is a disaster for them and for Jews.« (Edward Said 1979: 231)

152 Es war aber auch die Zeit des Terrors. Ein in der Erinnerung gebliebenes Ereignis war 1976 die Entführung einer Air-France-Maschine auf dem Weg nach Tel Aviv. Die Maschine landete in Entebbe in Uganda. Es war ein palästinensisches Kommando gemeinsam mit zwei Mitgliedern der deutschen Revolutionären Zellen, Wilfried Böse und Brigitte Kuhlmann, die dafür verantwortlich waren. Es waren die beiden Deutschen, die dann in der Transithalle die jüdischen von den nichtjüdischen Passagieren trennten. Die zurückgebliebenen Geiseln wurden von einem israelischen Kommando befreit. Für den größeren Zusammenhang siehe Annette Vowinckel (2004).

153 Said war am Anfang seiner theoretischen Karriere von Michel

Foucault beeindruckt, der diesen »Mut zur Wahrheit« zu seinem theoretischen Programm machte. Siehe Michel Foucault (2010).
154 Siehe die vierbändige Ausgabe von *The Jewish Political Tradition* (Hrsg. von Michael Walzer, Menachem Lorberbaum et al.), 2000–2018. Dort versucht Michael Walzer gemeinsam mit Kollegen und Kolleginnen die kollektive politische Erfahrung der Juden theoretisch einzufangen. Es ist ein Versuch, die lange Tradition des politischen Denkens aus jüdischer Perspektive zu lesen.
155 1995 beim S. Fischer Verlag in deutscher Übersetzung als *Exodus und Revolution* erschienen.
156 Ikonisch wurde der Begriff Exodus auch durch den Namen des Schiffes, das Holocaust-Überlebende 1947 von Europa in das noch von den Briten verwaltete Palästina bringen sollte. Diese Geschichte wurde 1960 in Hollywood mit Paul Newman in der Hauptrolle verfilmt.
157 Schon 1965 veröffentlichte Walzer eine Studie über den amerikanischen Puritanismus als Grundlage radikaler Politik. Siehe Michael Walzer (1965).
158 Edward Said (1986a), Michael Walzer und Edward Said (1986).
159 1994 hat der amerikanische Anthropologe James Clifford in einem programmatischen Artikel mit dem bezeichnenden Namen »Diasporas« gefordert, die jüdische Geschichte und Erfahrung nicht als normatives Modell zu benutzen, und damit den Begriff auch konzeptionell öffnen wollen. Siehe James Clifford (1994). 1991 wurde die kulturwissenschaftliche Zeitschrift *Diaspora: A Journal of Transnational Studies* ins Leben gerufen.
160 Diese Einstellung ist auch in einem 1986 erschienenen Fotobuch von Said zu beobachten (Edward Said 1986b). Mit Text und Fotos stellt Said die staatenlosen Lebenswelten der Palästinenser vor. Er will ihnen damit ein Gesicht geben. Ein Buch, aus dem Exil für das Exil geschrieben, wie er im Vorwort schreibt.
161 Edward Said (2000).
162 Ebd.: 43.
163 Siehe Yoav Di-Capua (2018). Für diese Studie interviewte der Autor Claude Lanzmann, der diesen Eindruck von seinem Einfluss auf Sartre bestätigen kann.
164 Edward Said (1979: XII).
165 Für diese Lesart siehe Bashir Bashir und Amos Goldberg (Hrsg.) (2019), die den neuesten politischen und Forschungsstand gemeinsam mit anderen Autoren zusammenfassen.

166 Siehe dazu die Verteidigung des BDS als legitimer Widerstandsform in den Essays von Judith Butler, wie in Judith Butler (2019).
167 Das Interview erschien in hebräischer Sprache in der israelischen Tageszeitung *Haaretz* am 18. August 2000. In englischer Sprache nachzulesen in Edward Said (2001).
168 Das postkolonialistische Konzept der Mimikry stammt von Homi Bhabha (1984).
169 Siehe dazu »Wächter der Wunde« von Gisela Dachs in: *DIE ZEIT*, 2000: https://www.zeit.de/2000/37/200037_jerusalem.xml/komplettansicht.
170 Die so genannte Karnevalisierung ist ein kulturwissenschaftlicher Begriff (Bachtin), der als geduldete Transgression oder Tabubruch gilt.
171 Edward Said und Daniel Barenboim (2004).
172 Das mag sich auch daran zeigen, dass nach Saids Tod die BDS-Bewegung das Orchester selbst in den Boykott einschließen wollte. Für die Rechtfertigung siehe https://bdsmovement.net/news/west-eastern-divan-orchestra-undermining-palestinian-civil-resistance-and-violating-palestinian. Said hatte wohl mehr jüdische Freunde, als es der Bewegung lieb war.

FLUCHTPUNKTE
DER ERINNERUNG

1 https://embassies.gov.il/vienna/AboutIsrael/Dokumente%20Wien/Unabhaengigkeitserkl.pdf.
2 Siehe auch Dan Diner (2003).
3 Siehe Charles S. Maier (2000). Auch sollten die stalinistischen Verbrechen in den Rahmen der westlichen Erinnerung einbezogen werden.
4 Ein wichtiges Beispiel dafür ist die Studie des israelischen Historikers Shlomo Sand (2011). Sand bemüht sich zu zeigen, dass das jüdische Volk eine Konstruktion ist, eigentlich authentisch nicht existiert und es daher keine historischen Rechte auf das Land besitzt. Dabei spielen die historischen Tatsachen weniger eine Rolle als die moralischen Konsequenzen.
5 Joseph Massad (2006).
6 Mahmood Mamdani (2020: 250–326).
7 Das heißt natürlich nicht, dass die gesamte postkolonialistische

Literatur sich auf Israel und den Nahostkonflikt konzentriert. Es geht oft auch um den Globalen Süden und andere Regionen.

8   Jean-Paul Sartre (1967): »Le Conflit israélo-arabe. Dossier«. Das Inhaltsverzeichnis kann hier eingesehen werden: http://www.gallimard.fr/Catalogue/GALLIMARD/Revue-Les-Temps-Modernes/Les-Temps-Modernes307.

9   Man kann diesen Essay durchaus als die Stunde null der akademischen – nicht der politischen – Auseinandersetzung sehen, ob Israel ein kolonialistisches Projekt ist oder nicht. Der Essay wurde 1973 in den USA ins Englische als *Israel: A Colonial-Settler State?* übersetzt. Eine deutsche Übersetzung liegt nicht vor.

10 Einer der wichtigen Autoren, die diesen politischen Rahmen nutzten, um den Konflikt zu verstehen, ist der in England unterrichtende israelische Historiker Ilan Pape. Siehe sein 2006 erschienenes Buch *The Ethnic Cleansing of Palestine*, das 2007 als *Die Ethnische Säuberung Palästinas* ins Deutsche übersetzt wurde. Für diesen Blickwinkel siehe auch die Arbeiten von Lorenzo Veracini (2013), einem der Mitbegründer der Zeitschrift *Settler Colonial Studies*. Für eine frühe Studie, die die zionistische Bewegung als Siedlerkolonialismus beschreibt: Gershon Shafir (1996). Shafir betont, dass es den jüdischen Siedlern nicht um Ausbeutung, sondern um Ausschluss ging.

11 Patrick Wolfe (2006). Wolfe war eine zentrale akademische Figur in den so genannten »Settler-Colonialism«-Studien. Siehe auch sein Buch *Settler Colonialism and the Transformation of Anthropology*, 1999. Einer der neueren historischen Beiträge, die den Siedlerkolonialismus als wissenschaftlichen Rahmen nutzen, ist: Rashid Khalidi (2020).

12 So schreibt er über den Zionismus: »As such, the conquest of labour was central both to the institutional imagining of a *goyim-rein* (gentile-free) zone and to the continued stigmatization of Jews who remained unredeemed in the *galut* (diaspora). The positive force that animated the Jewish nation and its individual new-Jewish subjects issued from the negative process of excluding Palestine's Indigenous owners. In short, elimination refers to more than the summary liquidation of Indigenous people, though it includes that. In its positive aspect, the logic of elimination marks a return whereby the native repressed continues to structure settler-colonial society.« (S. 390)

13 Die Gedanken von Wolfe werden dann elf Jahre später vom jetzigen Herausgeber des *Journals of Genocide Research*, A. Dirk Moses, in einem weiteren Aufsatz (2017) mit dem Titel »Empire, Resistance, and

Security: International Law and the Transformative Occupation of Palestine« bestätigt. Auch hier werden die angeblich völkermörderischen Tendenzen der Besatzung Palästinas klar ausgeführt.
14 Siehe den Nachdruck eines Kapitels aus dem Buch von Fayez Sayegh (1965) in: *Settler Colonial Studies*, 2012.
15 Siehe den Post von Ilan Pape auf der Website der BDS-Bewegung vom 1. März 2017: https://bdsmovement.net/news/israel-and-palestine-settler-colonialism-and-academic-freedom. Dort wird auch wohlwollend die Zeitschrift *Settler Colonial Studies* erwähnt.
16 Siehe auch Derek Penslar (2001), der dafür plädiert, die zionistische Bewegung jenseits der Kategorien von Kolonialismus und Postkolonialismus zu untersuchen.
17 So auch einer der Mitbegründer der BDS-Bewegung, Omar Barghouti, der den kulturellen, akademischen und allgemeinen Boykott gegen Israel einfordert. Siehe Omar Barghouti (2012). In der BDS-Bewegung wird der Rahmen des Kolonialismus mit dem Begriff der Apartheid erweitert.
18 In diesem Sinne hat die Diskursanalyse von Foucault sich in der Politik behaupten können. Politik bedeutet dann, die richtige Beschreibung der Welt parat zu haben. Aber durch Foucault (und auch Said) war das nicht hoffnungsloser Relativismus, sondern es war die Sprache der Besiegten, der Schwachen, der Verlierer, die »Wahrheit sprachen«. Foucault sprach vom »Mut zur Wahrheit«. Siehe Michel Foucault (2010). Natürlich kann man auch durchaus behaupten, dass der postkolonialistische Diskurs nicht mehr die Sprache der Besiegten ist, sondern die Sprache der neuen Sieger im globalen Feld.
19 Für die Konstitution einer eigenen nationalen Kultur in Israel siehe Natan Sznaider (2017).
20 Ein Versuch, diese Komplexitäten einzufangen, findet sich bei Ethan B. Katz, Lisa Moses Leff und Maud S. Mandel (Hrsg.) (2017).
21 Siehe Natan Sznaider (2017).
22 Einer der wichtigsten Vertreter der Globalisierung deutscher Gewaltgeschichte ist der Hamburger Historiker Jürgen Zimmerer. Siehe vor allem Jürgen Zimmerer (2011). Es ist Zimmerers Arbeiten zu verdanken, dass die Bezugsetzung zwischen Holocaust und Kolonialismus Teil des öffentlichen Diskurses in Deutschland wurde. Wie Michael Rothberg (2021) beruft er sich auf die Schriften der 1950er-Jahre von Fanon, Césaire und Arendt als »Beweis« für die These.
23 Dabei geht es hier weniger um die historische Genauigkeit des Zusammenhangs zwischen deutschem Kolonialismus und Holocaust. Für

eine ausführliche Kritik dieses Zusammenhangs siehe Steffen Klävers (2019), hier vor allen das dritte Kapitel: »Die Geburt des Holocausts aus dem Geiste des Kolonialismus? Eine kritische Rekonstruktion historischer Kontinuitätsthesen«.

24 Siehe Reinhart Kössler (2021) für eine Einordnung dieses Ereignisses innerhalb der postkolonialistischen Studien.

25 Für diesen Punkt siehe Robert Gerwarth und Stefan Malinowski (2007).

26 Christiane Bürger (2017).

27 Der Terminus »Völkermord« war in diesem Zusammenhang 2004 noch umstritten. Er wurde erst 2016 von der deutschen Bundesregierung als solcher anerkannt. Über den Zusammenhang zu den Reparationszahlungen siehe Heloise Weber und Martin Weber (2020). Die Ministerin Heidemarie Wieczorek-Zeul wurde auch im Sommer 2006 vom Zentralrat der Juden in Deutschland für ihre Äußerungen über die israelischen Angriffe im Libanon heftig kritisiert. Der Ton gegen sie erinnert an ähnliche Debatten 2020.

28 Deutschland erkennt Kolonialverbrechen an den Herero und Nama als Völkermord an: https://www.spiegel.de/politik/deutschland/herero-und-nama-deutschland-erkennt-kolonialverbrechen-in-afrika-als-voelkermord-an-a-e0c59c97-4e80-4adc-9f1a-f887fc8fc348?sara_ecid=soci_upd_wbMbjhOSvViISjc8RPU89NcCvtlFcJ.

29 Über Lemkin siehe Samantha Power (2002). Über die Einbettung Lemkins innerhalb der jüdischen Geschichte siehe Natan Sznaider (2011). Siehe auch die Sonderausgabe »Lemkin Redux: In Quest of a Word«, in: *Journal of Genocide Research*, 2005, die mehrere Essays zu verschiedenen Aspekten von Lemkins Biografie und Theorie enthält. Siehe auch den konzeptionell wichtigen Essay von Ann Curthoys und John Docker (2008).

30 Raphael Lemkin (1944).

31 https://www.un.org/en/genocideprevention/documents/atrocity-crimes/Doc.1_Convention%20on%20the%20Prevention%20and%20Punishment%20of%20the%20Crime%20of%20Genocide.pdf.

32 Die wissenschaftliche Zeitschrift des United States Holocaust Memorial Museum in Washington, D.C., heißt *Holocaust and Genocide Studies,* was allein schon darauf hinweist, dass diese beiden Konzepte miteinander verbunden, aber nicht gleich sind. Dahinter steht auch die Debatte, ob der Holocaust einzigartig oder vergleichbar mit anderen Verbrechen sei. Die Fachzeitschrift *Journal of Genocide Re-*

search steht zum Beispiel für die Vergleichbarkeitsthese. Beispiele sind A. Dirk Moses (2012) oder Daniel Blatman (2015). Für eine gute Zusammenfassung dieser Fragen siehe Thomas Kühne (2013).
33 In Deutschland Jürgen Zimmerer (2011), außerhalb Deutschlands vor allen Dingen A. Dirk Moses (2021a, b). Siehe auch die ausführliche Darstellung von Steffen Klävers (2019).
34 Für eine Zusammenfassung der Geschichte des deutschen Kolonialismus siehe Sebastian Conrad (2008).
35 Ein Beispiel für diesen Widerstand gegen die Thesen Zimmerers ist das Diskussionsforum in einer maßgeblichen historischen Fachzeitschrift, *Geschichte und Gesellschaft*, von 2007. Siehe vor allem den Essay von Robert Gewarth und Stephan Malinowski (2007). Siehe auch Zimmerers Antwort, die gleichzeitig eine Verteidigungsschrift seiner Thesen darstellt, den deutschen Nationalsozialismus und den Holocaust postkolonial zu verstehen: Jürgen Zimmerer (2009). Es geht Zimmerer weniger um den Vergleich an sich, sondern um strukturelle Ähnlichkeiten wie Vernichtungsfantasien, Landnahme und Siedlerkolonialismus.
36 Siehe dafür zum Beispiel den Band von Wolfgang Benz (Hrsg.) (2020). Hier geht es um die Einzigartigkeit des Antisemitismus. Bei vielen Beiträgen werden oft die »politischen Interessen« der Gegenmeinung angeprangert, während man selbst glaubt, von einem Standpunkt der Wahrheit zu argumentieren. Es geht in erster Linie um die Legitimation des Vergleichs.
37 Diese traditionellen Gedächtnisnarrative werden in den letzten Jahren zu Beschreibungen der Wirklichkeit von eher rechtspopulistischen Gruppierungen wie der AFD in Deutschland oder ähnlichen Gruppierungen in anderen Ländern.
38 Der Begriff des »thirdspace« wurde vor allem von Edward Soja (1996) entworfen. Siehe auch die postkolonialistische Diskussion von Homi Bhabha (2000).
39 Für die Zusammenfassung der Debatte siehe Daniel Morat (2019).
40 Siehe auch Alejandro Baer und Natan Sznaider (2017).
41 Ein gutes Beispiel dafür ist der Beitrag von A. Dirk Moses vom Mai 2021 (2021b). Hier thematisiert der Autor die These von der Einzigartigkeit des Holocaust als eines deutschen Katechismus, während die kolonialistische Wende in den Holocaust-Studien als universale Wahrheit dargestellt wird. Ausführlicher beschreibt Moses, der im Sommer 2021 das deutsche Feuilleton besetzte, dies im letzten Kapitel seines Buches von 2021 (2021a).

42 Nicht zufällig heißt ein Schlüsseltext des Postkolonialismus von Dipesh Chakrabarty *Provincializing Europe*, 2007.
43 Siehe auch Natan Sznaider (2021a).
44 Das Interview ist hier nachzulesen: https://www.rbb-online.de/zurperson/interview_archiv/arendt_hannah.html.
45 Du Bois berichtet über Heinrich von Treitschke, den er über die Juden und auch Schwarzen in seinen Vorlesungen wüten gehört hat. Wie zum Beispiel die Bemerkung Treitschkes: »Die Mulatten sind niedrig! Sie fühlen sich niedrig« (W. E. B. Du Bois 1968: 165). Du Bois besuchte 1936 Deutschland noch einmal und konnte dort den praktizierten Rassismus und Antisemitismus beobachten.
46 Die Formulierung des doppelten Bewusstseins findet sich in: W. E. B. Du Bois (1903): *The Souls of Black Folk* (2003 in deutscher Sprache als *Die Seelen der Schwarzen* übersetzt).
47 Für den Einfluss der Berliner Lehrjahre auf das Denken von Du Bois siehe Kwame Anthony Appiah (2014).
48 Durkheim gehörte zu den Gründern der Liga der Verteidigung der Bürger- und Menschenrechte, die 1898 gegründet wurde. Du Bois blieb den Großteil seines Lebens nicht nur Soziologe, sondern auch Aktivist für die Belange der Schwarzen. Er gehörte zu den Gründern der National Association for the Advancement of Colored People (NAACP), die er gemeinsam mit anderen 1909 gründete.
49 Siehe Eric Sundquist (2009). Der Titel des Buches deutet auch darauf hin, dass es Zeiten in den USA gab, wo beide Gruppen »Fremde« im Land waren.
50 W. E. B. Du Bois, »The Case for the Jews« (1948), in: *The Writings of W. E. B. Du Bois*, hrsg. v. Herbert Aptheker (1982).
51 Dieser Essay »The Negro and the Warsaw Ghetto« wurde in einer kleinen jüdischen kommunistischen Zeitschrift in New York veröffentlicht: *Jewish Life*, May 1952, S. 14–15. Es ist dieser Essay, der Michael Rothberg darüber nachdenken lässt, ob Du Bois ein weiteres Beispiel für multidirektionale und postkolonialistische Erinnerung ist. Aber die historische Einbettung der frühen 1950er-Jahre wird nicht wirklich berücksichtigt. Rothberg lässt aber Du Bois' Enthusiasmus für den Zionismus aus. Das passt wohl weniger in das Schema des Multidirektionialismus.
52 Über die Weiß-Werdung amerikanischer Juden siehe Karen Brodkin (1998). Die Weißheit amerikanischer Juden wurde nach 2016 durch antisemitische Strömungen während der Trump-Regierung wieder in Frage gestellt.

53 Für eine zeitgenössische Einschätzung der Bandung-Konferenz siehe Wolfgang Abendroth (1956).
54 W.E.B. Du Bois (1985: 45).
55 Für eine deutsche Fassung dieser Erklärung siehe: https://jerusalem declaration.org/wp-content/uploads/2021/03/JDA-deutsch-final.ok_.pdf.
56 Für den deutschen Wortlaut der IHRA-Definition siehe: https://www.holocaustremembrance.com/de/node/196.
57 https://www.antisemitismusbeauftragter.de/Webs/BAS/DE/bekaempfung-antisemitismus/ihra-definition/ihra-definition-node.html.
58 Siehe dazu seinen Essay »Die Welt reparieren«. Dort schreibt er: »Diese Utopie einer Weltreparatur und der universellen Versöhnung und die sich daraus ergebende Idee des Gemeinsamen verdanke sich zum großen Teil bestimmten Traditionen des jüdischen Denkens.« (Achille Mbembe 2020: 44)
59 1986 wurde eine Zeitschrift mit dem Namen *Tikkun* (Reparatur) von linken Juden in den USA gegründet, die sich den Fragen des Judentums und Israel aus einer linken Position annähert.
60 Ein gutes Beispiel dafür sind die Arbeiten des jüdischen Philosophen Emil Fackenheim (1916 in Halle geboren), der nach dem Holocaust in Kanada und Israel lebte. 1982 veröffentlichte er *To Mend the World*, in der Studie schreibt er über den singulären Bruch von Auschwitz, ein Bruch, der für Juden eine Reparatur der Welt (to mend the world) zur Konsequenz hat.
61 Siehe Jean Améry (1997). Für eine historische Einbettung des Folterdiskurses dieser Zeit siehe Dan Diner (2014).
62 Siehe dazu Paul Gilroy (2001) und auch seinen Essay (2010) über Fanon und Améry, in diesem Essay wird die Folter zum Schlüssel für den radikalen Humanismus.
63 All dies kann in Achille Mbembe (2017) nachgelesen werden. Zur Universalisierung des »Nègre« siehe Achille Mbembe (2014). Der Begriff der »Négritude« ist in Deutschland weniger bekannt, daher wohl in der Übersetzung der Begriff »schwarz« anstatt »nègre« wie im französischen Original. Auch in Achille Mbembe (2016) werden Bezüge zwischen Faschismus und Kolonialismus via Hannah Arendt hergestellt.
64 Für eine Kritik an der Funktionalisierung von Traumaforschung zur Erklärung historischer Zusammenhänge siehe Wulf Kansteiner (2004).

65 Für den Rahmen der deutschen Bombenopfer der Alliierten siehe Jörg Friedrich (2004). Hier werden Opfer der alliierten Bombenkriege semantisch bewusst zu Opfern des Holocaust.
66 Hannah Arendt (2019f: 245). Der Essay wurde im Mai 1948 von der jüdischen Zeitschrift *Commentary* veröffentlicht und setzt sich mit dem Konflikt zwischen Juden und Arabern auseinander.

PERSONENREGISTER

Adorno, Theodor W. 145, 155
Améry, Jean 23, 104–109, 114–116, 139, 202, 205
Anders, Günther 35
Arafat, Jassir 147
Arendt, Hannah 10f., 17, 23, 35f., 42–45, 50–63, 69–87, 92f., 103–105, 108–125, 128–131, 134, 137–140, 145, 148, 153–155, 176, 180–183, 196–198, 201, 214
Auerbach, Erich 145

Barenboim, Daniel 156
Baron, Salo 50
Barrès, Maurice 47
Beauvoir, Simone de 100f.
Birnbaum, Immanuel 39
Buber, Martin 67

Camus, Albert 149
Carp, Stefanie 12
Césaire, Aimé 24, 125–129, 132f., 138–140, 180, 206
Cohn-Bendit, Daniel 112
Cohn-Bendit, Erich 112
Conrad, Joseph 76–79
Cromer, Evelyn Baring, 1st Earl of 78

Deutsch, Lorenz 12
Dreyfus, Alfred 23, 45–54, 75–77, 96, 100, 121, 180, 199

Drumont, Édouard 48
Du Bois, W. E. B. 197–202, 207
Durkheim, Émile 46f., 50, 199

Eichmann, Adolf 54, 94
Elias, Norbert 34

Fanon, Frantz 23, 88, 93–116, 119–123, 127–129, 132f., 138–140, 145–147, 153, 157, 180, 197, 207
Foucault, Michel 153
Fraenkel, Ernst 76
Franco Bahamonde, Francisco 189

Gandhi, Mahatma 67f., 114
Gaus, Günter 77, 196
Gilroy, Paul 9, 198, 205f.
Ginsberg, Ascher (Ahad Ha'am) 65–67
Goethe, Johann Wolfgang von 156

Heine, Heinrich 60
Herder, Johann Gottfried 197
Herzl, Theodor 45, 50–55, 64–68
Hitler, Adolf 64, 98, 114, 128
Horthy, Miklós 28

Jaspers, Karl 43f., 71f., 82f.

Kafka, Franz 7, 23, 45, 53–57, 60
Katz, Jacob 35f.

255

Kennedy, Robert 110
King, Martin Luther 110
Klein, Felix 12 f., 19–21
Kun, Béla 28

Lanzmann, Claude 23, 88–93, 98–109, 114, 120, 140, 153, 168 f.
Lazare, Bernard 60
Lemkin, Raphael 182 f.
Lukács, Georg 28

Mamdani, Mahmood 167 f.
Mannheim, Karl 22, 27–38, 41, 198
Massad, Joseph 166 f.
Mbembe, Achille 9–13, 16–19, 32, 39, 45, 50, 80, 99, 129, 143, 150 f., 156, 167, 195, 198, 204–207, 234
Memmi, Albert 24, 104, 119–141, 167, 176
Merkel, Angela 10 f.
Moses, A. Dirk 192

Nasser, Gamal Abdel 201 f.
Nordau, Max 64 f.

Papon, Maurice 97 f.

Reif, Adelbert 114

Rhodes, Cecil 78
Rodinson, Maxime 169 f.
Rothberg, Michael 80–82, 98, 128, 198

Said, Edward 24, 139–157, 161, 167 f., 178 f., 201
Sartre, Jean-Paul 23, 96, 99–105, 111–116, 121, 132–134, 139, 152 f., 168 f.
Sayegh, Fayez 171
Shavit, Ari 154 f.
Simmel, Georg 31, 197 f.
Srebnik, Simon 90
Steiner, Franz Baermann 67
Sternberger, Dolf 82

Varnhagen, Rahel 35, 42

Walzer, Michael 147–152, 161
Weber, Alfred 30
Weber, Max 30, 39–44, 71 f., 141, 147, 197, 211
Wieczorek-Zeul, Heidemarie 181
Wiese, Leopold von 29–31
Wolfe, Patrick 170

Zimmerer, Jürgen 84–86, 192
Zola, Émile 47, 99